UNIFORMS OF THE AMERICAN WAR OF INDEPENDENCE

美国独立战争
军服、武器图解百科

1775-1783

一部关于美国民兵和大陆军，英国、法国陆海军，德意志、西班牙
部队及其北美印第安盟友的军服、武器专业指南

【英】迪格比·史密斯　【美】凯文·F·基利 著　　张炜晨 译
【英】杰里米·布莱克（大英帝国勋章获得者）顾问

吉林文史出版社
JILINWENSHICHUBANSHE

中文简体字版权专有权属吉林文史出版社所有
吉林省版权局著作权登记图字：07-2019-0004
图书在版编目（ＣＩＰ）数据

美国独立战争军服、武器图解百科：1775-1783 /
（英）迪格比·史密斯,（美）凯文·F.基利著；张炜晨
译. -- 长春：吉林文史出版社，2019.3
　ISBN 978-7-5472-6040-1

　Ⅰ.①美… Ⅱ.①迪… ②凯… ③张… Ⅲ.①美国独
立战争 - 军服 - 图解②美国独立战争 - 武器 - 图解 Ⅳ.
①E712.9-64

中国版本图书馆CIP数据核字(2019)第048268号

MEIGUO DULI ZHANZHENG JUNFU、WUQI TUJIE BAIKE 1775-1783

美国独立战争军服、武器图解百科 1775-1783

著 /【英】迪格比·史密斯【美】凯文·F·基利　译 / 张炜晨
责任编辑 / 吴枫　特约编辑 / 张雪
装帧设计 / 王星
策划制作 / 指文图书　出版发行 / 吉林文史出版社
地址 / 长春市人民大街 4646 号　邮编 / 130021
电话 / 0431-86037503　传真 / 0431-86037589
印刷 / 重庆长虹印务有限公司
版次 / 2019 年 4 月第 1 版　2019 年 4 月第 1 次印刷
开本 / 889mm × 1194mm　1/16
印张 / 16　字数 / 280 千
书号 / ISBN 978-7-5472-6040-1
定价 /169.80 元

CONTENTS

UNIFORMS OF THE AMERICAN WAR OF INDEPENDENCE

美国独立战争
军服、武器图解百科

1775-1783

前言

1763年后的英属北美殖民地本应该一片祥和繁荣。[①]经过1754至1763年的长期战争[②]，宿敌法国在欧洲和北美两个战场均被彻底击败，英国人开始称霸大洋，这个帝国依仗无所不在的皇家海军统治着遍布寰宇的殖民地。对内，北美印第安人在1763年短暂复兴后，已经被镇压。那些自称为"美洲人"的英国殖民者则对帮助他们抗击法国和印第安人的英国军队热情有加。

然而遥远的地平线上却显现出动乱的阴霾。北美殖民地自1608年开发以来，英国国王和议会一直任由其采取自治，只是因近期战争的原因，才有大量英国军队被派遣到这里驻防。大英帝国在战后也面临着巨额财政赤字，议会认为北美殖民地亦有责任支付部分债务。在没有同殖民地政府商议的情况下，议会颁布了一系列新税种和管制措施，北美人将其看作对自身独立和自由的限制。这些政策激起很多人产生脱离母国的念头。

社会契约

这是"启蒙时代"，也是"理性时代"。有识之士开始思考作为个体，他们享有什么样的权利，以及政府和国王对被统治者应负的责任，并将这些思索付诸笔端。这种"社会契约"的思想威胁到神圣王权的陈旧教条。殖民者开始信仰"自我治理"，并鼓吹建立基于非君主政体的政府。

1775年5月10日，由13个英属北美殖民地立法机构任命，并代表了社会各阶层的第二届大陆会议召开。大陆会议实际承担了联邦政府的角色，如招募军队、制定战略、任命外交官和签订正式条约等。

叛乱，抑或革命

暴动思潮的苗头首先发端于酒肆、民宅和教堂，逐渐浸入各州立法机关和上流社会阶层，最后蔓延至北美全境。人们组建了各种秘密社团，殖民地政府以及地方政府在目睹英国施加的各种暴虐后，也成立了民兵组织以求自保。反抗国王军队的骚乱在马萨诸塞州爆发，革命者公开鼓吹反叛。英国军队被再一次派遣到殖民地，在波士顿登陆后，实际上成为这片革命温床中的守备部队。其他大多数殖民地要么对事态无动于衷，要么仍旧忠于王权，但公开反叛也获得了大量支持，致使局势更加严峻。

一些英国议会议员们对怨声载道的北美人持支持态度。他们成功废除了一些招致殖民地更多不满的课税法案，但这些行动力度太小，也太迟

▲ 建国的第一步便是托马斯·杰斐逊起草从英国脱离的美国《独立宣言》。

▼ 约翰·伯戈因将军在萨拉托加战役中向霍雷肖·盖茨投降，这是独立战争的转折点。

① 译注：本书对America的译法以1776年7月4日为界，此日期之前译为"北美"，之后译为"美国"，其表述的地域范围基本一致；若原文为North America，不论日期如何，均译为"北美"。
② 译注：即英法七年战争。

了。新英格兰地区正在秘密地，有时甚至公开地备战，来自其他殖民地的支援也与日俱增。

武装力量

当战斗打响时，北美殖民地并无常备军。

殖民地拥有不计其数的，军事素养和作战能力参差不齐的民兵组织，但却没有正规军能够投放到战场。不过大批殖民者在同法国人和印第安人的战争中获取了来之不易的战斗经验，这就是建立一支军队的基础。大陆会议任命乔治·华盛顿（George Washington）为

新命名的大陆军（Continental Army）总司令实乃明智之举，他完全胜任这项"赫拉克勒斯式的任务"[1]。华盛顿和本杰明·富兰克林（Benjamin Franklin）是北美独立斗争中真正不可或缺的两位伟人。

华盛顿领导的早期大陆军和地方民兵组织的服饰、装备和训练程度都相当令人担忧。不过华盛顿十分清楚他需要什么，在来自欧洲的专业军事人员和本土士兵的协助下，他艰难而又缓慢地达成目标。华盛顿的下属们努力利用各种渠道为部队提供服饰和装备，尽量使队伍保持外观一致；他们甚至还发明

出"狩猎衫"，为制服学发展做出了贡献。他们所锻造的这支军队在战场上面对的是经验丰富的英军和德意志雇佣军，但经过艰苦卓绝的战斗，美国人民终于取得了胜利。

英国方面也有他们自己的麻烦。由于缺乏人力资源以应对此种形态的战争，英国不得不从位于欧洲中部的德意志诸邦招募大量雇佣军，于是史上最大规模的远征军远离故土，部署到北美洲。

同盟和独立

战争的规模远远超出了北美地域。在欧洲、东印度群岛、西印度群岛均发生了战斗。这场战争对英国而言不仅仅是为了镇压叛乱，已进一步影响到大英帝国的生存。这是一场激烈的斗争，在新合众国的一些地区呈现出某些内战的特征，同时也开创了殖民地从母国成功分离的先河。对大英帝国而言，丢失了这颗"皇冠上的明珠"即意味着实际利益和帝国声望的双重损失。全世界都密切关注事态发展。

更重要的是，最初显得冒冒失失和无足轻重的《独立宣言》却成为一盏指引全世界人民如何掌握自身命运的明灯。作为一个新国家的建国纲领，《独立宣言》又孕育出《人权宣言》。在23年几乎持续不断的战争中[2]，这份文件席卷欧洲，并永远地改变了世界。1783年北美独立运动的胜利催生了一个自治的新国家，这将开拓人类认知、塑造世界的形态，改变历史的走向。尽管英国和它的前殖民地经历了诸多是是非非，但它们最终联合起来，组成了一个久经考验的同盟。

[1] 译注：赫拉克勒斯是希腊神话中的英雄，他完成了12项被誉为"不可能完成"的任务。
[2] 译注：即法国大革命和拿破仑战争。

◀ 华盛顿的军事和政治才能对取得战争胜利至关重要。

一个国家的锻造

1763年对大不列颠而言无疑是重要的一年。它彻底击败了老对手法国，将其海军消灭殆尽，并重创其陆军；在印度，英国控制的殖民地和攫取的财富均大为增加；在北美，法国人已经被驱逐出加拿大。在保卫13个北美殖民地免遭法国人及其印第安盟友侵扰的斗争中，英国正规军战胜了这些为患英国殖民者100多年且战斗经验丰富的死敌。大英帝国统治着一个幅员辽阔的北美地区，其疆域从大西洋延伸到密西西比河，从佛罗里达扩展到加拿大北部。然而这一切都将发生天翻地覆的改变。

▲ 长岛之战对华盛顿和大陆军而言不啻为一场灾难。这是华盛顿遭遇的最大惨败，很多部队再也没有恢复元气。

◀ 这幅充满英雄气概的肖像描绘了华盛顿正渡过特拉华河，准备攻击位于新泽西特伦顿的黑森雇佣军据点，展现了北美大陆人民必胜强敌、至死方休的精神。

美洲殖民地的创立

欧洲人发现美洲是世界历史上一件开创性事件。克里斯托弗·哥伦布（Christopher Columbus）从西班牙出发向西航行，希望发现一条可到达亚洲和东印度群岛的新航线。他并没有意识到一个广袤的大陆横亘在航线上，缩短了旅程；他也错误地将遇到的土著称之为"印第安人"。

征服美洲

虽然哥伦布只是偶然地发现了新世界，但西班牙、葡萄牙及其他欧洲海洋强国马上着手开发这个意外收获。在接下来的几个世纪中，大不列颠、法国、瑞典和联合省（更为常见的称谓是"荷兰"）也加入争夺新大陆领土及财富的竞赛中。美洲很快就成为欧洲各国争端的焦点，他们不论国力强弱，都要插手参与。

西班牙和葡萄牙抢得先机，率先在美洲中部及南部建立了殖民地。基于极其不准确的地图信息，教皇宣布了一条贯穿南美的势力分界线①，以避免两国发生战争。彼时双方对签订划分势力范围的1494年《托德西利亚斯条约》均较为满意，但是随着测绘成为一门精确科学，这两个竞争对手逐渐发现西班牙获

▼ 1492年哥伦布在伊斯帕尼奥拉岛登陆，宣告欧洲人发现了美洲，不过他给当地土著取了一个错误的名称。

得了大部分争议地区，而葡萄牙仅收获如今被称为"巴西"的一块地盘。

络绎不绝的探险家、雇佣兵、冒险家和商人自由来往美洲，搜寻可以征服的土地，为那些欧洲王室和他们治下的国家攫取利益。

刚刚清除掉摩尔人威胁，并为征服做好准备的西班牙往新世界派遣了数量最多的探险队去寻求财富、可征服的土地和荣耀，很快就成为欧洲最强大的帝国。在被阿兹特克人（Aztecs）虐待的印第安盟友的自愿协助下，埃尔南多·科尔特斯（Hernando Cortes）率领500人入侵并摧毁了强大的阿兹特克帝国。弗朗西斯科·皮萨罗（Francisco Pizarro）到达秘鲁，消灭了印加帝国，还顺带发现了土豆。巴斯科·努涅斯·德·巴尔波亚（Vasco Nunez de Balboa）抵达太平洋，将其命名为"平静之海"。胡安·庞塞·德莱昂（Juan Ponce deLeon）冒险进入佛罗里达，建立了北美第一个欧洲人定居点圣奥古斯丁（St Augustine）②。弗朗西斯科·巴斯克斯·德·科罗纳多（Francisco Vasquez de Coronado）从墨西哥出发向北进入如今的美国西南部，寻找当地印第安人深

▲ 詹姆斯敦是英国殖民者在北美的第一个成功的定居点。本图中正在建设中的要塞，其遗址于1994年被发现。

信不疑的"黄金七城"。

葡萄牙也加入这场征服者游戏。被誉为"航海者"的葡萄牙亨利王子派出多支船队致力于探索活动。斐迪南·麦哲伦（Ferdinand Magellan）继承亨利王子的遗志进行环球航行，不幸在途中罹难，其尸骨由所剩无几的船员带回故乡。

稍后英国和法国谨慎地向西方派遣私掠船，一方面密切关注西班牙的冒险活动，一方面为本国带回来自新世界的见闻和掠夺品。荷兰也小心翼翼地将优良的舰船和干练的船长派遣到北美。其中有位船长测绘了一条穿越如今的纽约州的大河，于是这条河就以发现者亨利·哈德逊（Henry Hudson）的名字来命名。

最终，3个主要欧洲强国瓜分了北美。西班牙、法国、大不列颠各自用不

① 译注：即所谓的"教皇子午线"。
② 译注：该镇位于佛罗里达州，号称美利坚第一古镇。

同方式将其控制的地域殖民化。

西班牙人和法国人都采取掠夺手段，搜刮他们声称占有或实际征服的殖民地，而英国人则建立永久居民点，开始吸纳来自欧洲的移民。那里不仅有英国人，苏格兰人、爱尔兰人、德意志人也移民到英国殖民地定居。最终在北美共成立了13个英国殖民地，其中还吸收了荷兰人和瑞典人试图殖民的地盘。他们被英国人挤出了北美，这两个欧洲北方强国的势力也不复存在。

西班牙人的目的直截了当，就是获取财富，尤其是黄金。这些黄金将为他们在欧洲采取咄咄逼人的扩张政策提供资金支持。他们残酷剥削被征服的土著居民，毁灭了原生文明，将土著变为奴隶，很多俘虏死于疾病和虐待。满载珍宝的舰队从新世界的港口出发，驶向西班牙；一些舰只可能在途中被海盗或拥有官方许可状[1]的私掠船打劫。

1608年法国建立魁北克（Quebec）后，随即派出一批殖民者来到加拿大。他们对北美东海岸的土地也颇有兴趣，不过最终还是向北移动，在现今属于加拿大的地方安顿下来，命名为"新法兰

西"，并宣称这是法国国王的领地。这些"船夫"们[2]遍布在新法兰西各地，也探索过俄亥俄、大湖区和密西西比河流域，声称他们到达的所有土地都属于法国君主。也许有心，或许无意，他们有效制约了英国殖民地沿着海岸线扩张的步伐。随着"太阳王"路易十四的统治时代来临，这种制约在他野心勃勃发动的战争中将成为一项战略优势。当地阿尔冈昆部族（Algonquins）一开始得到了法国殖民者的支持，彼此成为至死不渝的盟友。无论如何法国毕竟还是欧洲的海军强国，因此殖民地隶属海军部管理，其治理被划归为海军事务。法国也有一批能干的官员兢兢业业地打造海军，然而路易十四更看重对欧洲大陆的征服，对海军则较为疏忽。海军军官和主管官员们也没有建立起一套高效的管理体制和军事组织结构。

英国殖民地

英国是对殖民活动最关心，也是最有进取精神的殖民国家。英格兰地少人稠，人们迫切希望拥有土地，因此有意愿前往北美的潜在殖民者数量繁多。在北美殖民地，"无主之地"随处可得。虽然那儿已生活着印第安土著，但并未使殖民者的步伐有丝毫迟疑。欧洲存在

▲ 贵格会教徒威廉·佩恩是宾夕法尼亚的创建者及命名者[3]。这是一个允许宗教信仰自由的殖民地。他长期以来孜孜不倦地发展并维持了同印第安部落之间的良好关系。

太多宗教派别。因新教改革、宗教战争和随之而来的迫害，大量平民百姓渴望离开他们熟悉的环境，离开不列颠、爱尔兰和欧洲大陆，勇敢地朝着对他们而言不啻为世界边缘的北美进发。

英格兰女王伊丽莎白开创了在北美东海岸建立殖民地的事业，此刻她正同西班牙国王菲利普二世陷入生死搏斗中，很快就面临来自西班牙庞大的无敌舰队的挑战。尽管第一个殖民点罗诺克（Roanoke）已经消失得无影无踪，但其余据点仍咬牙坚持，如1607年建立的位于弗吉尼亚的詹姆斯敦（Jamestown）。该镇得名于伊丽莎白女王的继任者詹姆斯一世。马萨诸塞湾殖民地由来自英格兰的清教徒创建于1630年。这些殖民者同北美印第安人旋即开始长期的斗争，直到独立后一个多世纪才得以平息。

① 译注：当时欧洲国家授权本国武装民船攻击、抢劫敌国商船的正式公文。
② 译注：原文为voyageurs，特指利用独木舟转运并从事皮毛贸易的法裔加拿大人。
③ 译注：Pennsylvania的汉语意译就是"佩恩的林地"。

殖民化和移民

殖民者乘船穿越大西洋而来，经受了风暴、晕船和病痛的折磨。有3艘小船在弗吉尼亚的詹姆斯敦抛锚。弗吉尼亚的名称正是来自伊丽莎白一世的名号——"童贞女王"。1620年，英格兰人乘坐"五月花"号沿着荒凉、阴郁的海岸线继续北上，在今天的新英格兰地区登陆。

十三个殖民地

在刚刚建立的定居点中生存充满了艰辛。很多人死于疾病、意外事故和恶劣环境，不过得益于他们与生俱来的坚韧，以及北美印第安人的帮助，还是有不少人存活下来。随后更多移民接踵而至，使这些新兴的殖民地不断壮大。最初的殖民地实质上为私有，个体在君王的授权下管理并逐利。然而这种体制容易导致腐败，于是君王开始任命皇家总督治理殖民地。

作为第一块殖民地，弗吉尼亚逐渐发展为最富有的地区，开始轻视其

▲ 1620年，殖民者登陆马萨诸塞其实是失误所致，不过却铸就了一个成功的殖民地。

▼ 1609年荷兰舰船"半月"号驶入纽约州的一条河流。如今这条河流即以船长亨利·哈德逊的名字来命名。

他殖民地，尤其是南部邻居卡罗来纳（Carolina）。卡罗来纳原本是一个整体，后来一分为二①。能力出众的詹姆斯·奥格索普（James Oglethorpe）带领一群罪犯和冒险者深入蛮荒之地生存下来，并创建了殖民地佐治亚（Georgia）。他的第一个定居点——萨凡纳（Savannah）在最初建立时，几乎就像一个军营。

小小的罗得岛（Rhode Island）殖民地是由马萨诸塞（Massachusetts）的宗教难民创立的。颇为讽刺的是，这些来自更大殖民地的逃难者一面寻求宗教自由，一面却顽固地拒施于人。新罕布什尔（New Hampshire）也是在1691年从马萨诸塞脱离出来的。康涅狄格（Connecticut）则是在17世纪30年代从荷兰人手中夺取。威廉·佩恩（William Penn）是宾夕法尼亚（Pennsylvania）的开拓者。他允许宗教自由。塞留斯·卡尔弗特（Cecilius Calvert），日后的巴尔的摩勋爵，创建了马里兰（Maryland），并对所有人都开放宗教信仰自由。

其他殖民地也纷纷创立、成长，或者变更主人。纽约原本是荷兰人建立的

新阿姆斯特丹，但是被更强悍的英国人夺取并占有。为纪念约克公爵，新阿姆斯特丹被重新命名为纽约②。1664年荷兰人又失去了新泽西（New Jersey）和特拉华（Delaware）两块殖民地。

这些英国殖民地的民族构成不仅仅只有英格兰人，也有大量憧憬新世界的北欧人，还包括来自苏格兰、爱尔兰、德意志、瑞士的移民，他们因战争或受排挤而移居至此。

每个族群都带来了各自的传统和习俗，每个殖民地都发展出一套仿照英国议会模式的立法管理机构，受皇家总督治理，以及应用英国普通法的司法体系。

殖民地也存在奴隶制。詹姆斯敦的殖民者定居后不久，非洲黑奴便首次出现在北美。一艘前往西印度群岛的西班

---

① 译注：即现在的北卡罗来纳和南卡罗来纳两州。

② 译注：字面意义即"新约克"。

▲ 17世纪初，停靠在弗吉尼亚詹姆斯敦的西班牙商人售卖出了北美第一批奴隶。

牙舰船途中停靠在詹姆斯敦。船上载有少量用于售卖或交易的奴隶。西班牙船长最终将这些他拥有的奴隶出售给了殖民者。于是在没有任何政治决议的情况下，"黑奴制"就这样成为英属殖民地经济的一部分。随着社会和法律架构确立，殖民地也实施了英国的军事体制。毫无行政经验的新政府成立之初就组建了民兵团体，承担殖民地的防卫任务。殖民者面临着严酷的环境，土著部落亦是他们潜在的敌人。如何同北美印第安人交往是生死攸关的大事，殖民者的生存和殖民地的未来与此密切相关。

殖民地战争

殖民者很快就发现当他们身处林地时，欧洲的战术、护甲和作战观念并不适合这种环境。此外，殖民者对北美印第安人的战法也很陌生，他们必须调整策略，否则必输无疑。这些印第安人是老道的猎手、斗士和侦察兵。作为熟练的伐木者，他们也能利用蓊郁的茫茫森林将地形变为优势，大大增强了他们的战斗力。殖民者在获得同印第安人水平相当的必备技能前，遭受了很多磨难，

也曾在印第安人的攻击下窘迫不堪。在森林中，突袭、埋伏、搏斗是必须掌握的技巧，就这点看来，北美印第安人虽然是对手，却也是最好的老师。对生活在荒野边缘的农夫或生活在有藩篱包围的边疆定居点中的镇民而言，最恐怖的事情莫过于听见印第安人骇人的战吼，听到印第安人手斧劈砍大门的声音。此外还有无所不在的法国人偷偷穿越冰封的湖泊和积雪，到处杀人放火。

双方在血腥残忍的印第安战争中都毫无怜悯之心。1715和1716年，卡罗来纳被雅玛西人大肆破坏。随着殖民者在新英格兰不断蚕食印第安人的土地，针对他们的屠杀也时有发生。法国人和印第安人在1704年对迪尔菲尔德镇（Deerfield）发动了一次冬季攻击，士兵们爬上建在木栅栏旁边的防雪堤，翻越了城墙，取得了突袭胜利。

欧洲人自相残杀起来也毫不手软。西班牙人于1565年攻克了位于佛罗里达的卡洛琳堡（靠近当今的杰克逊维尔市），把法国驻防部队全部屠杀殆尽，并将其纳为西班牙殖民地。1568年法国人又夺回了要塞，以"抢劫和谋杀"的罪名把俘虏的西班牙人尽数绞死。

尽管充斥着冲突和不幸，新移民仍然持续抵达北美，还是有足够数量的人口在战争、困苦、疾病和饥饿中存活下

▲ 罗杰·威廉姆斯创立了普罗维登斯，即之后的罗得岛殖民地。在马萨诸塞时，他充当了殖民者与各印第安部落，尤其是佩科特人、莫希干人、纳拉甘塞特人之间的调停人。

来。最终所有13个殖民地不仅维持了生存，而且发展壮大，成为早期大英帝国最重要的领地之一。

▼ 到17世纪60年代，各早期殖民地已初具规模，发展蒸蒸日上。正如下图中位于马萨诸塞的波士顿城。

法国和印第安人战争

17、18世纪发生在北美的战争通常与欧洲的一系列战争相关联。大同盟战争（亦称奥格斯同盟战争）在北美被称为"威廉王战争"（1689–1697）。西班牙王位继承战争（1701–1713）在北美变成了"安妮女王战争"。奥地利王位继承战争（1740–1748）在北美殖民者口中被称为"乔治王战争"，他们直接经历并参与了这场战争。

殖民者参加战斗，却很少得到来自英国的支持。虽然英国将它的殖民地看作贵重的资产，但却建立了一套有时被称为"善意忽视"的体制。只要这些殖民地仍然出产母国所需或所求的产品，英国就不理睬他们的内部事务。少量英军有时会去那里帮助殖民者，不过大多数战斗都是依靠殖民地自行招募的地方部队进行。

爆发于1754年的法国和印第安人战争（French and Indian War）[1]期间，派往北美的英国军团数目大幅增加。乔治·华盛顿，一名年轻的弗吉尼亚民兵军官也参加了战斗。发生在蛮荒之地的小冲突演变为肆掠两个大洲、持续至1763年的全面战争。在欧洲，英国、普鲁士对阵法国、俄国、奥地利；与此同时，法国和大不列颠也在北美、非洲、印度相互厮杀。

法国和英国的利益

这两个主要交战国的目标完全不同。大不列颠是为了建立帝国而战，并集中大部分资源以实现此目标；另一方面，法国的主要目标是争夺欧洲大陆强权，其海外殖民地的重要性只能屈居第二。法国也的确向加拿大派遣了一些正规军团支援那里的战斗，但相较老威廉·皮特（William Pitt the elder）领导下的英国政府对北美的重视，这些援军就捉襟见肘了。

大量英国正规军被送到北美去帮助当地殖民者对抗法国人和印第安人，其规模史无前例。尽管没人能预知未来，尽管殖民者很高兴能得到来自英国的帮助，北美殖民地和英国的关系却开始走下坡路。这后来被认为是英国干涉美洲事务的开端。

▼ 布雷多克将军的部队向宾夕法尼亚的杜肯堡进军，这次远征对英军而言是场灾难。

▲ 年轻的陆军上校华盛顿几乎是凭一己之力，伏击了一队法国士兵和北美印第安人；这是他在法国和印第安人战争期间的第一场战斗。

早期战役

对英国人而言，战争初期就是一场灾难。法国人及他们的印第安盟友横扫新英格兰和纽约北部边界。他们一路放火，沿途所有农庄和定居点都难逃厄运，开拓移民们都陷入深深的恐惧中。法国人在俄亥俄河流域建立了一连串环绕殖民地的要塞，成为发动袭击的基地。英国的首次反击目标是杜肯堡（Fort Duquesne，靠近现在的匹兹堡市），该行动由爱德华·布雷多克将军（Edward Braddock）指挥。然而英军在进攻中遇到法国和印第安人的军队，遭受了重大损失，就连布雷多克将军也身负重伤。他的侍从副官乔治·华盛顿在枪林弹雨中显现出卓越的冷静，不过这次针对俄亥俄河流域的行动仍以失败告终。

英军指挥官们不熟悉林地作战，因而行动显得杂乱无章。他们既蔑视前来与之并肩作战的北美殖民地地方部

① 译注：是1754–1763年间英国和法国在北美的一场战争。战争期间印第安人与法国人是盟友。

▲ 在长期艰苦的战争中，法国和英国均有印第安盟友助战。

队，对付擅长在恰当的时间和地点灵活出击的法国和北美印第安人也力不从心。法国人派出了他们最有才能的指挥官之一，路易斯·约瑟夫·德·蒙卡尔姆·格罗松侯爵（Louis-Joseph de Montcalm-Grozon）前往北美。他既倾听印第安盟友的合理建议，也信任那些已经在北美服役多年的军官们。他摧毁了乔治湖上的威廉亨利堡（Fort William Henry），在提康德罗加（Ticonderoga）和尚普兰湖（Lake Champlain）的皇冠角（Crown Point）控制了多个据点。

战局逆转

此时威廉·皮特已经担任英国政府领袖，他果断地下定决心要在北美赢得战争。他选择了能力出众的三人——詹姆斯·沃尔夫（James Wolfe）、约翰·福布斯（John Forbes）、杰弗里·阿默斯特（Jeffrey Amherst）——搭档组合，率领北美英军，并由阿默斯特统一指挥。

沃尔夫负责路易斯堡（Louisburg）和魁北克战线；福布斯承担俄亥俄河流域的征战；阿默斯特指挥军队在位于纽约州北部的主战区作战。沃尔夫攻克了路易斯堡，很快又向新法兰西首府魁北克进军。战役一开始并不顺利，所有参

战者都为此感到沮丧，沃尔夫则决心无论如何也要获胜。他的英国轻步兵和北美游骑兵在引起法国前哨部队警觉前就制伏了他们，打通了一条通向胜利的道路。清晨，5,000名英军士兵在魁北克西部的亚伯拉罕平原集结成战斗阵型。法军指挥官蒙卡尔姆（Montcalm）首先发起攻击。纪律严明的英军直到最后时刻才开火，在近距离内粉碎了法军进攻，蒙卡尔姆遭受致命伤。英军接着端起刺刀冲锋，彻底击溃了法军，然而沃尔夫却在战斗中阵亡。

病重中的福布斯决意夺取杜肯堡。

福布斯采用了比前任指挥官更加谨慎和更有效的战术，成功深入俄亥俄河流域，不费一枪一弹就拿下了杜肯堡。法国人在英军到达前就放弃并破坏了该地区的所有设施。

阿默斯特从位于皇冠角的英军基地持续发动攻击。罗伯特·罗杰斯（Robert Rogers）和他的游骑兵们前去进攻位于圣弗朗西斯（St Francis）的阿布纳基（Abenaki）大本营。多年来这些印第安人一直袭扰新英格兰地区。在一场史诗般的突袭中，他们毁灭了阿布纳基人的城镇。阿默斯特的军队在尚普兰湖区逐步推进，终于在1760年攻陷了蒙特利尔（Montreal），此时法国在加拿大和俄亥俄河流域已力不能支。魁北克的随之陷落标志着丧钟已然为法国的北美殖民地敲响；与此同时，大不列颠则为自己赢得了一个海外殖民地。

最后在北美只剩下两个强权——大不列颠和西班牙。法国人的威胁消失了，北美殖民者欣喜若狂。所有人都憧憬着在英王治下能得到和平及繁荣。

▼ 1759年，詹姆斯·沃尔夫将军围攻并攻克魁北克，最后击败了法军。但是他和法军指挥官蒙卡尔姆将军都遭受致命伤。

殖民地局势紧张

大不列颠在战争中给普鲁士提供了资金支持，也在北美付出了巨大花销，因此战胜法国后，其财力已经捉襟见肘。议会认为北美殖民地理所应当分担国债的重压。于是在新国王乔治三世的鼎力支持下，议会计划对北美殖民地征税以抵消一部分债务。

一触即发

繁荣的北美殖民地富有各种自然资源，特别是像英国这样秉承重商主义的强权国家所需要的物资。北美的商人和造船师变得既富有，又有名望。北美港口，如纽约、波士顿、萨凡纳、查尔斯

▼ 赢得了法国和印第安人战争后，英国议会面临巨大的财政支出。

顿成为"三角贸易"的中心。北美奴隶贩子离开殖民地港口，在西非载上奴隶后驶向西印度群岛，将部分奴隶交换成朗姆酒和其他货物后，再满载而归，回到出发地。英国议会定期颁布《航海条例》以限制这种贸易。这一方面是为了制约北美同英国之外的其他大国交易，另一方面则牵制殖民地制造业的发展，使之继续依赖母国的工业制成品。满脑袋充斥着创业梦想的北美人对此置若罔闻，不仅继续同其他大国违法贸易，制造工业的萌芽也蓬勃发展，尤其是在北方地区。

南部殖民地是农耕社会，上层精英人士拥有大型种植园。他们通过驱役奴隶来降低劳动力成本，积累了巨额财富。自从最初的一小批非洲奴隶在詹姆

▲ 成功镇压庞蒂克起义后，英国颁布了《1763年公告》，这进一步使北美人离心离德。

斯敦登陆后，原本不甚牢固的奴隶制如今已经成为一项产业，在大西洋两岸蓬勃发展，直到1807年被废除为止。[①]

印第安动乱

殖民者同当地印第安人的关系也很紧张。有关结束法国和印第安人战争的谈判和随后签订的《巴黎条约》均忽视了北美印第安部落的处境。以欧洲人的观念看来，印第安人面临的主要问题是他们不是一个主权国家或政权实体，而是作为多个部落，相互间时而同盟，时而征伐。他们在历史上也很少出现能够团结起各个部落，为一个共同目标而奋斗的领袖。庞蒂克（Pontiac）是罕见的例外。他对印第安人的现状不满，对英国殖民者跨过阿勒格尼山脉

① 译注：英国在1807年制定了禁止贩卖奴隶的法案。但英国彻底废除奴隶制其实是在1833年颁布《废除奴隶制法案》后。

（Allegheny）入侵印第安人的土地很愤怒，于是联合了相当多的印第安部落对抗英国人。这次起义经过精心策划，并巧妙实施。一群看上去无害的印第安人在英国要塞外玩曲棍球，突然他们冲进大开的城门，将守军屠杀殆尽。数个英国前哨站就这样被庞蒂克的人攻陷。只有很少几个，如刚刚更名为匹兹堡的特伦奇要塞成功坚守。不过庞蒂克的小胜是短暂的。英军和地方军队被召集起来，前去应对暴乱。在优秀的军官们，如亨利·布凯（Henry Bouquet）的率领下，军队在战场上将印第安人击败，叛乱也被镇压下去。

然而庞蒂克却达成了一项意料之外的成果。英国政府通过了《1763年公告》：禁止在阿巴拉契亚山脉（Appalachians）以西进行殖民扩张。这为后来更猛烈，也最终成功的叛乱——殖民地革命播下了种子。

该公告颁布后，英国议会又接着宣布征收一系列商品税，正式公文上也要贴印花。尽管这在很大程度上是名义上的，但北美人的很多社会活动和进口自英国的消费品都需要他们支付一定的费用。这些政策导致殖民者对国王、议会、内阁、代表英国的官员包括皇家总督们都极为愤怒，并采取了各种侮辱形式发泄不满，最终双方以兵戎相见。

英国的态度

乔治国王的政府认为他们完全有权力在殖民地征收自认为是合理的税项。英国曾经耗费巨资派遣陆军和舰队，帮助殖民者最终战胜了法国。既然北美殖民者已经从法国人和北美印第安人的袭击中解脱出来，那么他们也理应偿还母国为保卫殖民地付出的代价。英国内阁制定了实施增收的计划，也很快得到了议会通过，然而却无人向北美殖民者解释这些钱的用途，人们认为钱都用于王室的各项支出。

英国和北美关系紧张的根源还来自一些身居高位的英国人对北美人的态度似乎颇为蔑视。在法国和印第安人战争后期，英国人虽与他们并肩作战，但这种优越感却益发膨胀起来。尽管英国正规军团在战争期间从殖民者内招募新兵，而且这些新兵同来自英格兰、爱尔兰、苏格兰、威尔斯的士兵一样优秀和勇敢，但英国总是忽视北美殖民地在战争中的贡献和牺牲。

从不满到反叛

皇家总督们的另一个失误是未通过各殖民地立法机关与当地有影响力的人物沟通，以缓解在增税过渡期内的不满情绪。国王、议会和总督们坚信，只要一项法律得以通过，就必须实施，也必须服从。抗议或不满将被看作叛国。

大麻烦从新英格兰的小牢骚开始。紧张事态很快呈燎原之势，抱怨顺理成章地转变成了反叛。愤怒的殖民者在市政厅和教堂内集会，控诉他们的不满。人们建立委员会抗议苛捐杂税，殖民地立法机构的代表们也提出相关议题辩论。很快，一些北美人开始思考独立的可能性，并认真地研究如何进行殖民地解放战争。

▼ 烟草是高价值的经济作物。非洲奴隶首次在詹姆斯敦上岸后，用他们的劳作创造了巨额财富。

▼ 英国收税官在北美可并不受欢迎。此图中，一名收税官浑身被涂上了焦油，粘上羽毛，还被强制灌茶水。等他缓过劲后，人们就把这个倒霉蛋赶出城去。

欧洲的势力均衡

与此同时，欧洲大国之间出现了新的平衡关系。目前大不列颠是世界上领先的殖民国家，而西班牙已日落西山，无心争霸欧洲。英国在欧洲大陆几乎不断地同各个国家作战，其野心就是维持欧洲势力均衡。英国的外交政策在今后几乎两个世纪里一直保持稳定不变，那就是确保没有任何一个欧洲大国可以主宰欧洲大陆。

法国的军事力量已几乎陷入全面衰退中。不过类似于俄国，法国依托巨大的人口优势，仍然是一个野心勃勃的国家，这令欧洲君主们深感恐惧。几十年来，路易十四发动的战争蹂躏着欧洲，法国因此也发展出一支最现代化的、优势突出的军队。然而七年战争的失利改变了这一切，至少是暂时的。法国陆军

▼ 1757年科林之战中的腓特烈大帝。在七年战争期间，这位普鲁士国王是大不列颠的盟友。

急需改制，而海军则必须完全重建。陆军和海军将军们早就准备卷土重来，并伺机报仇。

普鲁士、俄国和奥地利

1763年战争结束时，普鲁士意外成为欧洲的主要军事大国。它从敌国的围攻中挣脱出来，凭借腓特烈大帝（Frederick the Great）的才华和声誉而实力大增。当伊丽莎白女王①去世时，俄国将普鲁士从战争泥潭中拯救出来。新沙皇是腓特烈的拥趸，不愿意在战场上同他作对。②

俄国对欧洲人而言是谜一样的存在。俄军是一个混合体，由配置有大量火炮，身着绿军服的正规军和一大群散兵游勇（哥萨克、卡尔梅克人、巴什基尔人）组成。俄国指挥官不能完全制约非正规军，也不清楚他们到底有多少人混杂在各野战军中。相对欧洲，俄国更

像一个亚洲国家。彼得大帝通过暴虐统治，无情地对俄国实施现代化改造。当俄国介入欧洲政治事务，加入大国牌局后，它的行为总是难以预测。俄罗斯的军队并不出色，但人数众多，而且俄国指挥官们能随时扩编军队以实现沙皇的目的。

随着俄国宣布中立和法国溃败，奥地利别无选择，只好在1763年寻求和平，使腓特烈得以保留在奥地利王位继承战争和七年战争中攫取的利益。普鲁士军给旧敌们也留下了战无不胜的印象，直到1806年拿破仑摧毁了这个国家及其军队。奥地利哈布斯堡王朝在奥地利王位继承战争后也实施了某些军事改革，尤其是炮兵装备。到1763年，奥军已拥有欧洲最好的炮兵部队，其战场上的表现曾令腓特烈大为惊恐。虽然奥地利在七年战争中失败了，但它仍然是欧洲主要强权之一。哈布斯堡王朝永远都渴望土地，对波兰和巴伐利亚垂涎三尺。同时玛丽娅·特蕾莎女王（Maria Theresa）的继任者，约瑟夫二世还必须面对来自土耳其入侵者的挑衅。

法国恢复元气

战火停息后，一些握有实权的内阁大臣上台执政，决意改革的将军们得到了他们的支持，才有能力重组陆、海军。抱着复仇理念，充分吸取经验教训，法军开始全面整改，特别是在18世纪70年代的诺曼底地区试验了各种崭新的战术形式。法国炮兵也得到彻底改革。让-巴蒂斯特·瓦奎特·德·格里博瓦尔（Jean-Baptiste Vaquette de

① 译注：彼得大帝的女儿伊丽莎白·彼得罗芙娜。
② 译注：即史上著名的奇异事件——"勃兰登堡奇迹"。

Gribeauval）是杰出的火炮专家，曾观察和研究了普鲁士及奥地利炮兵。在他的领导下，法军制造并测试了各项性能指标均衡的新式轻型野战火炮，亦演练了新战术，特别是野战中的步炮协同。法国海军则完全改组并重建。法国的战舰设计水平在当时也遥遥领先。那些出色的护卫舰和战列舰刚一下水，就比同级别的英国战舰设计更优良，航速也更快。为了满足新舰队的需要，法国重建并重组了海军基地和军械库。到18世纪70年代中期，法国陆军和海军均已做好同英国再次开战的准备。1778年法国和新建立的美国结为同盟，这些改革将给这对盟友带来丰厚的回报。

西班牙和荷兰

西班牙和荷兰不再是欧洲大国游戏中的主要玩家。虽然西班牙依然保有一支实力不俗的陆军，但其海军舰只却已老旧不堪，资源不足。不过英国军方领导人确信，假如西班牙同其他大国结盟，则必须认真对待。英国最担心的局

▲ 秘鲁和智利总督特奥多罗·德·克罗伊肖像（Teodoro de Croix）。他在南美展现了西班牙不可一世的实力。

面之一，就是法国—西班牙联合舰队成为现实。

西班牙控制的北美地域仍然广大，同时它还占有中南美洲。其驻扎在殖民地的军队组织良好，军纪严明，当战争爆发时，必然在佛罗里达对英国形成

威胁。西班牙和荷兰将在战争中站在法国那一边，但没有如法国那样同北美结盟。这两个国家在战争中的主要贡献是牵制英国本应该用来镇压北美叛乱的宝贵战争资源，并将战争转变为一场世界大战。它们同英国的争斗既要解决宿怨，也是为了征服或再征服那些为宗主国提供了源源不断财富的海外殖民地。对西班牙而言，这同时也是夺回1704年被英国占领的直布罗陀（Gibraltar），并重拾国家荣耀的大好机会。

荷兰主要在东印度群岛殖民地同英国对抗，在北美其实并无一兵一卒。荷兰战舰也从未支援过北美人民抗击英国。虽然法国和西班牙盟友支援北美人民并非大公无私，但荷兰人的策略与之相比，简直就像食腐肉的秃鹫那样趁火打劫。

▼ 重新改组的法国海军拥有了比英国海军设计更优良，速度更快的战舰。舰队带着复仇的怒火驶向大洋。

美利坚建国第一步

1775年，英属北美由13个独立的，使用相同语言，有着类似传统、来历及殖民地政府、宗教信仰和民族起源的殖民地组成，然而它们之间仍存在很多差异。这些殖民地并未有意识地联合起来，每个殖民地当局为了实现自身的特定目的而推行不同的发展道路。自从各殖民地分别创立建设以来，它们或多或少都自主施政，管理同母国之间的贸易。对殖民者而言，产生"美国人"的认知是一个缓慢渐进的过程。大多数人依然认为自己是英国人，并对王室效忠。

殖民地扩张

按地理和经济特征，北美殖民地可划分为3类：东北部的新英格兰地区（马萨诸塞、罗得岛、康涅狄格、新罕布什尔）；中部地区（纽约、宾夕法尼亚、新泽西、特拉华、马里兰）；南部地区（弗吉尼亚、北卡罗来纳、南卡罗来纳、佐治亚）。其中7块殖民地为直辖殖民地，由皇家总督管理（新罕布什尔、新泽西、纽约、弗吉尼亚、佐治亚、南北卡罗来纳）；3块仍为独立前英王特许领主独占的殖民地（宾夕法尼亚、特拉

▼ 这些渴望在西部寻求土地的北美人直接违反了英国的《反扩张法》。

华、马里兰）；3块则保留为公司殖民地（马萨诸塞、康涅狄格、罗得岛）。

新英格兰地区拥有繁荣的海运业，很多北美人下海谋生。有时他们能发笔横财，而另一些人得益于所有这些海事活动而成为大亨。（有个来自马萨诸塞塞勒姆的商人在1770年前成为北美殖民地中的首位百万富翁。）农业在新英格兰并非有利可图，因为那里夏短冬长，土地多石，远不如南方肥沃。中部殖民地大概是最能盈利的地方：土地适合耕种，拥有活跃的商人阶层。虽然母国严厉禁止，但那儿还是成了制造业基地。

▲ 殖民者同土著部落进行皮毛贸易是非常有利可图的，但印第安人用值钱的皮毛却没换回等值的商品。

那些希望进入非法制造业的人无视条规和惩罚，无论如何也要发展这项产业。到列克星敦和康科德战斗（the battles of Lexington and Concord）爆发时，殖民地工业正如春苗一样蓬勃成长。

南部殖民者虽然大规模使用奴隶劳动力，但可能是最贫穷的地区。他们是纯粹的重商主义者，只生产英国需要的商品（烟草、大米、棉花以及靛蓝染料）。伦敦商人掌控了南方种植者生产的所有商品的定价权。加之他们必须购买进口自大不列颠的工业制成品，很多人因此而濒临破产。

殖民者也渴望获得新土地，扩展疆域。总有豪情万丈又胆大妄为的移民闯入蛮荒西部，克服艰难困苦和来自印第安人从不停歇的反抗，为他们自己和家庭开拓新家园。

在1765-1768年间，超过30,000名殖民者翻越阿巴拉契亚山脉，面对着未知的事物和隐藏在黑暗森林中的危险，寻求新家园和土地。

扩张主义倾向使殖民政府同国王和母国产生了冲突。重商主义体制的关

键在于殖民地应该拥护母国，人民必须接受并容忍这套体制，它才能正常运行。如今随着经济和人口增长，很多殖民者，无论贫富，都对遥远的英国议会自1763年开始所强加的法令和税赋感到愤怒。追寻自由土地的殖民者们几乎无视令他们厌恶的《1763年公告》。此外《印花税法》《航海条例》《汤森法案》也使大不列颠和它的宝贵财产之间产生了无可弥补的裂痕。

叛乱

正如约翰·亚当斯（John Adams）后来对局势做出的判断，当公开叛乱开始时，大概只有三分之一的人支持反抗，三分之一保留对王室的忠诚，剩下的三分之一则无动于衷。不过革命爆发并不需要得到大多数同意。怨言产生争论，争论引发公开抗议，抗议导致暴力，暴力演变成公开叛乱。驻扎在马萨诸塞波士顿的英国卫戍部队成为事态的焦点。

扩散到全北美的暴动火焰就是从波士顿开始向南蔓延。马萨诸塞很快就成立了各种爱国者俱乐部（如自由之子）。自由主义的旗帜、狂热的雄辩者塞缪尔·亚当斯（Sam Adams）[1]宣扬公开叛乱，反抗王权。局势发展也得到了

▼ 一群北美人攀上英国舰船，将茶叶货柜倒入港口内。这就是著名的波士顿倾茶事件。

另一位激烈的演说家，帕特里克·亨利（Patrick Henry）的回应。他来自弗吉尼亚下议院，曾对他的同僚们发出"不自由，毋宁死"的著名呐喊。倒是有不少敌人很乐意满足他的第二项需求。

很快从争论中爆发了公开抗议和革命。国王的代理人们被涂满焦油，粘上羽毛[2]，或者被狂怒的殖民者赶出城镇和村落。乔治国王的雕像被推倒，融化为制作火枪子弹或炮弹的材料。落单的英军哨兵遭到包裹着石块的雪球袭击。一个波士顿暴徒团伙遭到一名情绪失控的英军军官和他指挥的卫兵枪击。通过约翰·亚当斯的辩护，除两人被法庭判处轻罪外，其余士兵均无罪释放。殖民者

▲ 北美民兵组织建立了特别的"一分钟人"连队，在紧急情况下，部队能够在得到命令后一分钟内集合完毕。

抢夺英国缉私船，将它们焚毁；殖民地民兵也成立了"一分钟人"连队，因为他们须得到命令后迅速集合，以应对紧急情况。

在马萨诸塞，尤其是波士顿，局势极为严峻，于是大批英军进驻，并借宿民宅。[3]这进一步招致反抗者的怨恨，使他们的鼓动更有说服力。那些酝酿叛乱的首领们在北美各殖民地都存储有武器弹药。1775年4月，英军从波士顿出发，对一处藏匿点发起突袭，这次失败的行动导致武装斗争正式爆发。

虽然13个殖民地处于分裂状态，1763年后它们却感受到来自英国的威胁，于是便联合起来共同面对。它们的首次统一行动是成立"大陆会议"（1774年第一次召开），该机构也成为事实上的国家政府。不过它们除了作为母国的殖民地外，在法理上其实并无国际地位。这种局面直到1776年4月颁布《独立宣言》后才有所改变。

① 译注：美国开国元勋约翰·亚当斯的堂兄。
② 译注：在殖民地流行的一种严厉惩罚和公开羞辱对方的私刑。
③ 译注：依据英国议会颁布的新《驻军条例》。

北美军队

发生在列克星敦的镇前绿地和康科德的战斗打响后，北美殖民者同英国军队正式开战，不过那时尚没有所谓的"美国"军队。一段时间内，在北美殖民地只有仿照英国"受训团"组建并由称职的军官训练的民兵团体。但是这些互不相干的团体的成立初衷只是为了堪堪自保和维持治安，因此无法成为有凝聚力的国家武装力量的一部分。

武装国度

列克星敦和康科德之战后，一支勉强算作军队的新英格兰民兵在坚定的公民阿特姆斯·沃德（Artemus Ward）的率领下围攻英军防守的波士顿。1775年6月，位于费城的大陆会议指派乔治·华盛顿担任新成立的大陆军总司令，并取代阿特姆斯·沃德的职务。可惜大陆会议所依赖的只是一群乌合之众——军中个人主义、利己主义盛行，经验欠缺的军官指挥着纪律松弛，同样缺乏训练的士兵。

北美老兵

殖民地有一群作战经验丰富的老兵，他们熟悉军事，形成了一个核心团体，干劲十足地着手组建军队。这些顽强的老兵早年曾积极参加对法战争，华盛顿就是其中之一，还包括伊斯雷尔·普特南（Israel Putnam）和约翰·斯塔克（John Stark）。他们曾经在英军中服役，亲身体会到接受过良好训练的军队能发挥很强的作战效能。只要专业军官手下有得力的士官，通过士官再控制士兵，就能训练出能够临阵不乱的军队。

华盛顿需要大批受过训练的士兵，这样他才能在战场上同英国人和他们的德意志盟军公平对决。为了实现这样的目标，华盛顿不得不克服大陆会议对长期维持一支职业军队的质疑；处理大陆

军内部将军们的明争暗斗，这些人时不时就会在战场上将他精心布置的计划推翻或扬长而去；还得应付缺乏合格军官的窘境。

大陆军惨遭一场接一场的失败，胜利则来得少之又少。但它历经艰辛，在战斗、困倦、伤病中同当时世界上最强大的军队战斗，并取得最终胜利，这无疑值得大书特书。历史上从来没有哪支美国军队像大陆军这样，忍受过这么多磨难，取得过这么大的成就——为他们的国家和大陆赢得了独立。

步兵编制

大陆军步兵分别在1776、1778、1781年历经三次整编。步兵团仿照英军建制，但一般没有掷弹兵连。不过轻步兵连较早就成立了，到1778年整编时，出现在了每个步兵团的编制表中。步兵团在战场上部署有1或2个营，呈双行布阵战斗。轻步兵连有时会从所属团中抽调出来，另集中组建成轻步兵军团，这是大陆军中的精锐部队，将执行特殊任务。最终，大陆军步兵团的编制固定为9

▼ 这幅19世纪绘画为读者提供了完整的早期美国士兵穿着的整体形象，但在某些小细节上不甚精确。

个连，包括1个轻步兵连。

炮兵的编制单位同样为"团"，不过这是出于管理方便，而非战术目的。炮兵团的主要战术单位是"连"，并根据此连队的兵力、可利用的火炮和牵引马匹数量，装备2-6门数量不等的火炮。华盛顿的炮兵总指挥官是能力出众、意志坚强且忠诚可靠的亨利·诺克斯（Henry Knox），一位来自波士顿的前书商。在那段时期内，"炮位"（battery）对美国和法国炮兵而言意味着已就位的火炮，任何数量都有可能；而这个词的现代意义则表示"连级规模的火炮单位"，请注意不要混淆。

弱小的大陆军骑兵部队在战争中的作用逐渐增大，但在1776-1777年的初创阶段，昂贵的骑兵部队面临不可避免的成长的阵痛。骑兵总是没有足够的战马或装备达到所批准的编制兵力。此外骑兵指挥官，以及他们的士官、士兵们都还必须学习专业知识。最后总算组建出4个轻龙骑兵团。每个团辖6个连，从1至6顺序编号。后来因为缺少合适的马匹和装备，骑兵重组为混编部队，每个团中有3个连骑马，另3个连徒步。

1777年5月，华盛顿将大陆军固定为师、旅编制。4-5个团组成1个旅，2个旅组成1个师。这使得大陆军编制既保持稳定，也不乏灵活。至此各级指挥官们得以熟知下属，各单位并肩战斗，军队的凝聚力和适应性都得到增强。

外国志愿者

一些欧洲志愿者通过北美派往法国的公使——本杰明·富兰克林博士的协助，加入了大陆军。一些人无足轻重，一些人与其说是战士，倒不如说是投机者，但是他们当中仍有很多人为大陆军提供了亟需的专业技能和人力支援。

贡献最大的志愿者当属冯·施托伊本男爵（von Steuben）。虽然富兰克

林将其描述为前普鲁士将军，但他其实是退役的普鲁士军上尉，曾做过大量的参谋工作，在非正规军的自由军（Free Corps）中也服役过，同时还是一名专业军事教官。正当华盛顿急需用人之际，他抵达福吉谷（Valley Forge）营地，随即开始以专业方式训练大陆军，要求他们能够知晓武器的使用方法，在战场上能熟练操作，他也强调射击术的重要性，开火指令由原先的英式口令"预备"（present）改成了"瞄准"（take aim）。施托伊本将自己的心得编撰成一本"蓝皮书"，这是美军历史上的第一部操典。

其他一些外国军官对大陆军的专业化转变和胜利亦做出过贡献。迪波塔尔（Louis Lebeque Duportail）是法国工程师，后成为美军工程兵部队的创始人，1781年的约克郡围城战中，他还负责制造、架设攻城装备。另有法国军官在大陆军炮兵部队中担任营级指挥官。身

材高大的迪卡尔布男爵（baron Johann de Kalb）能力出众，原本是在法军中服役的巴伐利亚人，1780年指挥了著名的马里兰师和特拉华大陆军。波兰炮

兵专家塔德乌什·柯斯丘什科（Tadeuz Kosciuzko）负责修筑了西点要塞。

大陆军表面上由大陆会议掌控，但随着战争持续，渐渐只听令于华盛顿，他的影响力和崇高威望无人能及。作为国家领袖和军事指挥官的华盛顿虽然在战争初期遭遇了数次失败，但也正是得益于自身的卓越能力和领导权威，他带领着军队迈向最后胜利。此外本杰明·富兰克林和其他北美人的政治能力为他们争取来了法国盟友，加之英国也昏招迭出，这些因素终于确保胜利之果瓜熟蒂落。

▲ 美国驻法公使为大陆军招募欧洲军官。图中迪卡尔布男爵（中）将拉法耶特（Lafayette）介绍给美国代表团成员之一西拉斯·迪恩（Silas Deane）。

▼ 邦克山战斗后，华盛顿执掌新命名的大陆军。他仍穿着早年从军时的民兵制服，但是他的部队实则根本没有统一的军服，与下方理想化的图片有天壤之别。

英国军队

1763年英国军队在北美连战连捷，在欧洲战场上也所向披靡。北美英军是一支出色的军队，他们久经沙场，训练有素，坚韧不拔，而且能够适应各种不同的作战环境，不过最后毁掉他们的正是英国人自己。

英国武装力量

无视其服役年限长短，战斗荣誉高低或作战经验多寡，超过70个线列步兵团被强制遣散。轻步兵，曾经在北美积极抗击法国人的精英部队，也烟消云散。英国还解散超过18个骑兵团。传统上就很精干的英国正规军变得更加"精瘦"，最后仅剩31,300名正规军负责保卫庞大的帝国。

到1775年北美再次出现战争阴云时，英国正规军数量为48,647人。其中步兵39,294人，骑兵6,869人，剩余2,484人为炮兵。19个步兵团和16个骑兵团驻扎在英格兰，1个步兵团在苏格兰。爱尔兰有21个步兵团和12个骑兵团，美洲有18个步兵团。

当冲突爆发时，英国军队人数不多，受过良好训练，并且根据《1768制服条例》的要求，大部分都统一着装。在18世纪70年代早期，尽管每个团都固定下辖1个轻步兵连，但还是有很多在法国和印第安人战争中磨炼出来的军事技能被荒废了。此外，根据建制，陆军全部由团级单位组成，没有固定如旅或师这样的高层级编制。更上一层的战术单位一般临时组建，由准将或资深团长指挥。正如法国人曾经领教过的那样，这是一支在战场上令人敬畏的军队：训练有素、服从命令、擅长攻坚克阻和大规模战役。

军官和指挥官

这个时期英军最大的弱点是为其提供装备和军饷的层层叠叠的官僚机

▲ 第17轻龙骑兵团参与了整个北美战事，取得了突出战果。

构。臃肿的多层级政府在战争时期也控制着军队。政令朝令夕改，争吵不休的部长和官员企图对任何一个特定的任务都指手画脚。官僚机构管理一场远离本土3,000英里之外的战争，为军队输送给养，提供装备，几乎就是不可能完成的艰巨任务，然而伦敦有足够的影响力发出不少在前线指挥官看来完全是瞎胡闹的干预。

北美英军中的高级指挥官各有特点。托马斯·盖奇将军（Thomas Gage）和威廉·豪将军（William Howe）在法国和印第安人战争期间就是优秀的轻步兵将领，他们在战争初期即担任了英军指挥官。盖奇的错误在于处理波士顿叛乱的态度要么过于妥协，要么太强硬，于是他被称职勇敢、高效务实的豪将军取而代之。豪是极佳的战场指挥官，在法国和印第安人战争中就有出色表现，邦克山

（Bunker Hill）中亦展现出不俗的攻击能力。不过他也反对在北美开战，希望双方得以和解。1776-1778年间，豪将军指挥一支庞大的远征军，在长岛（Long Island）和布兰迪万河（Brandywine）击败了华盛顿，不过他未能毕其功于一役，给予大陆军致命打击从而结束战争。

1778年，能力优秀却人缘不佳的亨利·克林顿（Henry Clinton）又取代了豪的职位。他的表现在战争后半段乏善可陈，错失了好几次打赢战争的机会，但真正导致英国失败的原因还是克林顿和查尔斯·康沃利斯（Charles Cornwallis）之间的恶劣关系。康沃利斯可能是战争中英国最好的将军。当他敏锐地察觉到成功的机会时，克林顿总是看到危险和失败的可能；当他在南部战场不断为英国取得胜利时，克林顿却正安坐在纽约，不予支持。毫无疑问，这就是英军在南部失败的主要原因。

约翰·伯戈因（John Burgoyne）

将军资质平平，但爱兵如子，因而颇受普通士兵的爱戴。1777年，他精心策划了入侵纽约州的作战方案，不料却因为伯戈因自身缺乏激情和常识，得不到豪将军和克林顿将军的支持，加上同伦敦方面糟糕的联络协调而半途夭折。英国人若齐心协力，本应取得胜利，但伯戈因的一连串失误，加之北美人激烈的抵抗，致使他的远征注定失败。

步兵团编制

一个英国陆军团下辖10个连：8个普通连和2个精英连——分别是布置在右翼的掷弹兵连和安排在左翼的轻步兵连。这两个部署在侧翼的连队是每个步兵团中的精锐。只有最健壮、最勇敢、最有经验的战士能够被选做掷弹兵。轻步兵虽然不如掷弹兵高大，但经验同样丰富，且行动更为敏捷。轻步兵在执行侦察任务和进行散兵突击时优势明显，他们长于以疏散队形作战，往往作为先头部队、侧翼部队或担任后卫。

这些侧翼连队经常从他们的直属步兵团中被抽离出来，另组建掷弹

▲ 陆军中校伯纳斯特·塔尔顿身着 "英国军团" 制服。他指挥该部在南方战役中作战。

兵、轻步兵混成营，在战役的关键时刻承担特殊任务。实践证明这种编制模式是有效的，但同时该步兵团的实力也因失去最好的官兵而被削弱了。

侧翼精英连队若有伤亡，就会从普通连队中调人补充，这又进一步损害了普通连队的作战力量。

1778年法国参战后，英国新组建了29个步兵团和4个骑兵团派驻到海外。由于兵源不足，征兵工作面临巨大压力，从1778年开始，到1781年才算达成了目标。这些部队来到北美，同在当地大量招募的保王党人并肩战斗。一些保王党部队和德意志雇佣军一样，忠于职守，在战争中起到了重要作用。

英国骑兵和炮兵表现卓越。每个战区中都有炮兵服役，几乎所有战役中都有炮兵的身影。英国在北美只部署有两个正规骑兵团。

英国军队在这段时期内拼命地扩张，以维持在本土、爱尔兰、印度和加勒比地区的驻军数量。英国兵源一直就捉襟见肘，1778年后，征兵形势更是危急。

北美英军

共计30,000名远征军于1776年抵达北美作战，这是英军史上最大规模的海外派遣行动。为了满足征兵要求，就连监狱也被掏空了，此外英军还从德意志诸邦中招募了雇佣军。

北美保王党人组建的部队军事素质参差不齐，很难达到当初招募时的初衷，战斗力比不上英国正规军。两支在战争中创立，适应于任何战区环境的部队——"女王游骑兵"（The Queen's Rangers）和塔尔顿（Tarleton）领导的"英国军团"（British Legion）算是其中的佼佼者。特别是"女王游骑兵"，在约翰·格雷夫斯·西姆科（John Graves Simcoe）的指挥下取得了杰出的战绩。

◀ 英军在邦克山战斗中向美军阵地发起了三次攻击才取得成功。

法国军队

法国军队在七年战争中遭受重创。不过到北美战事爆发时，一群高级军官们——如维克多·弗朗索瓦（Victor-Francois）、德布罗意公爵（de Broglie）和炮兵专家让-巴蒂斯特·瓦奎特·德·格里博瓦尔——经过精心策划，实施了一系列改革措施，使法军发生了脱胎换骨的变化。这些军官得到了战争部长，德·舒瓦瑟尔公爵（de Choiseul）的鼎力支持。他拥有一种不可思议的发掘人才的眼光，知道关键所在，并专注于当前工作。

法国军官

在早前的欧洲战场上，法军将领同英国和普鲁士作战时往往败多胜少，德布罗意则是其中的异类。18世纪60年代早期，当七年战争行将结束时，他把自己的部队临时整编为数个"师"，结果"师"后来成为法军中普遍的编制单位，成固定组织结构。到了18世纪70年代，德布罗意又在诺曼底地区举行各种军事演习，实验新战术，协调运作，训练不同军种（骑、步、炮）协同作战，将军队捏合为一个默契配合的整体。

格里博瓦尔曾作为炮兵将领，被派遣至奥地利军队服役，那里缺少经验丰富的资深炮兵专家。他不仅战绩突出，还大幅提升了原本弱小的奥地利工程兵部队的战斗力。他表现如此优异，就连腓特烈大帝也邀请他加入普鲁士军队。格里博瓦尔原本就对法国炮兵不甚满意，在普鲁士和奥地利工作期间又研究

▼ 德·蒙特卡姆侯爵庆贺在提康德罗加堡附近战胜了自开战以来在北美集结的一支最大规模的英国军队。

▲ 让-巴蒂斯特·瓦奎特·德·格里博瓦尔创立了一套崭新的炮兵体系，有助于法国军队的改革。

出很多新思路，于是一回到法国就将自己天才的创新成果应用于炮兵。到1789年，法国便拥有了欧洲顶尖的炮兵作战体系。格里博瓦尔的火炮装备和战术思想被罗尚博（Rochambeau）将军介绍到了美国，并在实战中得到检验。美国后来部分吸纳了这一军事体系。

虽然法国改革家们取得的革新成果喜忧参半，也遭遇过明显的挫折，但派往北美的法军仍然是一支劲旅。他们接受过严格训练，穿着簇新的制服，轻型炮兵战斗力在欧洲国家中遥遥领先。全军还拥有当时首屈一指的军事教育系统。

法国步兵团

1763年后，影响深远的改革实现了军事标准化，令法国步兵和炮兵的作战效能大为提升。1776年春，除了"国王团"[①]和近卫团之外，法国步兵团编制一般为2个营，资深步兵团有4个营，不过有时也会临阵将资深步兵团的第2和第4营抽调出来，组成新团。虽然这些步兵团是新建立的，但是各营级部队的成军历史却相当悠久，并一直在同一个团中服役，这对增强它们之间的凝聚力大有裨益。

[①] 译注：法国几支最精锐部队的称号。

▼ 编入罗尚博远征军的洛赞军团枪骑兵。300名轻骑兵中，约有半数装备了长矛。

步兵营编制从9个连缩小到6个，每个连的军官数量也相应减少，但士兵数不减反增。这6个连分别为1个掷弹兵连、1个猎兵连（轻步兵）、4个燧发枪连。猎兵连和燧发枪连均配置了6名军官、1名预备军官、17名军士、1名军医助理、2名鼓手和144名列兵。掷弹兵连的编制为6名军官、1名预备军官、14名军士、1名军医助理、2名鼓手和84名列兵。

一个满员的步兵营共有官兵963人，另有26名官兵分配给1个辅助后备连。每个团的编制为官兵1,990人，其中包括12名团参谋部军官和辅助人员。

所有7个炮兵团番号都是"64"，它们也承担法国炮兵学院的角色。这套炮兵体制非常有效，可能是欧洲最好的。7个团均以驻防地而得名，分别为：拉佩雷、梅茨、格勒诺布尔、奥克松、斯特拉斯堡、图勒和贝桑松。每个团由20个连组成，再细分为2个营，每营10个连。所有连的编制完全相同，拥有4名军官和其余71名士兵。每营的10个连中，其中4个为投弹连（特种炮兵），2个为工兵连，剩下4个连是火炮连。当时法国工兵隶属于炮兵部队，工程兵并未单列成军。此外法国炮兵还拥有6个坑道兵连和9个劳工连。至1776年，法国炮兵部队人员编制总计为909名军官和11,805名士兵。

法国骑兵正规军在北美没有什么作

▲ 法军经过了彻底的军事改革，当罗尚博在1780年领军扬帆起航时，其制服已得以改进。

为。法国的外籍志愿者军团招募了一些骑兵，但他们由法国海军管辖，因为官方上他们其实是殖民地部队，算不得正规军。法国殖民地军团在那段时期并无标准编制，直到战后才有所规定。

北美法军

法国介入北美殖民地战争绝非出于乐善好施，而是为了报七年战争的一箭之仇，并意图夺回被英国人抢走的殖民地。法国在战争中主要专注于西印度群岛和那儿有价值的岛屿。法军的计划其实并不总是成功，比如1779年的萨凡纳攻城战。不过当罗尚博率领的法国远征军抵达北美后，美国革命战争的转折点也随之到来了。

这支训练有素，组织严密的5,000远征军帮助华盛顿大大增加了在陆地上获得一次击败英军的决定性战略胜利的机会。罗尚博和华盛顿两人惺惺相惜，默契配合，在约克城，双方良好的军事合作使胜利成为可能。编入罗尚博远征军的还有德·洛赞公爵的军团。这是一支步骑混成部队，实际上是由法国海军组建，执行海外任务。这个军团中的骠骑兵身着华丽的骑兵制服，在北美战场上叱咤风云。他们后来被改编为法国第5骠骑兵团。

其他参战方

还有若干国家也直接或间接地卷入战争中；它们有的赤膊上阵，有的则派遣雇佣军代劳。

德意志诸邦

德意志雇佣军由德意志邦国的诸侯们招募。他们人数众多，参与了北美战事中的很多行动。其伤亡也相当惨重：共29,875人参战，12,562人没能回到故乡。还有其他人被遗弃，留下来成为新兴的合众国公民。战事之初，英国与愿意提供兵员的德意志诸邦国政府以及君主签订了6份不同的条约。

雇佣军中步兵人数最多。布伦瑞克（Brunswick）派遣了一个龙骑兵团，不过却是步行战斗。黑森（Hessian）佣兵中包括几支炮兵小队和精锐轻步兵（猎兵）。这些德意志雇佣军由他们自己的指挥官统领，但也同其他英军部队混合编制。一些雇佣军从未参加战斗，如在加拿大担任驻防任务的部队，但那些身处战场的佣军们表现得格外出色。

▼ 18世纪的西班牙军队是一个值得敬佩的对手，在佛罗里达给予了英军沉重打击。

西班牙军

西班牙在其殖民地拥有一支令人不敢小觑的18世纪军队，它们分散驻守在美洲大陆和西印度群岛。西班牙军队显然规模有限，不过在陆地上同英军作战时，他们也能偶尝胜绩。

当时西班牙军共有41个步兵团，每团2营。每营编制有9个燧发枪连和1个掷弹兵连。一些团还拥有1个额外的轻步兵连（猎兵）。条例规定每个燧发枪连编制有3名军官和52名士兵。在必要时刻，步兵团中的掷弹兵连也会全部集中起来，组建临时的掷弹兵营。西班牙轻步兵营由6个连组成。

西班牙炮兵团编制有4营，每营7连。炮兵连由4名军官和96名士兵组成。此外，西班牙军还拥有12个海军步兵营，每营辖6个连，以及隶属皇家海军炮兵的14个旅。这些旅在战舰和陆地上均有服役。

由于得到了来自马德里的政府支持，西班牙人战绩不俗，斩获颇多。1779年7月，路易斯安那总督贝尔纳多·德·加尔韦斯（Bernardo de Galvez）刚收到西班牙同大不列颠宣战的消息，就立刻组织了一支远征军开赴英军控制的下密西西比，顺势夺取该地域。他还在1780年3月攻克了莫比尔（Mobile）。德·加尔韦斯的西班牙军包围了位于佛罗里达西北部"柄状地带"的彭萨科拉（Pensacola），英军终于在1781年5月10日停止抵抗。原路易斯安那常备团指挥官埃斯特班·米罗（Esteban Miro）于1782年接任德·加尔韦斯职务。战争期间他成功地抵御了英军对其领地的进攻。

印第安战队

印第安人是一支经常被忽视的参战力量。大部分部落，特别是易洛魁（Iroquois）部落联盟成员

▲ "种玉米者"是赛内卡族的首领，其穿着表现了北美印第安和欧洲风格的混搭。饰领毫无疑问是来自英国的礼品，铁护臂可能是画家的想象。

站在英国人那一边；少数部落，如奥奈达（Oneida）和斯托克布里奇（Stockbridge）则加入北美殖民者的阵营。印第安人精于在北美蛮荒之地上战斗、侦察和捕猎（人或野兽）。英国人也尽可能利用这些技能在边境地区作

北美西班牙军序列

爱尔兰步兵团

索里亚步兵团

路易斯安那常备步兵团

国王步兵团

西班牙步兵团

王子步兵团

哈瓦那常备步兵团

蒙大拿燧发枪队

皇家海军步兵

美洲龙骑兵团

墨西哥龙骑兵团

新奥尔良有色人种民兵队

哈瓦那自由营

新奥尔良卡宾枪队

皇家炮兵队

皇家海军炮兵队

皇家工程兵队

▲ 大约1780年左右的一个莫霍克族村落，位于纽约州中部

战。托利党人（保王派）同印第安人携手合作，使独立分子屡遭败绩，其中最活跃的队伍就是巴特勒游骑兵①。在怀俄明大屠杀（Wyoming Massacre）和1777年的奥里斯坎尼（Oriskany）鏖战中都有托利党人的身影。印第安人在面对面的阵地战中通常毫无用处，他们的强项是在敌后实施突击、埋伏和偷袭，他们是有效的恐怖武器。

虽然北美印第安人在1777年加入巴瑞莫·圣莱杰准将和约翰·伯戈因将军的队伍，但他们可不是值得信赖的盟友。只有英军占据优势的情况下，印第安人才表现出忠诚；当局势变得不利或看上去英军马上要输时，他们就会消失得无影无踪；到了搜刮战利品或胜利手到擒来时，这些印第安人又从天而降。约瑟夫·布兰特（Joseph Brant）是易洛魁部落中的一位重要头领，他罕见地异常忠于英国，从不变心。即使如此，这些部落也没给英国多大帮助，在那些英军或德意志雇佣军伤亡惨重的战斗中，印第安人却总能全身而退。虽然他们在战场上靠不住，不过印第安人仍然是强劲的对手，善于打击敌军士气。

1779年2月，为了应对前线不利战局，美国人决心彻底解决易洛魁部落。约翰·沙利文（John Sullivan）将军率领由本土美国人和外国志愿者组成的一支4,400人远征队突入易洛魁部落领地。

尽管远征队是分散作战，但易洛魁部落还是未能召集足够力量反击这次入侵。易洛魁人放弃了他们的村镇，在美国人雷霆一击之前就撤走了。美国人有计划地摧毁了易洛魁人的村落、城镇、庄稼和其他生计，使之遭受极其严重的损失。印第安人为了生存，只好更加依赖英国人。如果说在沙利文远征前，他们只是厌恶美国人的话，在目睹家园被毁后则对其恨之入骨。但不管怎样，易洛魁部落联盟就此作鸟兽散，军事力量损失殆尽。

美国军队有一个真正的印第安盟友，来自纽约州的斯托克布里奇人。在法国和印第安人战争中，他们曾同罗杰斯的游骑兵部队并肩战斗。

① 译注：由约翰·巴特勒组建。

▼ 1778年6月发生的怀俄明大屠杀是一个前线战斗的典型案例。如果你落单了，就连一刻钟也活不下来，尤其是有印第安战士在场的情况下。

战斗和战役

美国革命是一件政治、社会和军事的大事件，发生时间从法国和印第安人战争结束至1789年北美13州批准美国宪法生效。经过艰苦斗争，革命终于迫使英国放弃了最有价值的殖民地，使大不列颠遭受了有史以来最惨重的失败。

波士顿 1775

1775年那个载入史册的早春，愤怒的人们在列克星敦的镇前草地上朝英国军队开枪，揭开了独立战争的序幕。而在此之前，流血事件已经层出不穷。国王的税务官们被愤怒的爱国者们涂满焦油，沾上羽毛。皇家缉私船遭遇伏击；在一件袭击事件中，攻击者登舰，使其搁浅在海滩上，最后一焚了之。1770年波士顿发生了枪击殖民者事件，在北美人的大肆宣传下，此次事件被描绘成了"波士顿大屠杀"（Boston Massacre）。而事实上这是由

▼ 所谓"波士顿大屠杀"由一群混在滨水区的暴徒挑衅而起。该事件导致5名北美人死亡，还为叛乱分子制造了一个大肆宣扬的机会。

塞缪尔·亚当斯领导的一伙激进分子挑起的，就是为了在波士顿制造事端。稍后又有一些市民加入进来，羞辱英国军人，致使其向人群开枪，结果11人中枪，其中5人身亡。波士顿叛乱分子学到了别用雪球同全副武装的英军对抗的教训，但也迫使英国驻军撤离出市中心。这些英国士兵后来被波士顿法院无罪开释，为他们辩护的是2位北美律师约翰·亚当斯和约翰·奥蒂斯（John Otis）。

真正的战斗发生于1775年4月。一支英军突袭队从波士顿出发，前去摧毁一座位于康科德的军火库，并抓捕可能就藏匿在康科德村落内的叛乱分子首领。民众对英军行动义愤填膺，民兵纷纷拿起武器投入截击英军的战斗。北美人的反抗使英军突袭队几乎全军覆没，并最终引发了一场包括法国、西班牙、荷兰与新生的美国共同对抗大英帝国的战争。

马萨诸塞民兵将英军突袭队赶回波士顿后，新组建的新英格兰军队随后包围了这座城市，占据了一个伸入波士顿港内的半岛，该处毗邻繁华的小镇查尔斯顿（Charlestown）。英军将领托马斯·盖奇命令2,000名正规军将民兵驱离该地区。让人大跌眼镜的是，北美人顽强坚守住了阵地，击退英军两次强攻，给敌人带来严重伤亡。英军战地指挥官威廉·豪爵士将从山坡上溃退下来的英军重新集结起来，孤注一掷，命令部队发动最后一次猛攻。北美民兵弹药用尽，只得通过"波士顿颈项"[1]后撤，英军顺势占领了阵地。此役北美军队看似失利，但也仅此而已，他们仍旧牢牢地围困着城市。

1775年夏，乔治·华盛顿到达波士顿附近的剑桥镇（Cambridge），走马上任"大陆军"指挥官一职。他发现那里的情况简直一团糟：大陆军与其说是一支军队，不如说是一群武装暴徒。好在仍有一些敬业的军官勤勉工作，至少命令还能执行，纪律大抵得以维持。亨利·诺克斯被派往新近占领的提康德罗加要塞，将在那里缴获的火炮押送到波士顿军营。他的远征队在冰天雪地中跋涉300英里，凭借顽强毅力和不屈勇气，把这批重约60吨的军械运抵前线，成就了一个军事工程上的奇迹。此时豪将军已接替盖奇担任北美英军总指挥官，他见势不妙，便撤离波士顿，后退到哈利法克斯（Halifax）。

加拿大 1775

北美人对加拿大的深刻印象无疑来自于当年那些恐怖时刻的残余记忆——法国人和印第安人的突袭队从加拿大出发，攻击北美人的定居点，屠杀移民，烧毁他们的房屋。1775年，北美人不满足于报复性袭击，反而有更大的雄心。大陆会议希望从英国人手中夺取加拿大，将其纳入北美殖民地联盟当中，不

① 译注：波士顿类似一个半岛城市，"波士顿颈项"其实是连接波士顿城和大陆的狭窄地段。

过这个野心勃勃的目标从来没有实现。

北美军队采取双管齐下的战术入侵加拿大。一支部队由前英国军官理查德·蒙哥马利（Richard Montgomery）将军率领。另一支军队的指挥官是贝内迪克特·阿诺德（Benedict Arnold），此人颇具才干，并将成为积极进取，争强好胜的军事领导人，可是最终他还是背叛了自己曾经为之奋斗的独立事业。

蒙哥马利采取常规路线，取道上尚普兰湖入侵加拿大；阿诺德则冒险穿越缅因的荒原。这是一次史诗般的行军，然而这项成就却往往为人所忽视。两位指挥官基本达成目标，双方会师于魁北克城下，并当即决定拿下此城，不成功则成仁。在加拿大致命的寒冬里，进攻必须克服两个方面的阻碍：暴风雪和英军的抵抗决心。蒙哥马利在侦察时战死，阿诺德也在领军通过魁北克下城时身受重伤。两次进攻全部受挫，原本指望加拿大人能予以协助，也化为泡影。北美军队得到增援后在加拿大勉强支撑到春天，接着英军发动了一次决定性的攻击，将北美人赶回到南方。

英军驻加拿大大司令官盖伊·卡尔顿爵士（Sir Guy Carleton）随即率部南下追击。贝内迪克特·阿诺德则尽可能

重新集结队伍，以应付迫在眉睫的英军威胁。卡尔顿有一支适合湖面作战的舰队，船员素质也很高。本来策划进攻的阿诺德只好在尚普兰湖上拼凑出临时舰队，让蹩脚的新手们去驾驶，暂时迟滞了卡尔顿的追击。然而战斗中还是有很多北美舰船被击沉或捕获。尽管卡尔顿取得了瓦尔库岛之战（Battle of Valcour Island）的战术胜利，之后他却退回加拿大，将这场消耗战的战略胜利拱手让给了阿诺德。

▲ 理查德·蒙哥马利在攻击魁北克伊始就不幸阵亡，这使得攻击中的北美军队产生动摇，随后撤退。

纽约和普林斯顿 1776

华盛顿相信即便很困难，在没有一支可以正常运作的海军的情况下也依然有可能保卫纽约，可惜这不是明智的决策，反而将导致一场灾难。

豪将军率领一支30,000人的军队抵达纽约，他们全部是英国和德意志正规军。华盛顿军虽然数量上占优，但皆是未经实战检验，不甚可靠的民兵，而且地形不利。在皇家海军的支持下，豪将军于1776年8月23—30日发起长岛之战，几乎聚歼华盛顿军。在哈莱姆高地（Harlem Heights），通常被称为"峡谷道"（Hollow Way）的地方，美军同英军遭遇，旋即成功反击，然而这只是一次微不足道的行动罢了，失败的美军仍然持续后退。

华盛顿只得撤出纽约，接着在白原（White Plains）又遭败绩。英国人强攻哈德逊河上的华盛顿堡，美军有生力量及物资均遭到不可承受的损失。横跨哈德逊河的李堡被弃后，形势更是雪上加霜。

随着冬天来临，撤退到特拉华河对岸的华盛顿及其核心幕僚们开始重整残部。每天都有伤病减员，开小差跑路时

▼ 发生在隆冬的特伦顿之战虽然规模很小，却是一次完美的战术胜利，顺利拔掉了一个黑森佣军的前哨站，北美军民士气高涨。

有发生，很多人因服役期已满而离开军队。此时华盛顿手下只有区区 5,000 人，这支军队随时都可能土崩瓦解。

1776 年圣诞节，华盛顿策划了一次大胆的军事行动。全军跨过布满碎冰块的特拉华河，拔掉了特伦顿（Trenton）的一个黑森雇佣军据点。英军本来以为华盛顿已经穷途末路了，这时只好派遣查尔斯·康沃利斯将军前去应对。华盛顿从特伦顿出发，利用夜色机动，瞒过英军绕到普林斯顿附近，在那里击溃了英军后卫部队，接着美军全身而退，返回莫里斯敦（Morristown）冬季营地。

查尔斯顿 1776

1776 年夏，英军向南挺进，试图占领南卡罗来纳另一个具有重要战略地位的港口城市查尔斯顿。为了确保大批军队安全登陆并占据城市，英军首先要攻克城市防御要塞，然而由于战术失误和美军顽强抵抗，进攻失败了。

英方计划采取海上攻击方案，战役序幕随着炮弹从海上飞来拉开了。海军的初期行动因 3 艘战舰搁浅而一无所获。依托查尔斯顿城内及周边的坚固防御工事，美军静静等待英军驶过海峡，进入武器射程。

当舰队终于靠近后，工事内的美军火炮首先朝英国战舰开火，持续猛烈的炮火击退了皇家海军。英军马上还击，

▼ 拉法耶特成为华盛顿的好友，两人曾在布兰迪万河并肩战斗。

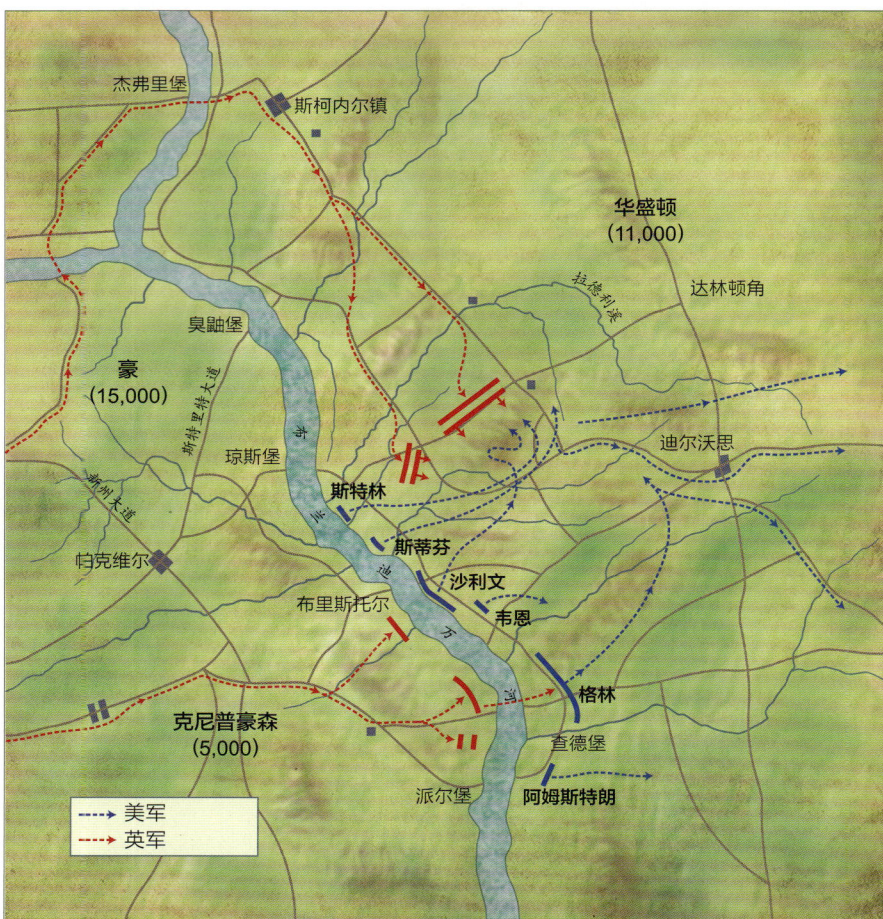

不过对以蒲葵①为原料修建的工事损害有限，美军伤亡也微不足道。英军对美军的抵抗强度大为惊讶，若不能首先压制来自美军防御工事的炮击，或者至少使之部分失去战斗力，就无法登陆。虽然英军愤懑不已，但也只好放弃进攻。他们舔舐着伤口，转而向北航行到纽约，加入威廉·豪的队伍。此时豪将军正入侵北美中部殖民地，力图攻陷纽约城，控制这座天然良港。

布兰迪万河 1777

1777 年发生的两场战役将成为独立战争的转折点。不过美军主力在华盛顿的指挥下却再度惨败于豪将军。

豪决心夺取当时的美国首都费城，并于 1777 年 9 月 11 日在布兰迪万河击败华盛顿。华盛顿本来占据了有利地形，不过堪称战术大师的豪首先采取佯攻，然后迂回至华盛顿和他的幕僚们都忽视了

▲ 在布兰迪万河战斗中，豪将军佯攻美军正面阵地，然后绕过其右翼攻击。华盛顿被击败，费城也被英军占领。

防备的侧翼。华盛顿再一次在同英军对垒的重要战役中失利，豪将军也再一次未能聚歼大陆军。只要这支军队一息尚存，革命就希望犹在。

费城 1777

大获全胜的英军于 1777 年 9 月攻陷了费城，接着在街道上武装游行，周围满是欢呼的市民，这一幕就是早些时候华盛顿进入该城时的翻版。同月晚些时候，美国将军安东尼·韦恩（Anthony Wayne）在佩奥利（Paoli）遭遇了一次出人意料的夜袭。

英军将领格雷，绰号"无燧者"（no flin，因为他偏好用刺刀冲锋）抓

① 译注：一种美洲特产的棕榈科植物。

▲ 华盛顿试图拿下楚尔宅邸的努力费时费力，令部队损失惨重，战况开始转向对美军不利。

住美军正在宿营的机会，悄声干掉了岗哨，在警报响起前大肆杀戮。美军损失惨重，被迫放弃营地，但他们通过此役也学会了夜袭战术和刺刀格斗。这样宝贵的经验帮助美国人在后来的战争中取得了不少胜利。

日耳曼敦 1777

虽然再三失利，华盛顿并没有丝毫气馁，也不甘心未做出最大努力前就放弃费城，于是计划在费城郊外对英军发起一次大胆的攻击。英军在距费城以北5

▼ 安东尼·韦恩将军是一名精力旺盛且冷酷的指挥官。根据其战场上的表现，官兵给他起了"疯狂安东尼"的绰号。

英里外的小镇日耳曼敦（Germantown）扎营。华盛顿的方案是派遣4支战斗队伍，依照一张复杂的时间表对英军协同攻击。美军行动错误百出，也没能准时到达指定位置，一些部队甚至迷路了，但是总攻还是在1777年10月4日发动，英军措手不及，只好慌忙将他们最精锐的部队调来，担当防御后卫。

不过美军的进攻在一幢名为楚尔宅

邸（Chew House）的大房子处迟滞，英军在那里设置了障碍。进攻部队本来可以绕过它，持续发动攻击，这时只好分出一部分兵力夺取这幢宅邸。这个意外情况加之格林（Greene）的部队未能及时赶到，迫使美军进攻减缓。雪上加霜的是，格林还误朝友军开火。豪将军趁此机会重新集结起军心动摇的部队，还发起了反击。美军再次败退，但此役后他们对自己的战斗能力产生了信心。

美军取得的进步有目共睹。法国在一段时期内杜撰了一个博马歇先生（Beaumarchais），通过他名下的幌子公司为美军秘密提供武器弹药。美军在战场上对抗法国传统敌人的战斗力缓慢但稳步地增长，他们在日耳曼敦作战时的精妙计划和执行力也给法国人留下深刻印象。法国开始倾向于

▼ 布兰迪万河战斗后，华盛顿策划了一次针对豪将军的反击，地点就在日耳曼敦。他的计划过于复杂。尽管一开始美军驱赶英军一路后撤，但援军未及时赶到，使英军逃出一劫。

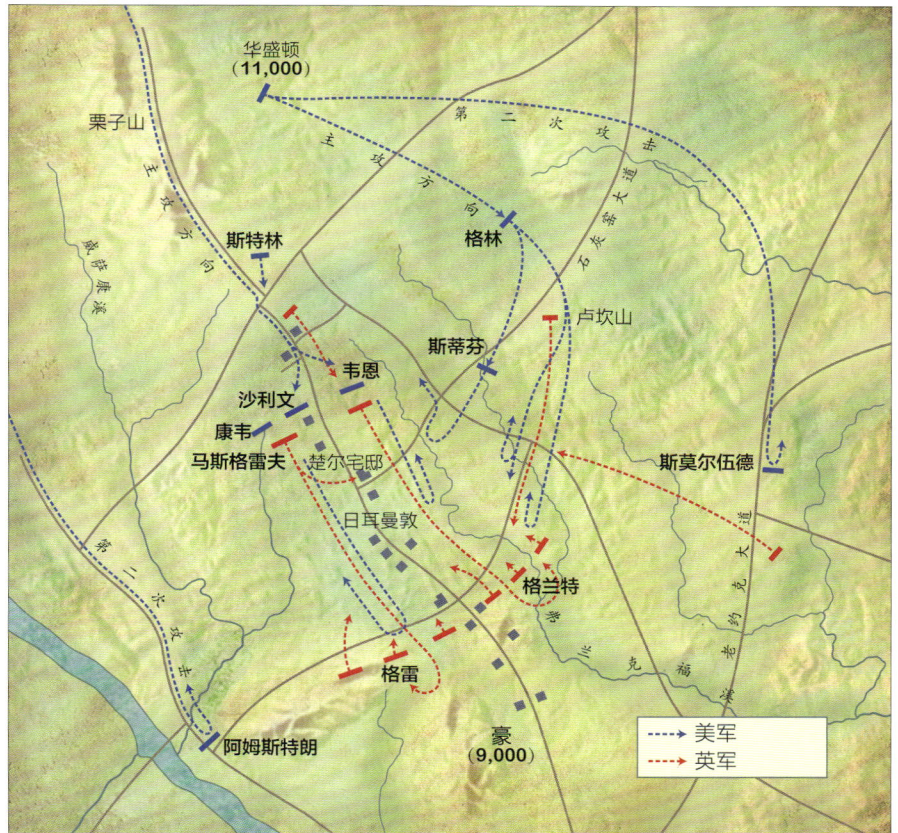

公开支持美国。

伯戈因进攻奥尔巴尼 1777

　　当英军在加拿大集结兵力时，美军即将面临来自北方的大麻烦。约翰·伯戈因将军正组建一支计划入侵北美殖民地的攻击力量，其战略目的是将新英格兰地区同其他叛乱殖民地分隔。伯戈因策划了一套三路进攻方案：他亲自率领规模最大的主力部队沿着传统入侵路线从加拿大南下，途径尚普兰湖、乔治湖和哈德逊河。陆军上校巴里·圣莱杰（Barry St Leger）指挥一支由英国正规军、保王党军（托利党）和印第安人组成的混编部队，威胁上组约州的莫霍克谷。与此同时，豪将军攻击哈德逊河上游流域。三路大军将在奥尔巴尼（Albany）会师。这个天才的计划如果能够不打折扣地执行，各部能默契协同，本应取得巨大成功，然而行动一

▲ 伯戈因将军投降后，霍雷肖·盖茨前去会晤这位英国战俘。

▼ 英军对弗里曼农庄的进攻遭到美军迎头痛击，损失惨重。里德泽尔（Riedesel）率部及时赶到，使英军避免了一次灾难性失败。

开始就面临夭折。莱杰上校自身实力欠缺，不足以成功完成他所分配的任务。他取道安大略湖（Lake Ontario）和奥斯维戈（Oswego），行军至莫霍克谷，试图占领拒绝投降的老斯坦威克斯（Stanw_x）要塞。美国民兵被召集起来前去解要塞之围，但在奥里斯坎尼附近遭遇圣莱杰麾下托利党人和北美印第安人的伏击。这是一场血腥残酷的战斗，双方都损失惨重。民兵开始后撤，不过阿诺德将军正好在附近指挥一支大陆军部队。他放出谣言说，具有压倒性优势的美国大军即将抵达斯坦威克斯要塞，势必血洗印第安人。圣莱杰上校的印第安盟友得此信息，立即就在森林中蒸发，消失不见了。上校兵力原本不强，现在更是实力大减，只好返回加拿大。

　　从纽约出发，攻击哈德逊河上游的原定计划也没能实现。豪仍旧死盯着华盛顿和费城。伯戈因从纽约地区得到的唯一协助来自亨利·克林顿爵士。他指挥一支混杂着英国人和北美托利党人的7,000人部队在战役后期向哈德逊河上游发动了一次有限的攻击。克林顿部缺乏足够的兵力抵达奥尔巴尼，然而他还是攻击了上游地区，并攻陷了斯托尼波因特（Stony Point）和弗普朗克波因特（Verplanck's Point），此两地是哈德逊河自西点（West Point）下游的战略要地。更北方，英军攻占了蒙哥马利堡和克林顿堡，并开始在西点附近展开行动。不过此时伯戈因却进退维谷，克林顿也没能及时给予其任何协助。伯戈因和他的军队发现他们正困在危险不断增长的北美乡村，孤立无援。

　　伯戈因的计划在战略层面上似乎很完美。即便没有莱杰和豪的支持，他也本该有足够的兵力实施计划，可是过多的辎重和笨重的火炮使英军举步维艰，向南方行军简直成了蜗牛爬行。在出色的副指挥官威廉·菲利普斯（William Phillips）将军的协助下，伯戈因还是拿下了提康德罗加要塞，在哈伯德敦（Hubbardton）的战斗也取得胜利。一支来自布伦瑞克的德意志雇佣军获命前往佛蒙特州（Vermont）的本宁顿（Bennington）搜寻补给物资，但是陷入当地民兵部队的围攻，遭到重创。该部民兵由彪悍的约翰·斯塔克指挥，他在七年战争中曾是罗杰斯游骑兵中的一

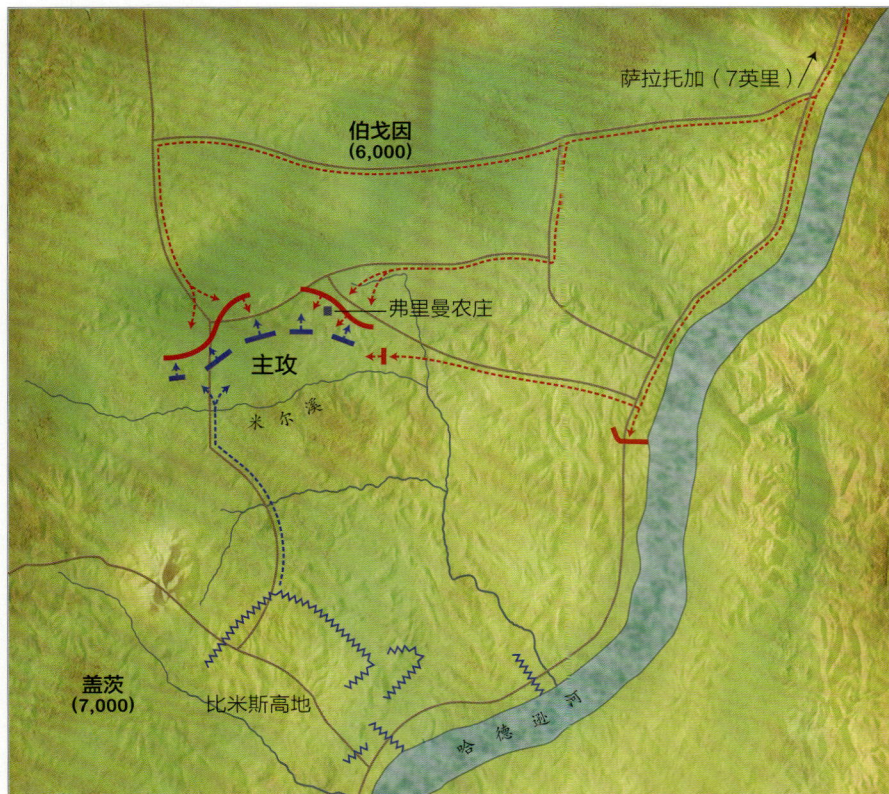

伯戈因
(6,000)

萨拉托加（7英里）

弗里曼农庄

主攻

米尔溪

盖茨
(7,000)

比米斯高地

哈德逊河

名军官，也曾在1775年的邦克山之战中顽强战斗。斯塔克发誓要么胜利，要么妻子成为寡妇，然后便发起了疯狂的进攻，消灭了德意志雇佣军主力，伯戈因也因此损失了相当大一部分的兵力。

萨拉托加大捷 1777

正当伯戈因缓慢向南进军时，美国人也正在集结大陆军和民兵应对他的攻击。原美军指挥官菲利普·斯凯勒将军（Phillip Schuyler）被霍雷肖·盖茨将军（Horatio Gates）取代，那些不太恭敬的部下送给他一个绰号：盖茨奶奶；干练的贝内迪克特·阿诺德则担任副指挥官。英军在弗里曼农庄（Freeman's Farm）和比米斯高地（Bemis Heights）两次卷入战斗。战斗发生在林地和旷野中，总的来看，美军形势占优。在激烈的战斗中，美军上校丹尼尔·摩根（Daniel Morgan）率领他的来复枪部队奋战在第一线，击毙了能力出众且受人爱戴的英军将领西蒙·弗雷泽（Simon Fraser），这是伯戈因和英军的巨大损失。

最终南进战略被美军阻止，由于在战斗中损失大量有生力量，也毫无任

▲ 在福吉谷雪地中的华盛顿将军和拉法耶特。1777至1778年，大陆军在此越冬。

何从豪将军、克林顿或圣莱杰处得到援兵的希望，伯戈因于同年10月率残军在萨拉托加（Saratoga）向美军投降。该胜利促使法国正式与美国结盟，这是独立战争期间具有决定性意义的事件。如果没有法国支援，很难想象美国能赢得胜利。

福吉谷 1777-1778

日耳曼敦的战斗结束后，华盛顿率部进入宾夕法尼亚的福吉谷冬季营地。严冬凛凛，大陆军官兵缺衣短食，在生存的边缘挣扎。他们忍受饥饿和病痛的折磨，顽强坚持；华盛顿的军

官们也竭力为部队搜寻补给。隆冬时节，本杰明·富兰克林招募的一位外国军事专家来到营地，自称是前普鲁士将军，腓特烈大帝的密友。弗里德里希·威廉·冯·施托伊本实质为普鲁士陆军退役上尉，但他在欧洲服役期间既参加过实战，也当过参谋，是一名军事训练大师。

冯·施托伊本说服华盛顿，只要通过统一训练，他就能以优秀的"原料"打造出一支纪律严明的军队。冯·施托伊本对英文一窍不通，在两个翻译——一个法国人和一个美国人的帮助下，他从烂熟于心的普鲁士、法国和英国训练条例中提取精华，创建了一套简单有效且易于教学的新式训练体系。

官兵们喜爱并尊敬冯·施托伊本；这群衣衫褴褛的"稻草人"对他能很快学会各种英文脏话而心悦诚服。部队进行了艰苦训练，新的技能从连发展到团，后来又推广到了旅和师。大陆军休整到1778年6月重回战场，此刻全军已脱胎换骨，成为华盛顿曾经指挥过的训练最精良的队伍，足以在战场上同欧洲最好的职业军队分庭抗礼。

▼ 萨拉托加战役的第二场战斗发生在比米斯高地，英军在此遭到重创。西蒙·弗雷泽将军身受致命伤而被人抬下战场。

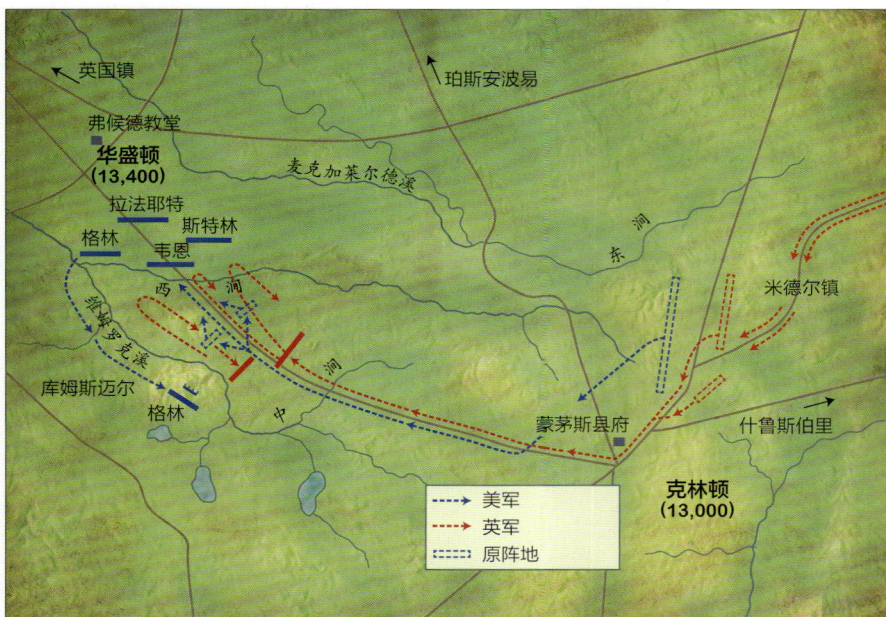

斗，避免被缓过气来的美军压制，确保辎重车队不被夺走。双方的战斗都可圈可点。此役大陆军无疑展现出他们掌握了各种复杂的训练科目和辅助战术，并在实战中阻止了英军前进。那天的高温令战斗更加艰苦，除战斗伤亡外，美英双方均有因中暑而导致减员的情况。

这场战斗最终达成苦涩的平局。美军本来有绝佳的机会利用英军行军途中的笨拙迟钝对其造成巨大伤害，然而李的拙劣表现——很有可能是故意的——致使美军丧失了战机。英军保住了他们庞大的辎重车队，并巧妙地脱离了战斗。美军则实在太疲惫了，未能发动有效的追击。英军成功撤退至纽约，直到战争结束，他们一直控制着这座战略城市。这是双方主力部队在余下战争期间内的最后一次主要会战。后来的行动要么由次级部队进行，要么是从其中分离出来的更小单位实施。

蒙茅斯 1778

冬季结束后，亨利·克林顿爵士取代威廉·豪爵士，担任北美英军总司令。克林顿计划放弃费城，退回至纽约，因为拥有这座美国首都并不能遏制美国继续坚持战争的努力。由于英军携带有笨重的辎重车，华盛顿的侦察兵很快就发现了他们撤退的踪迹。美军决定对敌军发起攻击，其先头进攻部队交由查尔斯·李（Charles Lee）将军指挥。李将军作为前英军职业军官，浑身上下都散发着自信，可惜他的能力和忠诚都值得怀疑。李率先出发前去截击英军，华盛顿率部紧跟其后。1778年6月，李将军冒冒失失地在新泽西蒙茅斯郡（Monmouth）政府大楼附近同英军纵队接触。他既没有连贯清晰的计划，也未将自己的作战意图告知下属，白白浪费了大量时间和精力后，居然命令全军撤退，将安东尼·韦恩的友军暴露在英军所有的反击力量之前，而此时美军还几乎一弹未发。这导致美军不可遏止地全线溃败。华盛顿满腔义愤，大发雷霆，毫不含糊地训斥李将军，并当着全体部下的面，就地免除了他的指挥权。这一幕是华盛顿在担任总司令官期间最精彩的瞬间。在战斗处于关键性时刻，他当

▲ 蒙茅斯之战是北方战区内的最后一次主要会战。双方主力部队此后再未正面对决。

众展现出无所畏惧的品格和毫不妥协的领导能力。

华盛顿及其激愤的属下们在炮火中将败退下来的先头部队重新集结，组织美军反攻。双方都是在鏖战中度过了那一天剩下的时间。华盛顿力图使全军返回战场同敌军交战；而英军也顽强战

纽波特，罗得岛1778和佩诺布斯科特湾1779

现在法国盟友终于派出了他们的

▼ 若非查尔斯·李的失职，蒙茅斯之战本该为美国带来一场决定性的胜利，而李也因此被撤销指挥职务。

▲ 约翰·沙利文指挥的罗得岛战斗并不成功，但一年后针对易洛魁部落的战役令其声名大噪。

于1779年7月至8月间发动的佩诺布斯科特湾（Penobscot Bay）行动也以惨败告终。当时佩诺布斯科特湾属于缅因州，后来则是马萨诸塞州的一部分，正处于英军控制之下。美军决定派遣一支远征队驱逐英军。该行动由美国海军上校达德利·萨尔顿斯托（Dudley Saltonstall）指挥。他不仅无能、无信，还是个懦夫。

远征军的核心力量由大陆军海军舰只组成，不过事实证明英军更强大而难以击败。萨尔顿斯托没有迅速展开行动，当他还在漫不经心地召开军事会议时，皇家海军编队就突然在他身后从天而降，将美国舰队驱赶进海湾。舰船在那里要么被捕获，要么被美国人自己烧毁以免落入敌军之手。军事法庭解除了萨尔顿斯托的现役资格，勉强算是这场灾难后的一丝安慰吧。不过这丝毫不能挽回美方人员、物资和财产的巨大损失。

斯托尼角和保罗斯胡克 1779

美军在1779年主动发动了两次小规模的陆上行动。安东尼·韦恩率领他的大陆军轻步兵部队首次出击，对斯托尼

▼ 亨利·李绰号"轻骑兵哈利"，是美国杰出的骑兵指挥官，领导了1779年保罗斯胡克攻袭战。

陆军和舰队直接参战以支援美国。然而第一次行动就充斥了各种各样的困难，因此总的来说并不成功。在纽波特和萨凡纳的行动以失败告终。直到更有能力的指挥官，如海军上将弗朗索瓦·约瑟夫·保罗·德·格拉斯（Francois Joseph Paul de Grasse）和陆军将领简·巴蒂斯特·罗尚博（Jean Baptiste Rochambeau）取得指挥权后，盟军的胜利才得到保障。

攻占纽波特和罗得岛的行动于1778年8月启动。约翰·沙利文担任美军司令官，法国舰队由查尔斯·赫克托·德斯坦（Charles Hector d'Estaing）海军上将指挥。不过这个法国人并不是同美国人合作的最好选择。进攻遭遇英国守军的积极防御，美军和法军反而不能协同作战。德斯坦以天气恶劣为由突然撤退，大部分美国民兵也随之而去。

英军指挥官罗伯特·皮戈特（Robert Pigot）将军（他曾参加过邦克山之战）敏感地察觉到美军弱点，立即命令英军跳出防御工事反击，随即将敌人击败。美军被迫放弃行动，沙利文也只好咽下这枚苦果。他原本对取得战役胜利充满信心，却眼睁睁看着机会一个个溜走。沙利文确实不够幸运。美军

▲ 安东尼·韦恩指挥领导的大陆军轻步兵部队在斯托尼角发动了一次仅用刺刀的夜袭战。

角（Stony Point）的英军防御阵地实施夜袭。此役美军发挥极其出色，仅凭刺刀突击，就全歼英国守军。英军共阵亡63人，伤70人，超过500人被俘。这次战斗为美军在佩奥利之战中的失利报了一箭之仇。

亨利·李不甘示弱，对保罗斯胡克（Paulus Hook）也发动了一次类似突袭。在安全撤退前，美军共毙伤英军200余人。美军正从菜鸟部队转变为一支高素质的职业军队。

大陆军通过上述行动并未得到任何大片土地、防御堡垒或新的战略要地，但明确无误地表明大陆军作为一支武装力量，正变成越来越成熟。除了具备充分的训练、严格的纪律、精密的战术和灵活的体制外，大陆军更拥有杰出的军事领导。

保王党和叛军的冲突 1780-1781

从很多角度看来，这场战争都是生活在英国殖民地内的美国人之间的内战。无论是辉格党还是托利党，保王党抑或叛党，美国人相互残杀的冷酷和猛烈程度一点也不逊于英军和大陆军及北美民兵之间的血战。

美国（命名于1776年7月4日）存在

两片保王党和独立派斗争旷日持久，又尤其激烈的区域。第一片区域位于纽约城以北，哈德逊河流域。绰号"牛仔"的保王派和支持美国独立的人士彼此痛下杀手，均采取了打了就跑的争斗策略。人们效忠不同对象，如老式家族争吵那样将战斗变得痛苦且漫长。

在南部，美国同胞之间更是充满了仇恨。一些游击队在诸如弗朗西斯·马里恩（Francis Marion）（著名的"沼泽狐狸"）、安德鲁·皮肯斯（Andrew Pickens）、托马斯·萨姆特（Thomas Sumter）等人领导下，以游击战术对付英国人和他们的保王派支持者。这3位指挥官（特别是马里恩）或多或少也会与纳撒尼尔·格林（Nathaniel Greene）领导的美军野战部队相互配合，不过其他一些保王派或者反叛者也纷纷自立为王，与同胞大打出手。农庄被焚烧，农作物被毁坏，整个家族被谋害，旧恨之上积累新仇。

1789年6月至9月间，保王党和叛乱分子之间至少发生了24次以上的冲突。其结果是，在卡罗来纳两州再也没有发生大规模保王党人支持英国的起义。这两个地区的美国人在战斗中表现出异乎寻常的残忍，这在其他战区是很罕见的。战俘经常是基于个人宿怨而被杀害，有时会以绞刑的方式被处决。一名震惊的英国将军评论道："这些人缺

▼ 在1776年英军攻打查尔斯顿期间，美军旗帜被英国海军炮火击倒。贾斯珀军士爬上护墙，将它们重新竖起。

乏宗教的约束，也毫无人性。"有时双方的正规军也会卷入其中。1781年2月，亨利·李上校的军队在霍河（Haw River）对一支保王党小队发动了成功奇袭。在其他数次行动中，他还帮助马里恩顺利地拿下英军位于南卡罗来纳州内陆地区的多个前哨站，包括莫特堡（Motte）、格兰比堡（Granby）和沃森堡（Watson）。伯纳斯特·塔尔顿指挥下的"英国军团"①也不甘示弱，将设在沃克斯华（Waxhaws）的布福德（Buford）指挥部摧毁，屠杀了已投降的美军，从而创造了一个成语"塔尔顿的宽恕"。

查尔斯顿 1780

蒙茅斯之战是独立战争期间美英主力部队的最后一次对垒。由于1778年美法两国结盟，以及西班牙在1779年、荷兰在1780年也随后加入反英阵营，战争开始扩散到全球范围，此时北美战场只是其中一个战区罢了。本来派遣到北美的英军只好部署到别处，例如与法国存在利益冲突的西印度群岛。

英军为占领并平定北美南部各殖民地——佐治亚、北卡罗来纳、南卡罗来纳，付出了相当大的努力，他们也成功入侵了弗吉尼亚。萨凡纳于1779年被占领，次年美法联军企图夺回要塞而未果。菲利普斯将军和助手本尼迪克特·阿诺德准将——此时他已叛变到英军，率部横扫毫无防备的弗吉尼亚，造成重大破坏。美方的失败很大程度上得归咎于弗吉尼亚州长托马斯·杰弗逊的失职。

然而最大的打击来自1789年北卡罗来纳州查尔斯顿的陷落。此役美国不仅仅失去了一座重要的港口城市，还有5,000士兵连同他们的指挥官本杰明·林肯（Benjamin Lincoln）向英军投降。来自弗吉尼亚、北卡罗来纳、南卡罗来

① 译注：实为保王党人组成的正规军，隶属英军管理。

▼ 卡姆登之战是美军的一次惨败，不过却彰显出大陆军的严明纪律、军事素养和战斗精神。

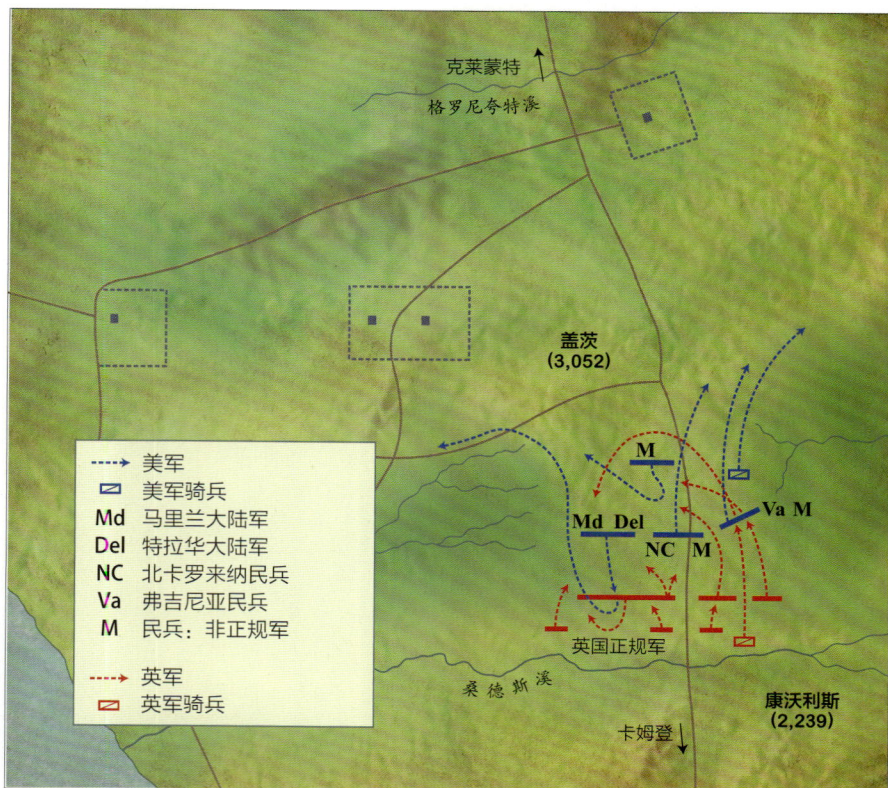

▲ 卡姆登失利后，格林来到夏洛特接替霍雷肖·盖茨担任南方军司令。

纳、佐治亚等地的大陆军部队也纷纷投降。美国人直到很久以后才渐渐平复这场灾难带来的影响。

约翰·迪卡尔布将军带领一小股从主力部队中分离出来的大陆军，前去支援查尔斯顿。仅从人数来看，该部力量薄弱，但他们全部由大陆军中挑选出来的最优秀的官兵组成。由马里兰大陆军和特拉华团组成的马里兰师[1]曾置于迪卡尔布的麾下一段时间。军队和他们的指挥官彼此尊重，这种忠诚很快就能在战场上得到证明。查尔斯顿陷落后，弗吉尼亚南部就仅存迪卡尔布指挥的这支大陆军部队。大陆会议认为由一个外国人掌控军队很不妥当，便要求华盛顿另指

① 译注：因特拉华大陆军人数较少，不能独立成军，因此与马里兰大陆军混编。

派他人接替迪卡尔布的职务。华盛顿立即推荐或许是他手下最优秀的军官纳撒尼尔·格林，但被大陆会议否决，改以萨拉托加战役的胜利者霍雷肖·盖茨替代。这是一个糟糕的选择。

尽管野心勃勃，但"盖茨奶奶"的能力稍有欠缺，也不是一位靠得住的战友。在一大帮追随者的支持下，他企图取代华盛顿，成为大陆军总司令官。盖茨缺乏战略眼光，战术素养也很糟糕。他接管南方战区，得到了民兵和其他一些可信赖的小股部队增援，但他枉顾形势不利，在胜算不高的情况下决定主动攻击，企图一举击溃英军。他忽视幕僚，如迪卡尔布、末底改·吉斯特（Mordecai Gist）、奥索·霍兰德·威廉姆斯（Otho Holland Williams）、约翰·伊格·霍华德（John Eager Howard）等人的建议，发号施令前也未能善用手中已有的资源。他甚至完全忽略了诸如弗朗西斯·马里恩领导的游击

队力量，轻率地导致队伍陷入卡姆登之战的灾祸中。此役盖茨少将被英军打得溃不成军，落荒而逃。

卡姆登之战 1780

卡姆登之战打响后，盖茨所指挥的民兵部队只有一个团稳住了阵脚，其余民兵"像洪流"一样溃散，顺带着将盖茨也一并"卷走"。当民兵们向后抱头鼠窜时，来自马里兰和特拉华的大陆军则纹丝不动。他们在令人尊敬的迪卡尔布的指挥下组成线形战斗队列，还发起狂烈的刺刀冲锋，令英国正规军一度停止了进攻。康沃利斯只好命令全军转而压制顽强的大陆军。美军被击败，迪卡尔布受伤被俘，不久便因伤而亡。遭到惨重损失后，幸存者们最终撤退到安全地带。

格林指挥的南方战役 1781

华盛顿再次提名格林担任南部战区

▲ 一场短兵相接后，考彭斯之战结束。此役是独立战争期间唯一的歼灭战。

▼ 丹尼尔·摩根是优秀的指挥官，带领美军轻装部队在考彭斯之战中对阵塔尔顿，取得了重大胜利。

司令官。虽然太迟了，但大陆会议还是讨好似的赶紧批准了提议。格林在北卡罗来纳同他的新部队会合，这是一支不到1,000人的军队，缺少武器弹药，服被和装备也很匮乏。

不过在卡姆登之战中幸存下来的大陆军们却个个都是硬汉，不再畏惧任何挫折和失败。格林也继续留用了那些优异的下属，这批陆军校官们将成为南方军的中坚力量。末底改·吉斯特被派遣至北部招募士兵以重振马里兰军团的实力，但马里兰军团的奥索·霍兰德·威廉姆斯和约翰·伊格·霍华德以及特拉华军团的罗伯特·柯克伍德（Robert Kirkwood）还留在队伍中。此外格林麾下还拥有骑兵军官威廉·华盛顿（William Washington，大陆军总司令的堂弟，而且以任意一方的标准评价，他都是战争期间最优秀的骑兵

指挥官之一），炮兵军官爱德华·卡林顿（Edward Carrington）和亨利·李（Henry Lee）。李指挥着一支身着绿色外套的步骑混成部队。这些军官组成了任何一个美军指挥官都梦寐以求的，最具才干的幕僚团之一。

尽管如此，格林的状况依然不乐观。战争基金早已空空如也，部队的服装破破烂烂，给养也消耗殆尽。然而他却做出一项大胆决定，将本已弱小的部队一分为二，人数较少的一半交由经验丰富的丹尼尔·摩根指挥。他授权摩根可自行挑选官兵，然后派遣其深入北卡罗来纳，监视康沃利斯的下一步动向。格林自己率领大部军队——大多数是民兵，向北挺进，期望最终能同摩根的部队会师。

康沃利斯并未集中兵力对付一支美军，也采取了分兵策略，命令塔尔

顿指挥精锐的轻装部队追击并消灭摩根部。摩根在一个名为"汉娜的考彭斯"（Hannah's Cowpens）的地方停下来准备战斗，这里是当地人的牧场。

考彭斯之战 1781

退回至布罗德河（Broad River）后，摩根重组了军队，施行了一项战术变化以确保他的民兵留下来战斗而不至于逃散。他将战斗阵型列为三行，第一行是最不可靠的民兵，格林要求他们每人须发射两枪，然后便可撤退到后方等待集合。

第二行是较为可靠的民兵，由为了参加这场战役而刚刚加入摩根军队的游击队指挥官皮肯斯率领。第三行留给摩根最信任的马里兰和特拉华大陆军，指挥官是来自马里兰的不屈不挠且非常干练的约翰·伊戈·霍华德中校。威廉·华盛顿的轻龙骑兵和乘骑民兵被留作预备队，随时准备支援大陆军步兵。塔尔顿抵达战场后立即发起进攻。前两排的美国民兵遵照摩根的预先指令行动。这其实是有计划的撤退，但塔尔顿却只看到他想看到的，于是下令追击，不料一头撞上大陆军最坚实的战线。进攻中的英国步兵正处于杂乱无章的状态，美军适时在射程范围内打出一次齐射，紧接着又发起一次毁灭性的刺刀冲锋，将英国步兵撵得狼狈后撤。威廉·华盛顿的骑兵随即投入进攻，重新集合后的民兵也反过来逆袭，塔尔顿军顿时土崩瓦解。大量英军阵亡、受伤或被俘。塔尔顿的军队被完全摧毁了。

丹河行军赛 1781

摩根在考彭斯取得完胜后并未在当地逗留。他向格林报告了胜利的喜讯，接着立即携战俘朝弗吉尼亚边界行进。摩根清醒地意识到自己已挑起康沃利斯的熊熊怒火。格林将军得知胜利后也向北进军寻找摩根，很快两军便合二为一，不过摩根却因为身染重病离队回家。格林知道康沃利斯绝对会穷追不

舍，于是将后卫任务交给了奥索·霍兰德·威廉姆斯的马里兰军，主力则向北部丹河（Dan River）和弗吉尼亚移动。

康沃利斯对塔尔顿的大败怒不可遏。这是美军自卡姆登之战惨败后，取得的第二次野战胜利，还歼灭了英军有生力量。另一次胜利发生在1780年10月，帕特里克·弗格森（Patrick Ferguson）所率英军在国王山被一支称为"山岳人"（over the mountain men）的美军围困且消灭，弗格森本人在马鞍上中弹跌落，不治身亡。

康沃利斯决心赶上并摧毁格林的美军。为提升部队的机动能力，他下令将辎重全部焚毁，也包括他自己的个人物品。全军仅携带必要物资后，康沃利斯跟着格林军紧追不舍，这就是后来著名的"丹河行军赛"。

北卡罗来纳的冬季了无生机，既寒冷又潮湿。部队一边行军一边战斗，美军后卫只能勉强保持在康沃利斯的先头部队之前，不过双方并未卷入大规模交战。威廉姆斯在战斗中展现出高超的指挥作战技巧和领导力，使自己总是处于格林和康沃利斯之间。美军遇见河流就过河，碰到湿地沼泽就绕道，终于全

部跨过丹河抵达弗吉尼亚，最后压阵的是亨利·李的部队。由于格林征收了一切能够浮得起来，可以装人载马渡河的物品，康沃利斯被困在了南岸，望河兴叹。英军失去了这场行军大赛的胜利。

辎重已被销毁，又远离自己在南卡罗来纳的补给站，康沃利斯别无选择，只能从丹河战线撤退，为疲惫不堪的英军寻找给养。马里恩、皮肯斯和萨姆特指挥下的游击队依然活跃，随时准备破坏康沃利斯脆弱的交通线和压制任何在卡罗来纳滋生的保王党萌芽。同他的前任盖茨不同，格林十分清楚游击队的价值。若他们需要帮助，任何时候他都会毫不迟疑地派出大陆军予以协助。

吉尔福德县府之战 1781

此时康沃利斯补给匮乏，他的部队疲惫不堪。英军竭尽全力追击，但还是未能达成目标。康沃利斯只好率部撤回到北卡罗来纳，在那里休整、重组部队。格林在2月也再次渡河返回北卡罗来纳。到了3月，他已拥有4,400名战士，其中大约1,700人是大陆军正规军。当月他就和康沃利斯在吉尔福德县府（Guilford Courthouse）狭路相逢。虽然

格林重创英军，使康沃利斯1,900人的部队遭受21%的伤亡，但他并未在战术意义上击败康沃利斯。康沃利斯手下一些最出色的军官受伤或阵亡，他也未能够实现消灭格林部的目标。康沃利斯最后还是撤回至弗吉尼亚，在詹姆斯河畔的小镇约克郡停下来。

　　格林开始着手策划一场战役以彻底清除南、北卡罗来纳的英国势力。他从未赢得过一次战斗胜利，但也不曾丢失一场战役。1781年，尽管格林在胡布柯克山（Hobkirk）和尤托泉①（EutawSprings）战斗中再次削弱了英军实力，但同时也都错失了战术胜利。格林围攻英军重点防御的九十六村（Ninety-Six）要塞其实也不成功，可是当他发起进攻后，英国人却自毁防御工事撤退了。格林在1782年中期精湛的用兵模式使人联想到17世纪伟大的法国元帅杜伦尼。他成功地将英军驱赶进萨凡纳和查尔斯顿。英军之所以还能守住这两个港口城镇直到战争结束，还得拜皇家海军所赐。战争还未结束。

约克郡围城战 1781

　　康沃利斯在吉尔福德县府战斗中损失不菲，只好撤退到北卡罗来纳的威明

弗吉尼亚民兵　**法军**　格洛斯特　**康沃利斯（8,000）**　约克郡　威廉斯堡　第一堑壕　第二堑壕　罗尚博　法军炮兵阵地　**拉法耶特**　施托伊本　**汉普顿**　林肯　美军炮兵阵地　华盛顿（16,645）　比弗丹河流

▬	美军
〰	美军工事
▬	法军
〰	英军工事
⚓	英军沉船地

▲ 约克郡围城战由法美联军发动，联军在法国舰队的支援下迫使英军投降。

▼ 经验丰富的第1马里兰团同威廉·华盛顿的第3轻龙骑兵团在吉尔福德县府前列阵冲锋。

顿市（Wilmington）休整部队。英军在复杂崎岖的地形条件下作战，失去了大部分辎重，遭受重大损失却无兵源粮草补充。最终康沃利斯下定决心撤回到弗吉尼亚，在南、北卡罗来纳同格林周旋的任务就留给其他人吧。

　　康沃利斯安置部队在弗吉尼亚休整，重新聚集战斗力。他巧妙地应对一支新出现的美国野战军，他们在法国将军拉法耶特侯爵（Lafayette）指挥下向南进入弗吉尼亚。两支军队互有攻守，但没有爆发决定性的战斗。康沃利斯撤退至海岸，最后占领了约克郡和河对岸的格洛斯特角（Cape Gloucestershire），并修建防御工事；拉法耶特的军队则紧随而来。依托强大的皇家海军，英军能够得到来自海上的补给和掩护，似乎没什么可担忧的。

① 译注：靠近如今南卡罗来纳州的尤托维尔。

法国在1780年就派遣了一支远征军来到北美同华盛顿并肩作战。法军在罗得岛登陆，其指挥官罗尚博与华盛顿建立了朋友加同志式的关系，很乐意听从这个高大的弗吉尼亚人的指挥。这支法军训练有素，装备精良，战斗力很强，他们还得到充足的、由格里博瓦尔最新设计的火炮支援。华盛顿计划攻击纽约，以期最终重新夺回这座城市及其港口。罗尚博则有一个更好的主意。格拉斯指挥的法国舰队将在10月从弗吉尼亚角出发，那么为什么不同法国海军密切配合，集中力量对付龟缩在弗吉尼亚的康沃利斯呢？

说服华盛顿后，美法联军开始向南行军。大军同来自西印度群岛的增援部队和攻城设备在约克郡城下集结后，开始向康沃利斯发起攻击。炮兵砸烂了英军的防御工事，将他们停泊在河流锚地中的舰船击沉。在一次刺刀夜袭中，英军两个多面堡彻底丢失了。虽然英国人试图强行突破联军包围，但包围圈反而越收越紧。法国和美国炮兵均表现优异，对英军战线持续炮火压制。德·格拉斯的舰队将皇家海军隔断在切萨皮克湾（Chesapeake Bay）之外，康沃利斯只

▼ 发生在弗吉尼亚的约克郡战役以美国获胜而告终。英国人承认失败，向华盛顿将军投降。

▲ 美军轻步兵持未上膛的滑膛枪，仅凭刺刀攻陷了一座约克郡的英军多面堡。

好被迫投降。这是战争中第二次整支英国军队被俘。

战争结束

战斗仍不时发生，特别在南部战区。格林正在那儿有条不紊地驱赶残存的英国部队，直到他们逃往萨凡纳和查尔斯顿，躲在皇家海军的庇护之下。约克郡战役则是战争中最后一次主要的交锋。1783年双方签订《巴黎条约》，标志着战争结束。美利坚合众国赢得了胜利，大不列颠颜面扫地，同时也失去了那些它最珍贵的北美殖民地。

海战

自从在七年战争中战胜法国后，大不列颠成为世界上主导海洋的霸权。皇家海军的战舰保卫英国的商业贸易，维持海上航线及海外，特别是与其殖民地之间的贸易，这正是英国的命脉之所在。独立战争爆发时，北美各殖民地并没有海军。不过美国人却拥有宝贵的，同时也是英国人急需的海军战备物资，而且美国也具备自行建造舰船的能力。美国意识到舰队的必要性后，于1775年10月组建了大陆军海军。很快，大陆军海军陆战队也在当年11月10日成立。

大陆军海军

一支深水海军不是一夜之间就能建成并形成战斗力的。尽管各种计划颇有雄心，美国人也成功实施了一些军事行动，但总的来看大陆军海军和各州地方海军的成就仅是二流水平。美国人建造

▲ 两艘战舰对决的取胜关键是拥有更好的船员。英国人通常会炮击敌舰的船体，使敌人失去战斗力，而法国人则习惯攻击对方的船桅和索具。

▼ "汉娜"号是华盛顿麾下的第一艘战舰，证明他已经认识到海权的重要性。

的护卫舰坚固耐用，其质量如此之好，以至于被英国人俘获后能直接编入皇家海军序列继续服役。一些美军舰长，如约翰·巴里（John Barry）、约书亚·巴尼（Joshua Barney）和曾经是奴隶贩子的约翰·保罗·琼斯（John Paul Jones）指挥他们各自的战舰也有过英勇的表现。美国私掠船同样给英国商船带来麻烦，不过大陆军海军的实力从来不曾强大到能同皇家海军在大洋上一决高低。

法国海军

法国海军则从另一角度向英国施加不同的威胁。在七年战争期间品尝了来自陆地和大海的种种失败的耻辱和苦涩后，心怀各种革新思想的军官及部长们为了报仇雪恨，都希望重建法国陆军和海军。一旦他们建成优美、强大且航速更快的战舰后，法国人就只等着一个开战的借口，以证明自己的海军同英国对手们一样出色。

海上战斗

自从法美两国结盟，法国介入战争后（西班牙和荷兰，及两国海军舰队也随后参战），大部分海上战斗都发生在西印度群岛，因为英国和法国为了控制那些盛产食糖，价值很高的岛屿殖民地斗得不亦乐乎。加勒比海的岛屿一再上演两栖登陆行动，岛屿归属几易其手。

▲ 1782年1月26日，德·格拉斯伯爵在圣基茨岛的护卫舰湾集中大批法国战舰对阵塞缪尔·胡德爵士。

多米尼加（Dominica）落入法国人之手，圣卢西亚（St Lucia）和圣基茨（St Kitts）两岛成为英国人的囊中之物。法国在1779年还攻击并封锁了格林纳达（Grenada）。在孟加拉湾，英法海军之间也爆发了一次重要的海战。著名的舰队行动还有1780年的月光之战①，1781年的多格滩战斗（Dogger Bank）和1782年的桑特海峡之战（Saintes）。从1779年到1782年，西班牙持续围攻英属直布罗陀，但未能如愿。不过法国、西班牙、荷兰三支好战的海军联合起来，加上大陆军海军让英国不胜其扰，分散了皇家海军的力量，终使英国滑落到崩溃点。

切萨皮克之战

以美国人的观点看来，独立战争期间最具决定性的海战无疑是切萨皮克之战，又名弗吉尼亚角之战。该战并无

① 译注：又称"圣文森特角之战"。

美国人现身，也缺乏战术成果，但却是意义非凡的战略胜利。法国和英国舰队在切萨皮克湾相遇，随即双方展开海上追击战。虽然有战舰受损，人员伤亡，但没有戏剧性或激动人心的场面，这与来年爆发的桑特海峡战役如出一辙。在桑特海峡，英国舰队司令乔治·罗德尼（George Rodney）突破了法国海军的战列线阵，取得胜利。尽管如此，德·格拉斯却将皇家海军抵挡在切萨皮克湾之外，正在约克郡遭受围城之困的康沃利斯得不到海军支援。最终英军失利，康

沃利斯投降，美国独立成为定局。

随着北美大陆的两支英军分别向美军和法军投降，英国企图恢复北美殖民统治已无可能。美英在巴黎就和平事宜开始谈判。英国代表们对战败怒火万丈，甚至拒绝坐下来让画家绘制谈判代表们的纪念肖像。经过相当长时间的拖延后，1783年双方签署了停战条约。至此美利坚合众国成为一个主权国家。

▼ 皇家海军在桑特海峡战役中获胜，俘虏了法国舰队司令德·格拉斯，为英国在和平谈判桌上赢得了一些筹码。

民兵、早期大陆军和州立部队

　　1775年4月，北美殖民地连一支正规军都没有。虽然每个殖民地各自保留有地方武装，有时还成立了州立民兵部队，但是保卫整个北美殖民地的军事力量并不存在。

　　不过殖民地并不缺乏拥有战斗经验的老兵。他们曾经加入昔日的地方部队，同法国人和北美印第安人作战，或者就是英国军队中的一员，并且还知道如何组织军队、准备装备以及带领士兵。在乔治·华盛顿的领导下，这支1775年夏组建的杂牌军即将蜕变为专业的正规武装力量，为新生的国家赢得独立。

▲ 英军对美国军队极为蔑视，以为能够在战场上将他们犁庭扫穴，结果导致英军在邦克山之战中损失惨重。这是一个代价不菲的错误。

◄ 1777年9月19日，在弗里曼农场战斗中，美军同伯戈因率领的英军作战，使其遭受巨大损失，一度迟滞了英军前进，但他们最后还是不得不放弃阵地。

民兵和州立部队

北美殖民地的武装力量随着殖民帝国的成长而发展。秉承根深蒂固的民兵传统,殖民地在战争刚开始时只依靠民兵和志愿兵同英军战斗。

起源

自从1607年首批殖民者在弗吉尼亚建立詹姆斯敦以来,各英属殖民地就出现了由管理当局出资,在当地组建的民兵部队。这些英国殖民者一同带来了自己的制度和传统,他们的军事体系即是其中的一部分。男人们被组织起来保卫新定居点就是沿袭英格兰的受训团制度。根据1181年颁布的武装条令,当局以为国王和国家而战的名义征召男性入伍。在北美,殖民地民兵是抵御美洲印第安人和其他到新世界追寻土地和财富的欧洲人的唯一手段。

弗吉尼亚在1611年最先颁布了一项军管法案,要求所有服役军人须每日训练,报到时必须配备武器,穿着制服,拥有完善的军事装备和防护器具。随着大种植园模式成为南部各殖民地的经济基础,定居点相比北方更为分散,因此南方以郡县为单位组建他们的民兵队伍。马萨诸塞和其他北方殖民地人口更稠密,因此民兵组织由各城镇组建。南部的民兵军官由地方总督任命,而北方则由选举产生。

民兵体系对殖民者而言是必要的,这部分源自英国人传统上就对常备军缺乏信任;这种情绪曾因克伦威尔(Cronwell)的独裁统治而越发强烈。北美人的部队要与法国人和西班牙人作战,这两个国家为争夺北美殖民地同样大打出手;当然他们的敌人也包括很多印第安部落。这是一种全新的战争模式,通常既残酷又残忍。民兵还要对付来自加勒比地区的海盗,阻止他们对沿海岸城镇或定居点进行劫掠。

最初,民兵使用来自欧洲的武器和盔甲,以及适应欧陆战争的装备,但他们学会了如何在复杂地形条件下同各式各样的敌人作战。长矛和盔甲逐渐被更为舒适的服装替代,滑膛枪、匕首、刺刀和短柄斧成为首选武器。民兵尽量轻装上阵,只携带最低限度和必不可少的装备,这样才能在同战斗技能更高明的敌人作战时生存下来。

北美民兵就是从这样简陋的开端发展进步,直至在1775年转变成北美大陆的正规军。民兵团体的服役记录一直保持良好。在乔治国王的战争中,正是依靠由非职业军官领导的民兵为主力,英国才能围攻并夺取路易斯堡。为了对付北美印第安人,坚韧不拔且善于独立作战的"游骑兵"成立于18世纪,其中一些变成半正规军,领取国王发的军饷。在戈勒姆兄弟(Gorham)和罗伯特·罗杰斯(此人将成为一个传奇)的指挥下,那些部队在对抗法国人和印第安人的战争中表现优异。

同英国的冲突

民兵一般应自行配备武器和装备,但他们经常在准备不足的情况下(有时

▲ 早在1619年,非洲黑奴就由荷兰商人引入詹姆斯敦。

▼ 此图描绘了1607年詹姆斯敦的移民正同北美印第安人作战的场景。

是故意的）就加入部队，于是州政府只好动用公币为他们提供军需品。当民兵们返家时，他们会"忘记"归还这些军事装备。

1775年部分殖民地民兵换上了养眼的制服，不过大部分民兵还是混搭派，便服和军事装备一股脑穿在身上。狩猎衫是纯北美特产，在前线部队中十分普遍。华盛顿乐见狩猎衫成为军中的必备物资，因为它穿着舒适、样式干练潇洒，还能染成任意色彩。无论民兵还是正规军，地方军还是大陆军，都能利用它获得良好的伪装效果，混淆英军判断。

民兵的武器也是五花八门。同一支部队中可能出现棕贝斯①、猎枪、来复枪，乃至任何其他可以获取的武器。弹药补给因此困难重重，不过如果部队拥有子弹模具，能够自行制作子弹的话，只用给他们提供金属铅就行了。

这些民兵的训练也杂乱无章，通常情况下聊胜于无而已。总而言之，民兵根本无法同英军和德意志雇佣军这样的职业军队正面交锋。华盛顿甚至咒骂他们就是靠不住。民兵和州立部队通常能比大陆军获得更多军饷和赏金，宝贵的人力资源因此反而在真正需要的地方被削弱了。假如一场战役冗长且艰巨，民兵们就会逐渐离队，打道回家。民兵队列在长距离行军后会变得越来越短，因为意志薄弱的人会在中途不辞而别。还有更糟的！民兵同敌军遭遇后，往往一哄而散，为了跑得更快些，甚至还会丢弃武器和装备。任何人面对英军的刺刀冲锋都会心惊胆战，只有经过适当训练并领导得当的军队才能屹立于战场不致溃散。一般而言，民兵既没有接受过应对此种战争形式的训练，通常也没有胜任的军官指挥他们作战。

民兵制度

同法国人的全面战争打响后，民兵就不再参与战役了。英属殖民地民兵制度也在改进，采用了志愿兵役制，如果人数不足，当局也会征召男性组建地方军队加入战争。这样的地方军队在法国和印第安人战争期间的表现实在不敢恭维。英军指挥官将这些北美人当作正规军士兵一样咒骂和责难，不过问题并非出自"原料"。当时英国正积极从殖民地居民中招募军队，因此驻扎在北美的英国正规军团中至少有一半士兵是北美当地人。地方军队的问题在于指挥和训练，最大的缺陷是没有经验丰富的士官训练和控制部队。

那些在1775年向英军开火的民兵其实就是这种民兵制度的后继者。政府又一次呼吁志愿者参军。有人会雇人代替自己去打仗，有时一些奴隶也会替代主人入伍，因为奴隶主允诺，只要他们得以生还就能获得自由。

一旦被州政府征召，民兵们通常仅服役3个月。大陆军给他们起了不少诨名表达自己的厌恶，如"不高兴"②和"埃及蝗虫"。这确实是相当精准的描述：民兵们吃着来之不易的军粮，耗尽了服被和补给，一旦需要他们时就往往从军队中消失得无影无踪，回家去了。

不过民兵有一项大陆军不及的优

▲ 萨拉托加战役中，民兵正跟在大陆军后面攻击一座黑森佣军把守的多面堡。

势，就是他们人数众多。只要由如摩根这样高明的指挥官率领，民兵便能有效地发挥作用。他们也可以占据被英国人放弃的地区，在那里牢牢确立美国势力的存在。无论民兵进驻到哪里，该地就不再由英国人控制了。最后英军陆军只能龟缩在沿海区域，即便这样也还得感谢皇家海军的支援。

同美国人津津乐道的传奇故事和神话相反，归根到底还是大陆军而非民兵赢得了独立战争。这种民兵体制不但有缺陷，也未必有效，这个事实在1812年战争③中再次得到证明。那也是美国最后一次在战场上依靠民兵。

① 译注：一种英式滑膛枪。
② 译注：原文为"long faces"，直译为拉长着脸，闷闷不乐。
③ 译注：即美国第二次独立战争。

战前民兵部队

一些民兵部队有着悠久的历史，有些则完全是一时兴起匆忙筹建。不过所有民兵组织都未曾归属中央政府辖制；一些殖民地政府为所属民兵提供武器和装备，另一些就干脆让征召而来的民兵们自行打理。

作战部队

各殖民地在战前就存在一些永久编制的民兵部队。这些部队如所有民兵组织那样，质量良莠不齐，不过也有某些训练有素，统一着装。他们在游行或检阅中展现出整齐的军队风貌，构成了后来的大陆军骨干。

民兵制服的首选颜色是红色或深蓝色，这是模仿英军的式样，其武器和装备也是沿用他们英国同胞的标准。几乎所有民兵部队都是步兵，它不仅是任何一支武装力量的基础，也是迄今为止在北美大陆上所发生的历次战争中参战次数最多的兵种。

殖民地民兵制服

没有哪一个殖民地为它们的民兵部队设立了制服条例，有关军队制服的国家标准直到颁布《1779年大陆军条例》后才正式出台。很多民兵部队压根就没有统一制服。他们集合时穿着便服，带着自己或由各州提供的装备、物品和武器。还有不少士兵裹着各种各样的平民衣服，外面再套上一件制式服装了事。战端开启前北美殖民地部队的典型样式如下。

纽约地方军第2营：该营士兵穿着配深蓝色贴边的浅棕色上衣，内穿白色、浅棕色或深蓝色背心。军官腰间系有传统的红色腰带，军士的红色腰带上有深蓝色条纹。军官和军士都戴着有白色镶边的三角帽。鼓手并未按惯例穿"颠倒颜色"①的制服，但扣眼处有白色花边。士兵们

◀ 中士，费尔法克斯郡（弗吉尼亚）志愿兵独立连，1774-1775。独立连原来是驻守北美各殖民地的英国军事部队，后发展为民兵部队，但在革命开始阶段，独立连还依然存在。

▶ 军官，轻步兵连，查尔斯顿团，南卡罗来纳国民军，1773-1776。美国民兵最喜欢的颜色之一是红色或猩红色，同英国军队不谋而合。这位穿戴妥当的军官看上去很英国，在游行队伍中一定惹人注目。1775年战争打响后，在新组建的大陆军中就有很多军官和士兵来自这样的民兵队伍。

① 译注：当时为了让鼓手在战场上引人注目，上装颜色与步兵相反。如步兵是红色上衣，黄色贴边，那么鼓手就是黄色上衣，红色贴边。

穿着马裤、长袜、鞋；骑马的军官穿马靴和马刺。

纽约独立国民军掷弹兵连：这是美国民兵部队中比较特殊的例子。英军步兵团中的掷弹兵连一般由该团中最强壮、最高大、最有经验的战士组成。这支民兵连队模仿欧洲模式组建，其制服混杂了自法国和印第安人战争以来的样式，还加上了不少创新。连队穿戴老式掷弹兵帽和旧式宽松上衣。由于装备了背心、马裤、长筒

袜和半长鞋罩，连队看上去有了点现代气息，不过他们的头发仍然很长，并编成辫子，扑着香粉。他们的上衣是深蓝色，领口为立领式，附有红色贴边，装饰着金黄色花边。背心、马裤、长筒袜都是白色，半长鞋套为黑色。

费尔法克斯郡志愿兵独立连：在1774至1775年间，这支连队的军服就是朴素的蓝色和浅黄色。军官和军士穿着制式军服，士兵穿同样颜色的狩猎衫。全连都戴三角帽。军官的随身武器是剑，也有可能持有一根手杖。军士配有剑和戟，它们是军衔的标志，用作战斗武器就过时了。普通士兵的武器是来复枪。

查尔斯顿团，南卡罗来纳国民军：该团有一支轻步兵连，其早期军服为猩红和深蓝色。所有人戴轻步兵帽，帽子前端装饰有代表南卡罗来纳的新月形帽徽。士兵右肩的肩带上装有刺刀，子弹盒挂在腰带上，正好抵在腹部前方，因此得到了"腹盒"的绰号。军官的武器

是佩剑或弯刀，军士配有剑或戟。

这些部队要么直接加入战场，要么为组建大陆军提供了骨干力量。其中一支民兵部队就是成立于1741年的士官生独立连。在18世纪70年代前期，该部的中尉指挥官是约翰·汉考克。他是第二届大陆会议议长，也是第一个在《独立宣言》上签字的人。

◀ 列兵，纽约独立国民军掷弹兵连，1775-1776。美军中只有很少的部队拥有身着统一制服的掷弹兵连。这名士兵身穿在法国和印第安人战争期间使用的老式英军掷弹兵制服。这样的制服在独立战争开始后便很快消失了。

▶ 列兵，纽约地方军第2营，1775。北美部队名称中的"地方"（Provincial）一词是自法国和印第安人战争以来所保留的术语；英国人通常把这个词用作贬义，这可不是没有来由的。很多美国地方部队缺乏组织和纪律，但他们最终还是成长起来，成为组建大陆军的基础。

一分钟人

"一分钟人"是成立于1774年的民兵快速反应部队，其特点是在接到战报一分钟内就能集合完毕，火速赶往任务地点。[1]

▼ **军官，托利弗连，弗吉尼亚"卡尔佩珀一分钟营"，1775-1776。** 这名军官展现了一套不同式样的狩猎装和与之搭配的绑腿裤。虽然比一般士兵的服饰更艳丽，但这套军服在战场上同样舒适实用。

爱国者民兵

1774年马萨诸塞国民军的编制从3个团扩充为7个，与此同时也清除了忠于王室的军官。国民军警戒连和"一分钟人"一样，从每个城镇的民兵部队中抽调1/3兵力组成。军官经选举产生；新组建的国民军连由最年轻和最有活力的民兵连组建，进而再组建成团级部队。这些部队都是临时性的，一般只服役6个月。

"一分钟人"的声望来自于他们永远枕戈待旦，准备着应对任何危机事态或响应召唤，只需要提前通知一分钟。他们就是神话和传奇。在历史书籍中，"一分钟人"往往展现为坚韧、英勇、睿智的美国农夫，勇敢地面对英国正规军，还能将其击败。可惜这并不是事实。

除了军官身着制服外，"一分钟人"一般而言没有配备任何形式的制服，就是穿着普通衣服上战场。幸运的是，他们之中还有一大批早期同法国人战斗过的老兵仍然能够上阵作战。"一分钟人"连队遍布各殖民地，都是靠他们自己提供装备。马萨诸塞的"一分钟人"因为参与了列克星敦和康科德战斗而名垂青史。

列克星敦和康科德

列克星敦和康科德战斗爆发于1775

◄ **列兵，列克星敦"一分钟人"，1775。** 1775年4月，一支英军突袭列克星敦和康科德，正是这个民兵连在列克星敦公共草坪上布阵迎击英军。他们发射出历史性的"震惊世界的枪声"，拉开了北美殖民地和母国之间的战争序幕。由于英军战斗力远胜于民兵，这个连在对射开始后就自行散开了。民兵们穿着便服，使用他们自己的装备和火器作战，因此该部实际上没有统一制服。这是一支在独立战争第一阶段典型的美国民兵部队。

[1] 译注：另类解释是，在英军的火力下，"一分钟人"的战线在一分钟内就会崩溃。

◀ 列兵，弗吉尼亚"卡尔佩珀一分钟营"，1775-1776。这支民兵部队算是弗吉尼亚的"正规军"，统一穿着狩猎衫和绑腿裤，其颜色大概如图所示。上衣胸前的箴言"不自由，毋宁死"出自杰出的煽动家帕特里克·亨里克在下议院的演说。他成功挑动起了北美殖民地的反抗高潮。这套军服兼具美观和实用，是北美殖民地特有的样式。

翰·马歇尔（John Marshall）当年就是该营的一名军官。他在威廉·托利弗（William Taliaferro）上尉领导的连队中任中尉；他穿着紫色或淡蓝色狩猎装，系着同色的绑腿裤和上文描述的圆边帽。军官持有来复枪。

卡尔佩珀"一分钟营"显然还有自己的军旗，以及一名鼓手和两名横笛手。此外该营还购买物资制作"营地旗"，其功能大概是临时的标志旗。当部队安营扎寨后，可标识出营地的界限。

知的是，此时掩护英军队列侧翼的英国轻步兵授命将北美人驱赶到开阔地带。很多民兵对来自后方的攻击感到惊恐，随即端起刺刀反击；这是他们当时少有的能够掌控，或知晓如何合理使用这种武器的战例。

英军在猛烈的攻击下开始溃散逃亡。在通往波士顿的漫长道路上，无数民兵向英军开火。假如没有救援部队从波士顿赶来，这支英军将可能全军覆没。

其他"一分钟人"

除新英格兰地区外，其他殖民地也参照"一分钟人"模式组建了快速反应部队。最好的例子就是弗吉尼亚的卡尔佩珀郡（Culpeper）在1775年甚至成立了"一分钟人"营。以"卡尔佩珀一分钟营"而著称的该部在约克和詹姆斯城成立，组织严密，装备齐全。全营统一身着狩猎衫和绑腿裤，配发来复枪，头戴插着雄鹿尾巴的圆边帽。日后著名的最高法院首席大法官——约

年4月19日，打响了独立战争的第一枪。值得注意的是，确实有很多"一分钟人"连队在听到第一声及随后的警报后赶来战场。这必然给英军带来一定震撼，因此北美人获得了一些战术优势。

北美人在战斗中并没有统一指挥官。确定无疑的是，很多民兵只是在战场上露了个面，发射了几发子弹，便匆匆认为自己已经完成了义务，调头回家了。当民兵们撤退时，"一分钟人"涌入战场，朝英军队列连续猛烈射击，使其遭到一定伤亡。一般不为人

▶ 皮克特连军官，弗吉尼亚"卡尔佩珀一分钟营"，1775-1776。威廉·皮克特连隶属该营。这套军官服饰是该连的正式制服。其与众不同的特征在于戴在右肩的饰带、长鞋罩，以及宽松剪裁上衣。这套制服简洁而又非常优雅，是革命开始前的早期式样。

民兵步兵

历史上，北美地方民兵团体自始至终都保留了自身的地域差异和制服特征。部队的制服形制、组织构架、行为模式，所有一切都需要考虑当地的条件、资源和民众心态。这导致各殖民地的民兵部队千差万别，既有纪律良好、训练有素，但装备不佳的队伍，也有不可信赖、指挥无方却装备精良的部队。

北方民兵

一部分在加拿大作战的民兵采用了当地人的装束和装备，以适应恶劣的气候和多林地形。

格林山兄弟会（The Green Mountain Boys）是战争初期非典型的民兵组织。该部队员招募至罕布什尔授权领地（今佛蒙特州的一部分），以善于独立作战而著称，其表现同1775年组建的其他部队大相径庭。

兄弟会允许自行选择他们的长官，伊桑·艾伦（Ethan Allen）是兄弟会的创始人，却未能成为指挥官。指挥官西斯·沃纳（Seth Warner）之所以能当选，大概源于他曾在法国和印第安人战争期间担任过罗杰斯游骑兵的军官。从那时起该兄弟会又被称为"沃纳军团"，该部后来正是携这个名称并入大陆军。

沃纳军团的制服为配有红色贴边的绿色上衣，浅黄色马裤和背心，长筒袜和军鞋。三角帽有黑色镶边。交叉肩带，腰带要么是棕色，要么是北美印第安样式。沃纳军团在加拿大和北部战区作战，1781年在独立战争结束前期被解散。

弗吉尼亚国民军 1780-1781

另一支充分考虑了当地条件而设计制服样式的民兵部队是弗吉尼亚国民军，它在盖茨将军和格林将军麾下担当南部战区的重要角色。

◀ 列兵，西斯·沃纳的格林山兄弟会，1775-1776。按大陆军编制，该部实际上为500人的营级单位。兄弟会在加拿大的战斗中损失惨重，余部重组为"沃纳军团"。1777年这支部队为抵御伯戈因将军从加拿大发动的入侵，参加了萨拉托加战役。

▲ 列兵，弗吉尼亚国民军，1780-1781。这支部队分别在1780年和1781年参加了卡姆登之战和吉尔福德县府战斗。他们在卡姆登的表现极为拙劣，令指挥官斯蒂文森深以为耻。在吉尔福德，斯蒂文森发誓一定将尽到军人的责任。他挑选出25名射手，安排在队伍后方，命令他们朝任何敢于逃跑的人开枪。斯蒂文森的坚定立场，加之若干前大陆军军人补充进队伍，弗吉尼亚国民军士气大振。他们抵御了英国正规军一波又一波的攻击，在丛林中纠缠斯杀。他们竭尽所能战斗，直至撤退。

弗吉尼亚国民军在盖茨的指挥下参与了1780年8月的卡姆登之战，表现令人沮丧。刚同英军接触，整支部队就如"洪流"一样溃散，就算他们的指挥官斯蒂文森将军（Stevens）对胜负已习以为常，此时也羞愧难当，发誓绝不让这样的情况再次发生。次年年初，该部再次被征召参加了发生在吉尔福德县府的战斗，部队的风貌却焕然一新，这在很大程度上得益于斯蒂文森的管理。1781年5月15日，弗吉尼亚国民军在吉尔福德县府战斗中的位置处于美军阵列的第二线。此时部队中已充实了很多前大陆军老兵，斯蒂文森还精挑细选出25人布置在所辖部队之后，并告知所有官兵，一旦有人逃亡，格杀勿论。弗吉尼亚国民军的位置正好在一片林地中，他们也充分利用地形为掩护。当处于第一线列的北卡罗来纳国民军后退时，弗吉尼亚民兵们让他们从身边穿过，同时保持阵线纹丝不动，静待英军出现。由于地形限制，战斗变成了大规模群殴；美英双方的军队撕裂成小队，在灌木丛和林间相互猎杀。直到美军第二线列的右翼放弃阵地后，斯蒂文森统帅的左翼才撤退至后方，他本人也在战斗中负伤。弗吉尼亚国民军在此役中的表现一雪卡姆登之战的前耻。

弗吉尼亚国民军的军服可能是便服和制式服装的混合体。他们当中很多人无疑穿着狩猎衫，在吉尔福德县府战斗中，其装束看上去可能比大多数部队更整齐划一。他们是一群坚强不屈，自力更生，服从指挥的好汉。

◀ 号兵，理查森团，南卡罗来纳国民军轻骑兵团，1781-1782。北美大陆南部地广人稀，因此骑兵部队在军事行动中的作用尤为重要。骑兵花费昂贵，一些州组建骑兵部队只为了保护自己的安全。根据传统，国民军骑兵队的号手优先选择灰色或白色战马驾驭。号手的制服颜色必须同其他战友的制服颜色区分开来。

北卡罗来纳国民军 1780-1781

作为南部军队的支援部队，北卡罗来纳国民军在1780和1781年间面临一些相当严重的运转问题，比如武器、弹药、服装供给困难。

1780年查尔斯顿陷落后，北卡罗来纳大陆军，连同弗吉尼亚、南卡罗来纳大陆军纷纷被英军俘获。必须组建新大陆军部队以替代损失，北卡罗来纳地方政府也必须承担起为南部军队提供后勤补给的责任。这个殖民地并不富裕，往往被看作弗吉尼亚的南方穷邻居，因此提供后勤支援成为北卡罗来纳难以承受的负担。

北卡罗来纳国民军原本是盖茨将军的援军，结果在1780年8月的卡姆登之战中刚听到枪响就一哄而散了（同前文描述的弗吉尼亚国民军的表现如出一辙）。大溃败中，迪克森上校（Dixon）指挥的团算是例外。该团官兵表现英勇，坚守战线不动摇，同压倒性数量的英军和保王党人战斗，与他们并肩作战的还有迪卡尔布指挥下顽强的马里兰和特拉华大陆军。

次年3月，北卡罗来纳国民军再次在吉尔福德县府奋战。纳撒尼尔·格林意识到他们是全军中最不可依托的队伍，于是将其安置在阵列第一线。他的命令是当英军进攻时，国民军必须射击两次，之后便可以撤退。他们得到了大陆军两门火炮的支援，其侧翼也有大陆军步兵保护。不过民兵队伍中没有如斯蒂文森将军那样能够在战斗中稳住部队阵脚的高水平军官。

当英军前进时，一些北卡罗来纳国民军履行了他们的责任，特别是那些最靠近大陆军侧翼部队的民兵。在此行

▶ **旗手，巴尔的摩轻龙骑兵，1781**。旗手同号手一样，是骑兵部队中必不可少的成员。他们是军队荣誉的象征，在战斗中需重点保护。旗手不仅是部队的集合点，在硝烟四起，杀声震天的战场上，特别是在混战中也很醒目。

◀ 军官，巴尔的摩轻龙骑兵，马里兰志愿国民军，1781。骑兵最适合穿着靴子。在马背上，靴子比鞋更耐穿。在发起冲锋时，战马会相互碰撞，靴子还能保护骑手的双腿，避免受伤。相较于鞋子，马刺也更容易安装在靴子的后脚跟处。

▼ 列兵，北卡罗来纳国民军，1780-1781。在卡姆登和吉尔福德县府战斗中，北卡罗来纳国民军同弗吉尼亚民兵一起并肩战斗。在卡姆登，当英军发起恐怖的刺刀冲锋时，除了一个团外，其余北卡罗来纳民兵都四处溃散，逃之不及。该部在吉尔福德县府被配置在战线第一列，对进攻的英军齐射了一或两次，重创敌军后就慌忙撤退，一些人甚至径直逃回家中。在战斗结束后的伤亡报告中，这些人被列为"失踪人员"。他们的"制服"就是普通便服，至多是有一定实用功能的狩猎衫。

有高级武器，队伍中老兵比例也很低，与组成阵线第二列的弗吉尼亚民兵完全不可比。这也必然导致在北卡罗来纳民兵"撤退"后，绝无可能再将他们集合起来。

特拉华国民军 1775–1776

尽管特拉华州只能为大陆军贡献出一个团的正规军兵力，但还是有不少民兵部队加入战场，为大陆军提供支援。

多佛轻步兵连：这支小型部队仅仅参战了大约一个月，但它参加了特伦顿和普林斯顿的战斗，取得了优异战绩。该部由托马斯·罗德尼（Thomas Rodney）指挥，其兄是西泽·罗德尼（Cesar Rodney），《独立宣言》的签署人之一。

全连穿着饰有红色贴边、白色衬里和折边的绿色上衣。棕色背带裤长及鞋面，骑师式轻步兵帽左侧还插有一根羽毛。弹药装在一个黑色"腹盒"式弹药袋内。显然他们还配发有灰色外套。如果是这样的话，其他部队无疑会很羡慕他们。

坎特韦尔的纽卡斯尔中层团，特拉华州：这个团（以及上团和下团，3个团的制服都相似）的制服为饰有红色贴边、白色衬里的天蓝色短上衣，配白色腰带、背心、马裤、长筒袜和半长鞋套。全套制服还包括一顶圆边帽，其左侧亦插有一根羽毛。

动中幸存的部分英军回忆，有大量英国士兵被击中。可是这项战术并不完全成功，更多的北卡罗来纳民兵只射击了一次，有些压根一枪未放就一溜烟跑了，这些人可不愿在旷野上面对英国正规军。他们穿过弗吉尼亚人组成的第二线列，跑进身后的丛林中。还有些民兵干脆抛弃武器装备，跑得更远，一直逃回家才罢休。

北卡罗来纳民兵装备很差，穿着便服或狩猎衫和绑腿裤作战。他们没

第一支大陆军

乔治·华盛顿是提出建立一支正规军队以"补充"——如果不是"取代"的话——地方民兵军事系统的驱动者。该正规军被命名为"大陆军",其官兵也习惯被称为"大陆军人"。

华盛顿方案

1775年夏,乔治·华盛顿在波士顿附近接手指挥集合而来的各民兵部队。这些部队组织涣散,没有统一制服和训练,没有参谋人员,也缺乏纪律。华盛顿亲力亲为,立即开始解决所面临的主要问题。在他的推动下,全新整编的大陆军便能够开始自行整顿。有才干、有责任、有热情的人才得到提拔。大家都迫切希望部队能统一着装,加强纪律,展开服从基本军事命令的训练。

华盛顿需要一支专业化军队以应对战争,它应该达到英军及其德意志雇佣军同等作战水平。虽然未达成全部目标,但到1778年春,他便塑造出一支足以在战场上同敌军势均力敌的军队,不必完全依赖不甚可靠的民兵。这些成就得益于华盛顿的辛勤工作和大量精通军事业务的下属,来自欧洲志愿者的影响也功不可没。军队专业化水平从1777年开始持续提高,到1778年达到顶峰。

大陆军发展

大陆军的发展历史可分为两个阶段。1775年至1777-1778年冬季的第一阶段漫长而又痛苦。军官和士兵们着手学习专业技能,全部目标就是如何成为一名职业军人。第二阶段起始于1778年

◄ **大陆军来复枪手,1778-1779。** 任何时候华盛顿都不会在大陆军中编制超过1,000名来复枪手。来复枪无法安装刺刀,且装填缓慢,因此为了发挥作用,来复枪手作战时必须处于装备有滑膛枪和刺刀的正规步兵的掩护之下。得到合适掩护的来复枪部队在战斗中是相当致命的。萨拉托加战役中,丹尼尔·摩根指挥下的来复枪队便充分证明了这一点。

► **来复枪手,1776。** 如图所示,这套帅气的制服包括一件长衫(而非狩猎衫),轻步兵帽,长绑腿和鞋罩。这些熟练的轻步兵枪手装备有一支肯塔基长枪或宾夕法尼亚长枪,此外还有一把刮刀、一柄手斧、牛角制成的火药筒和子弹袋。

长来复枪的战术缺陷，因此任何时候他都不会布置超过1,000名来复枪手。

▼ 来复枪手，1776。 这名来复枪手身着狩猎衫，其制服和装备是来复枪部队的通配。他们的武器和装备都是个人财产，不是统一发放的。必须强调的是，由于来复枪不能安装刺刀，在同装备有滑膛枪的步兵近战时，他们将处于极为不利的地位。所以战斗中来复枪手通常置于配备滑膛枪的友军保护之下。

① 译注："肯塔基"泛指北美西部荒原；"宾夕法尼亚"则是枪械制造的中心。

导团体和亨利·诺克斯指挥的卓越炮兵，大陆军脱胎换骨成一支崭新的部队。

1779年大陆军的制服条例中详细规定了每支州属大陆军的制服样式，以及军服和贴边的颜色，在此之前，大部分制式上衣都是红色贴边，主色要么为蓝色，要么是棕色。各式军服变种也自然产生了。一些部队穿上被俘英军的军服，以便在战场上混淆视听。另一些州将收缴而来的敌军衣物或制服染成棕色或紫色后再利用。然而不论州属大陆军或独立部队怎么折腾，指挥官的根本目的就是把手下的士兵们尽可能收拾得整齐划一，清清爽爽。

来复枪团

1775年末，大陆军步兵团依据其服役资历来编号。第一批建制团成立于1776年底。第1团为来复枪团，统一穿着狩猎衫和绑腿裤。狩猎衫一般为暗棕色或浅褐色，有时是白色。军帽为三角帽或圆边帽，甚至就是轻步兵式样帽。

在美国边民心目中，肯塔基长枪或宾夕法尼亚长枪是一把神奇的武器。①不过长枪的声望并非基于事实，而是来自在美国开拓者和神枪手之间流传的传说。

这种长长的来复枪在当年确实是一种优秀的武器。它在200码内能够精确击杀目标，不论是射程还是精准度，都优于滑膛枪。不过此枪的缺点在于填装慢，口径不统一，也无法安装刺刀。所以虽然来复枪兵很有用，但还是必须安排能够使用刺刀的滑膛枪兵来掩护他们。当代研究者对这种武器的精度和来复枪兵的技能给予好评，不过华盛顿悉知

▲ 来复枪手，1776。 图中这顶大大的圆边帽在大陆军中很常见，来复枪手们也经常穿戴。有时士兵们会将帽檐卷起来，或许还在折边中插上一支羽毛或雄鹿尾巴。这名来复枪手身穿的狩猎衫由手织亚麻布制成，比其他样式的狩猎衫更为轻薄。狩猎衫也可能是裹身式设计，所以枪手还需要一条腰带固定，不至于松开。

6月8日的蒙茅斯之战，直至战争结束，大陆军终于转变成一支专业化的军队。

1777—1778年冬，大陆军在福吉谷安营扎寨，在冯·施托伊本男爵的全面训练和教导下，逐渐成熟起来。此人后来为大陆军撰写了一部操典，还担任军队监察长。自此以后，大陆军拥有了完善的操练和训练体系，加之强有力的领

狩猎衫

来复枪手的狩猎衫实用性极佳，是美国对当时军事服饰的一项贡献。华盛顿曾经计划在全体大陆军中推广狩猎衫，只是未能实现。狩猎衫有多种样式，既能在前面扣紧，也能裹扎在身上，用皮带系牢。皮带上还可以绑有猎刀、短柄斧或战斧，这些武器是来复枪部队的必需装备，因为刺刀匮乏，也不便于安置在长管来复枪上。来复枪手在军中被称作"衬衫人"。狩猎衫并非来复枪手独有。大陆军、民兵、州立部队都会穿狩猎衫。美军大杂烩般穿着各式各样的制式军服和狩猎衫，这在当年很常见。

摩根的来复枪部队

丹尼尔·摩根是大陆军中最优秀的指挥官之一。1777年，他响应华盛顿的号召，在宾夕法尼亚、弗吉尼亚和马里兰组建了一支临时性的来复枪部队。摩根率部北上，在萨拉托加战役的殊死战斗中，与伯戈因的英军针锋相对。一些来复枪队长官积极配合摩根的指挥，在滑膛枪步兵掩护下协同作战，获得了宝贵的战斗经验。还是在萨拉托加，依托亨利·迪尔伯恩（Henry Dearborn）指挥的大陆军轻步兵支援，摩根的来复枪部队得以免遭英军和德意志雇佣军的攻击，取得了不俗战绩。

并无明确的证据显示摩根部穿着怎样的制服。在那幅描绘伯戈因投降情景的著名画作中，摩根本人穿了一件全白狩猎衫和绑腿裤。一般而言，来复枪手无疑会穿上各种浅棕和白色的狩猎衫，以及各种色调的马裤、绑腿或绑腿裤。有些服装甚至还是深蓝色。他们军服的一种样式组合是白色狩猎衫和绑腿，以及一顶一侧帽檐折起的圆边帽，上面装饰有普通帽结和白色镶边。另一种式样为白色狩猎衫，蓝色绑腿或绑腿裤，外加一顶宽边软帽。

军官，巴尔的摩士官生独立连，1776。 这套军服习惯上被认为是1776年马里兰军团的早期服饰。真实情况已不可考，这幅复原图只是展现了马里兰军团该时期可能的模样。斯莫尔伍德是否在全军推广这套军服尚无定论。不过巴尔的摩士官生独立连的服饰确实如图所示。

列兵，斯莫尔伍德的马里兰军团，1776。 长岛之战中，马里兰士兵穿深蓝色狩猎衫，绑腿裤或者直接系裹腿。正规军中的来复枪团直到1812年战争时还穿着这种狩猎衫。

他们持长管来复枪，携带军人的标配物资，包括子弹袋、火药筒、剥皮刀、短柄斧、背包以及他们认为需要且长官许可的个人物品。全体官兵的武器是来复枪，军官可能会系上一条红色腰带以标识军衔。军帽可能是插上羽毛或一侧被折起的圆边帽，或者是裁剪成类似轻步兵帽的三角帽。

马里兰军团和特拉华军团

有两支杰出的部队为大陆军赢得了巨大的荣誉，它们就是斯莫尔伍德领导的马里兰军团和哈斯利特领导的特拉华军团。两支部队的战士们专业化水准高、装备精良，纪律严明，同英军和德意志职业雇佣军相比，就算不更胜一筹，也是不相上下。他们被看作是南方军团中的精英部队。唯一的缺点就是这样的部队太少了。

斯莫尔伍德部

马里兰军团由威廉·斯莫尔伍德（William Smallwood）率领。由于该部下辖的巴尔的摩士官生连早先穿着浅黄色贴边的猩红上衣，因此这套制服也被认为是该部的传统样式。

不过在长岛之战中，马里兰大陆军的制服为狩猎衫和背带裤，此后又变为配红色贴边的深棕色或深蓝色上衣。各团通过各种小物件区分彼此，比如印有"MD"或番号的纽扣。士兵的三角帽有白色镶边，军官的则是黑色镶边。

哈斯利特部

特拉华大陆军由约翰·哈斯利特（John Haslet）指挥，诨名是"蓝母鸡的鸡仔"，哈斯利特当然就是"蓝母鸡"啰。他指挥该部大约一年时间，不幸于1777年初在普林斯顿的战斗中阵亡。特拉华人经重组，置于大卫·霍尔上校（David Hall）领导下。该部在卡姆登之战中损失惨重，余部只好再整编成一个营，下辖两个连，指挥官是罗伯特·柯克伍德上尉，直至战争结束。

特拉华军被描绘为身着红色贴边的

▶ **列兵，哈斯利特的特拉华团，1776。** 这套装备及服饰展现了特拉华军团成立初年的典型样式。经霍尔上校重组，轻步兵帽被废除，但该部轻步兵连大约仍保留这种帽式。

深蓝色上衣，直到1780年后他们转战到南部战区，换装成狩猎衫。在整个独立战争期间，由于特拉华只为大陆军派遣出了一个团，所以他们通常和来自马里兰的大陆军混编在一起。

特拉华大陆军最初戴步兵帽，前翻边饰有特拉华徽章。哈斯利特战死后，普通连改戴三角帽，但轻步兵连可能仍保留轻步兵帽。裤子式样为马裤搭配半长鞋套或绑腿裤。特拉华大陆军的列兵戴有黄色镶边的三角帽，军官帽则是黑

色镶边。只要有可能，特拉华团都会穿着狩猎衫。在南方战役中，柯克伍德率领的特拉华军穿浅灰色狩猎衫和由蓝白相间的褥单布制成的绑腿裤。

▼ **军官，哈斯利特的特拉华团，1776。** 1776年后，该团军官在华盛顿的指挥下配备短矛，取代原先的轻型滑膛枪。

加拿大军团

那时不少美国议员和很多其他政治人物都相信加拿大人也正处在反叛的边缘。加拿大在1753年后才并入大英帝国，其公民应该乐于同南部的美国革命同志们合作，一起将英国人赶出北美。基于这样的错误假设，美军决定侵袭加拿大，可惜如此雄心勃勃的计划完全失败了。

1776年，美军在加拿大组建了两个团，它们自始至终都在战争中服役。第1团于1781年被遣散，全体人员并入第2团。1783年战争结束后，第2团亦被遣散。

第1加拿大团：第1团参与了侵袭加拿大的行动，之后又留在那里成为领土守卫者。该团在尚普兰湖、莫霍克谷和罗得岛战役中也都参加了战斗。

这个团的上衣规格不等。有些人可能身穿缴获来的英军上衣，有些则是配红色贴边的蓝色上衣；绝大多数人的军服是浅棕色上衣，装布有白色贴边。官兵的个人物品同大陆军其他步兵团装备一致。士兵的武器是滑膛枪和刺刀，军官配短矛和剑。

第2加拿大团：该团是大陆军中最优秀的部队之一，整个战争期间都保持着相当高的作战水准。第2团的战士们都是特别遴选出来的精兵，专业化水平高，善于完成任务。该团服役期间，是大陆军中唯一拥有4个营编制的团，而且也是首批组建有常备轻步兵连的部队。1781年，除阿曼德[1]率领的游击队外，大陆军将全部外国志愿者分配给该团。

◀ **军官，第2加拿大团，1777-1779。** 这个特殊的团由摩西·哈森上校一手组建并直接领导指挥，此人后来晋升为将官军衔。该团一开始在纽约州北部和加拿大南部，从赞同美国独立的加拿大人中招募，后来则安置了大陆军中所有的"外国人"。该团一直延续其良好声望，在战斗中表现出优良纪律和坚定性。该部是大陆军中唯一拥有4营编制的团。

▶ **鼓手，第2加拿大团，1777-1779。** 这个团的乐手们采用了欧洲军队的传统，身穿"颠倒颜色"的制服。这样他们在硝烟弥漫的战场上就很容易被识别和发现。这正是他们至关重要的任务：在混乱嘈杂的战斗中传递命令；为散乱开的队伍提供集合目标。

① 译注：查尔斯·阿曼德，原法国骑兵军官，在独立战争期间加入美军。

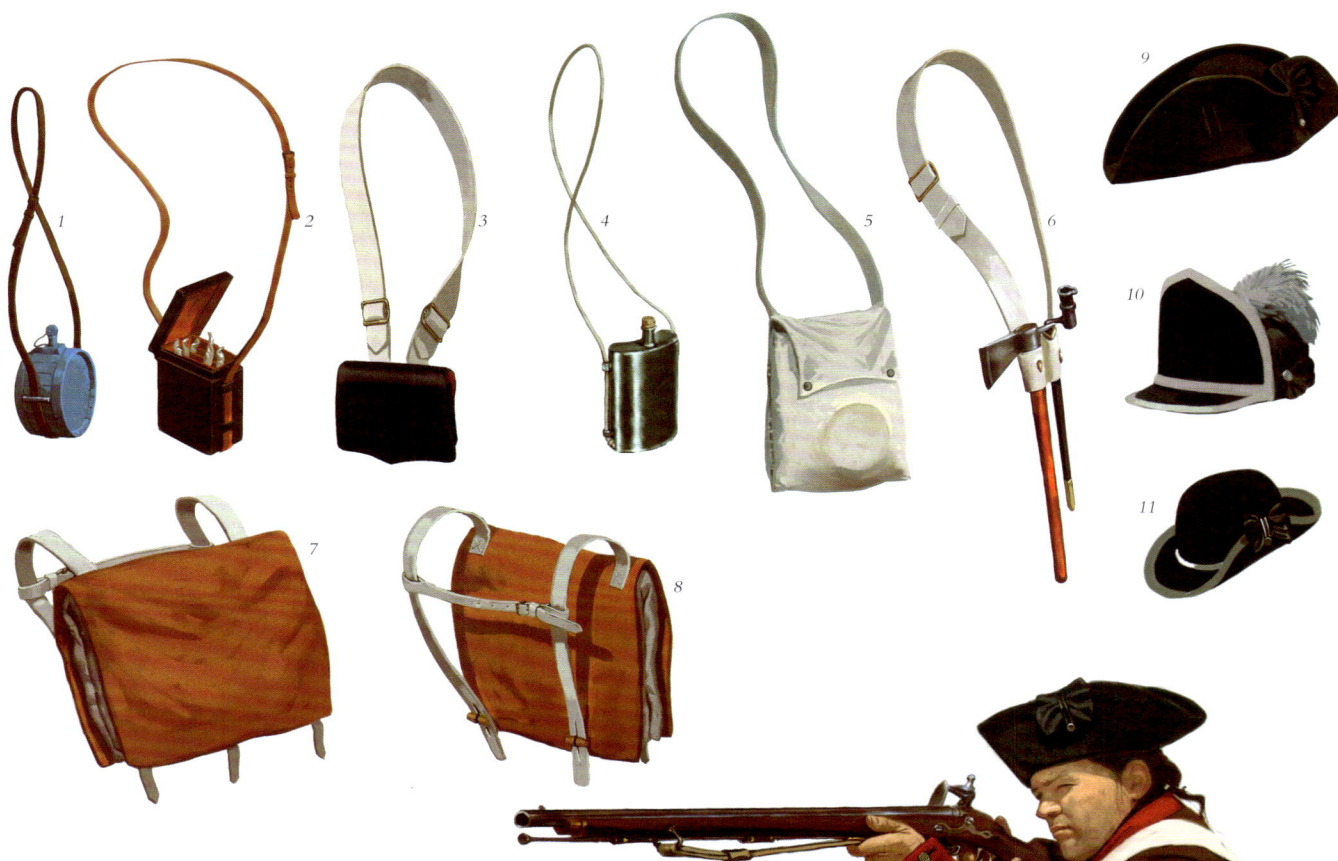

▲ *步兵团单兵装备。*
1. 木质水壶，大陆军和英军的标准配置。2. 金属子弹盒。3. 皮制子弹盒。4. 比木质更高级的金属水壶。5. 斜挎包，通过肩带斜挎在右臀部上，可放置个人物品。大陆军和民兵的标准配置。6. 配有扣件的肩带，可携带短柄斧和刺刀。当需要劈砍灌木或近距离格斗时，短柄斧很有效。7/8. 背包，放置毛毯和鞋子等物品。9. 三角帽，大陆军普遍穿戴的帽式。10. 轻步兵帽。11. 圆边帽。

在摩西·哈森（Moses Hazen）的指挥下，第2团一直保持高水准战斗力。该团被指定为"国会专属"，因为全团官兵从全国各州招募，也从不隶属任何一个州的编制。

该团一直穿着棕色制式上衣，初期为白色贴边，后改为红色。背心、马裤、袜子都是白色；下身穿黑色半长鞋罩或绑腿裤。轻步兵连头戴简易轻步兵帽，帽子上有"COR"字样（"Congress' Own Regiment"的首字母缩写），其余单位戴三角帽。

个人装备按大陆军标准发放，士兵装备滑膛枪和刺刀，军官配短矛和剑。

美军夺取魁北克失败后，第2团北上参与防御加拿大地域的任务。1777年该团曾在新泽西北部浴血奋战，也参加了华盛顿的费城保卫战。1780年和1781年，这个团分别在纽约和新泽西驻防，1781年奉命南下，参加了约克郡围城战。

▶ *列兵，第2加拿大团，1777-1779。* 该团早期士兵制服是配白色贴边的棕色上衣，1779年后贴边改为红色。显然这个团并未像其他大陆军那样再次将制服改成深蓝色，也未遵照1779年的制服条例对军服进行更换。该团是大陆军中首批建立有轻步兵连的团。

马萨诸塞州和纽约州大陆军

首批为抗击英军而仓促组建的大陆军面临巨大的压力，也没有时间精心准备，就像一个临时性的组织。他们还得临时拼凑制服和装备。不论北方战区还是南部战区，大陆军都因此而蒙受巨大损失。最早为大陆军招募部队的5个州中包括马萨诸塞州和纽约州。

早期部队编制

1775年新命名为"大陆军"的各部在波士顿附近集结，其编制因所属州不同而并不统一。大陆军每个团的编制为10个连，不过每个连的人数根据各州授权而有所差异。在提供部队的5个州（马萨诸塞、康涅狄格、罗得岛、新罕布什尔和纽约州）里，各团编制呈现出地域区别。

这些部队军服的典型样式是棕色和蓝色上衣，配红色贴边，但也不乏其他样式。

格洛弗的马布尔黑德团

这支部队的番号为大陆军第14团，成员多是来自马萨诸塞州马布尔

▶ 列兵，大陆军第14团，1776。该团制式军服很有可能就是如图所示。这个团由新英格兰地区的水手组成，在不到一年的时间内，帮助大陆军三次渡河。其中两次在纽约战役期间，避免了全军被歼灭的命运；另一次在新泽西，大陆军过河后对位于特伦顿的黑森前哨站发起反击。

◀ 军官，大陆军第14团，1776。该部又被称为"格洛弗的马布尔黑德团"，是1776年中另一个编制仅存在1年时间的团。第14团纪律良好，服从指挥，作战勇猛。其指挥官约翰·格洛弗（John Glover）在该团解散后仍保留了军职。这个团的成员大部分是来自马萨诸塞州马布尔黑德的水手和渔夫。1775年12月，正是该团驾船将华盛顿的大军渡过特拉华河，对特伦顿发动奇袭。

黑德（Marblehead）附近的水手。他们身穿饰有红色贴边的浅棕或深棕色上衣，有些记录则将他们描述为穿着当年水手服的样子。军官可能穿某种早期正式制服。

在关键时刻，这些马布尔黑德人可摇身一变为两栖部队。在1776年夏的纽约战役中，他们就利用了自己的航行技能操控大型船只，两次将大陆军撤离出

大陆军步兵团编制

总编制人数：	每团辅助人员数：	每连士官数：	每连列兵数：
马萨诸塞：599	马萨诸塞：6	马萨诸塞：8	马萨诸塞：46
康涅狄格：1,046	康涅狄格：6	康涅狄格：8	康涅狄格：90
罗得岛：607	罗得岛：4	罗得岛：6	罗得岛：49
新罕布什尔：648	新罕布什尔：5	新罕布什尔：6	新罕布什尔：53
纽约：758	纽约：5	纽约：6	纽约：64

每团校官数：	每连尉官数：	每连乐手数：	
马萨诸塞：3	马萨诸塞：3	马萨诸塞：2	
康涅狄格：3	康涅狄格：4	康涅狄格：2	
罗得岛：3	罗得岛：3	罗得岛：2	
新罕布什尔：3	新罕布什尔：3	新罕布什尔：2	
纽约：3	纽约：3	纽约：2	

来。1776年12月，也是这支部队通过划桨的方式帮助大军渡过特拉华河，对驻守在特伦顿的黑森军发动了成功奇袭。

第3纽约州团

这支部队身穿灰色上衣，贴边为绿色，衬里为灰色。背心、马裤和长袜也均为灰色。斜挂肩带和皮制装备是黑色。三角帽有黑色镶边。

◀ 列兵，第3组纽约州团，1776。1775年该团组建，1776年编入现役，但仅存在一年时间。指挥官是詹姆斯·克林顿（James Clinton）。第3团的制服为灰色上衣，绿色贴边，样式相当独特，引人注目。

▶ 列兵，大陆军第14团，1776。在战场上，格洛弗团可能穿着大陆军的制式军服，也可能没有，不过正式的官方制服样式如图所示。虽然仅入役一年，但这个团通过自己的坚韧、守纪和不屈不挠，创造了一个传奇。

民兵骑兵队和炮兵队

　　并非所有民兵组织都是步兵。虽然建立并维持一支骑兵部队非常昂贵，但一些州或志愿者仍有实力组建他们自己的战场骑兵队，以及有限的炮兵队。

骑兵

　　购买和照料马匹耗资巨大，因此骑兵也是最难训练的兵种。新手不仅仅需要熟练掌握马刀、卡宾枪和手枪这些武器，同时也必须是优秀的骑手。

　　骑兵们可能身穿各种颜色的制服。

　　巴尔的摩轻龙骑兵：这些骑兵隶属于马里兰志愿国民军；与费城市民军轻骑兵队类似，该部也仅是连级单位。他们的制服为浅灰色短上衣，饰有中蓝色贴边；列兵穿绑腿裤，鞋上扣有马刺，或者穿马裤、长袜、覆盖到鞋面的半长鞋罩和马刺。

　　号手制服的颜色正好颠倒。[①]军官们显然脚蹬长筒马靴，有些长及膝盖。全军装备马刀和手枪，头戴骑师式轻龙骑兵帽。他们把前帽边向上翻起，在上面绣着各种花体字母图案。

　　查尔斯顿陷落后，南部战争逐渐发展成北美保王党和叛乱的民兵、游击队以及双方正规军之间的内战。各方骑马行动，战斗极其残酷；一些州组建部队以求自保，或者成为格林将军的支援部队。虽然从技术上来说，这些游击队和州立部队只能算是民兵，不过州立轻骑兵队的装备一般而言还相当不错。总的来看，他们表现都很优异，尤其是在拥有一名合格指挥官的情况下。

　　南卡罗纳轻骑兵：这支部队有超过一个团的编制，一般穿着淡蓝色上衣，贴边颜色则根据不同的团而有所不

◀ 列兵，多佛轻步兵连，1776-1777。这是大陆军迫切需要的轻步兵连。该部唯一参加的战斗是特伦顿／普林斯顿战役。值得注意的是，这个步兵连戴骑师式帽，穿棕色绑腿裤。另外他们装备的"腹盒"式弹药袋一般只配发给骑兵部队。

▶ 炮手，罗得岛炮兵作训队，1775。该部军服为棕色上衣，红色贴边。其独特的罗得岛轻步兵帽后来亦成为罗得岛其他步兵部队的选择。

　　① 译注：即中蓝色上衣，配浅灰色贴边。

成普罗维登斯镇联合炮兵作训连。这个绕口的名称一般被简称为"联合炮训队"。该部的制服是配红色贴边的棕色上衣，白色或棕色皮制用具。背心、马裤和长筒袜都是白色，半长鞋罩是黑色。军官使用黑色皮具，蹬长筒马靴。全体官兵戴轻步兵帽，前翻边上装饰有一个缠着铁链的锚形精致徽章。

良好教育。学习数学、射击学、制图学、弹道学、机械制图等科目是成为炮兵的先决条件。每个州的炮兵队编制各有不同。1775年马萨诸塞州炮兵团指挥部由1名上校（指挥官）、2名中校、1名少校、1名军械长、4名发射指挥和2名事务官组成。全团下辖10个炮兵连，每连有5名军官、6名士官（3名中士，3名下士）、44名士兵。该团还拥有1个技工连，包括1名木工长、1名锻工长、1名车匠长和47名工人。这个连的任务是维护炮架和辅助车辆，诸如拉炮的拖车和弹药车。南卡罗来纳炮兵团的指挥部包括1名中校（指挥官）和1名少校，辅佐人员有1名军需官、1名副官、1名出纳员、1名军医、1名助理军医、1名化剂中士、1名军械士、1名助理军械士、1名军士长、1名军需士官（最后两个职务在1776年2月加入编制）。该团拥有3个炮兵连，每连有5名军官、8名军士、2名乐手（1名鼓手，1名横笛手）和96名列兵。

虽然某些欧洲炮兵身穿黑色或深绿色制服，不过炮兵的传统制服还是深蓝色。之所以选择深色，是因为大量的黑火药会把浅色制服弄得一团糟。

罗得岛炮兵作训队：这支炮兵部队成立于1774年，为普罗维登斯（Providence）[1]的炮兵作训队，来年4月同普罗维登斯燧发枪队合并后，组

▲ 列兵，坎特韦尔的纽卡斯尔郡中层团，特拉华，1775。淡蓝色不容易褪色，比较耐穿。虽然这种色彩并不普及，但还是有极少数部队为他们的制式上衣选择了这种颜色。

同。短上衣为当时典型的轻骑兵式样。号手的制服颜色应该是"颠倒"样式的。骑兵们也常常穿绑腿裤，并装配有马刺，军官们脚蹬马靴。军官配备马刀或剑，以及一对手枪；士兵配马刀。军帽为轻步兵帽。

炮兵

在欧洲军队中，炮兵军官经过院校训练已成为常态。炮兵同工程兵一样，属于技术兵种，其成员应该接受过

▶ 国民军军官，1775。一般而言国民军军官穿着平民样式的上衣、鞋罩、背心和长袜，戴三角帽。不过服装上配有很多军队特有的装饰物，如肩饰带、花边、金或银纽扣。

① 译注：罗得岛州首府。

费城市民军轻骑兵队

民兵骑兵队相对而言有时规模较小，但部分骑兵部队却用行动证明即便在民兵体系中，他们也能很出色。这支装备精良的部队就是一个很好的范例。

著名的费城市民军轻骑兵队又称"费城轻骑兵"，成立于1774年11月，一开始只有28名官兵。该部由1名上尉任指挥官，另编制有3名军官、1名军需官，中士和下士各2名，剑术长、骑师长、号手和兽医各1名，其余人员为列兵。骑兵队的制服包括配白色贴边和衬里的棕色短上衣，浅黄色皮革马裤，白色背心及交叉肩带。士兵肩带上携带有剑和卡宾枪，军官挎有剑。号手身穿"颠倒颜色"的制服，上衣为白色，配棕色贴边。至于他们的帽子式样还有争论，但似乎龙骑兵头盔和改进后的骑师式帽都有使用。鞋子是高帮的骑兵靴。

按当年的标准，骑兵队的骑具既养眼，又昂贵。棕色马鞍垫子上绣上了"LH"图案，代表着"轻骑兵"。全套马具还包括棕色皮马鞍、马笼头、马镫革和缰绳。马鞍

◄ **骑兵，费城轻骑兵，1776-1777。** 费城轻骑兵的成员同他们的军官一样，均出身上流社会。该部帅气的制服和精良的武器如图所示。骑兵们的马匹同样出色，这是他们在战场上的一项优势。轻骑兵的棕色上衣是为他们特别改短的，贴边为白色。骑兵们还穿着白色背心，浅黄色马裤。长筒靴能保护骑手的双腿。

► **军官，费城轻骑兵，1776-1777。** 1774年，28名上流社会的绅士组建成这支队伍。它是美国最早成立的民兵部队之一，至今仍然存在①。虽然在革命时期该部人员编制从未曾超过一个连，但从1776年后期至1778年底，它为乔治·华盛顿承担了从通讯到护卫等各种任务，表现优异。

① 现隶属于宾夕法尼亚州国民警卫队。

上挂着熊皮手枪套。

　　这支骑兵的兵力从没超过一个连。他们在特伦顿和普林斯顿战役中表现极为抢眼。在独立战争期间，他们被定期召集起来服役，战斗效能很高，是美国最优秀的骑兵部队之一。在整个战争时期乃至之后，该部都保持着精英部队的荣誉。费城轻骑兵的军服样式颇为与众不同。他们的军旗也相当独特，旗面底色为黄色，中间有一枚宾夕法尼亚纹章。

　　这些骑马的绅士们都是自行配置制服、装备以及马具。既然如此，他们当然骑着良马，并悉心照料自己的马匹。有趣的是，美国骑兵部队因此比英军和保王党敌人拥有更好的战马。当大陆军骑兵最后在战役和战斗层面承担重要角色时，这种差距在1780年后的南部战区变得显而易见。李军团的骑兵们一如既往地超越了英国对手们。李在自己的回忆录中写道，以他的观点看来，这是因为军团骑兵精心呵护他们的装备和马匹。

▲ **号手，费城轻骑兵，1776-1777。** 费城轻骑兵也同样依照普通骑兵队的惯例，将唯一一位号手的制服设置为"颠倒颜色"。只要实际情况许可，号手乘骑的马匹亦是如此，因为灰色或白色战马便于在混战中辨认，也能成为冲锋时的集合点。

◀ **费城轻骑兵军旗。** 这面军旗是美国革命时期最著名也是最引人注目的旗帜。起先它的左上角绘有英国国旗，后来用条状图案替代。这面在实战中使用过的旗帜也保存了下来，目前收藏在该部纪念馆中。

FOR THESE WE STRIVE

边境部队

一些志愿部队在外围战场行动。在这些游击战争中，一些指挥官和部队通过小规模突袭或战斗赢得了巨大的声誉。

征服西北领地

当野战军在那些知名的战斗中奋战时，美国各州的边界地区也持续处于战争状态。特别是在西部，双方小分队为争夺广袤的土地，为取得或避免损失巨额财富而搏杀。那些战役、转折和牺牲大部分已在历史的尘封中被遗忘了。[①]

那段时期西部最著名的作战行动由乔治·罗杰斯·克拉克（George Rogers Clark）指挥。他仅带领一支200人的小队就为美国征服了西北领地。他的部队在极端恶劣的天气条件下作战，顶着暴雨和洪水攻占或夺回了俄亥俄区域内很多要塞化的定居点，切断了英国与该地区印第安部落的联络和支持，使印第安人在余下的战争期间无法提供至关重要的策应。

目前能够确定，卷入边疆战争的一些部队穿着普通样式的军服，但还是有不少队伍仅仅穿狩猎衫和绑腿。骑兵分队制服根据所属不同的州而有差异。短上衣有多种色彩，如灰色和淡蓝色。骑兵下身穿马裤和靴子，或者覆盖了鞋面的绑腿裤。轻步兵帽是乘骑部队常见的样式。

战争双方均配置有一件加拿大式大衣作为冬装。这种大衣厚重、暖和并且舒适，能够抵御西北领地严寒多雨的气

◀ **志愿兵，伊利诺伊连，弗吉尼亚轻龙骑兵，1780-1783。** 当战场危急时，志愿兵往往是正规军或州立地方部队的补充力量。这幅图很好地展现了他们所穿着的开拓团式样的服装。他们的"制服"就是便装，州当局仅仅配发额外的武器和军需品，使之符合所加入部队的战力要求。

▲ **志愿兵，伊利诺伊连，弗吉尼亚轻龙骑兵，1780-1783。** 在边疆地区服役的战士一般都是自耕农，为保卫他们宣称的私有土地而经常同印第安人作战。他们也善于保护自己，独自生存，这是因为就算离他们家乡最近的邻居也有数英里之遥，他们必须随时准备保卫家园，直至救援抵达（如果有的话）。当自耕农们登记入伍时，他们通常都武器精良，而且能自行搜寻生存物资。若响应征召，他们也并没有配发统一制服。不过这幅图片中的志愿兵是一个例外，显然这支部队制服挺括，得到了特殊照顾。

① 译注：西北领地又称俄亥俄河西北领地，现位于美国中西部。不过在美国建国初期，相对最早的13个州，该地域则位于当时的美国西北部。

候，除了没有得到正式认定，它几乎就是制式军服了。在文森之战（Battle of Vincennes）中，克拉克小队的全体将士就穿着加拿大式大衣作战。

除了1779年沙利文将军成功地对易洛魁部落发动战略性远征之外，大陆军很少直接介入北部战争。在这片广袤土地上作战的士兵和部队通常来自州立地方部队，或是针对一两场战役行动而特别征召的志愿兵。

南方战区

暴虐且残酷的南部战争则是同为美国人的保王党和叛乱者之间的内战，甚至经常蜕变成解决不同家族间宿怨的一种手段。这里没有仁慈，往往以惨烈的伤亡而告终，俘虏会被吊死。即便军队离开了，双方也会继续战斗，甚至实施屠杀。

弗吉尼亚轻龙骑兵伊利诺伊连：1782至1783年间，南部英军逐渐龟缩进他们仅剩的两个坚固要塞——查尔斯顿和萨凡纳，因此骑兵对格林将军而言就显得极为有用。骑兵们穿着两套制服。一套是典型的来复枪步兵套装，区别是龙骑兵除了来复枪外，还配备一柄又长又直的利剑。这样无论在马上或马下，他们都能作战。

另一套制服将龙骑兵服和边境开拓者的服装样式结合起来：上衣是深蓝色，带有白色贴边；绑腿裤和背心是灰色；下身为印第安式裹腿和鹿皮靴；头戴轻步兵帽；装备有来复枪或滑膛枪，以及剑和浅色皮革用具；武器悬挂在马鞍右侧；军官还有深蓝色披风。

弗吉尼亚开拓连的成员们也是把制服和便服混穿。他们的装束颇有游骑兵的风采：棕色上衣上饰有黄色或浅黄贴边；背心是灰色的；裤装为背带裤或马裤；马裤上系着不同颜色的印第安式裹腿布；皮革用品使用白色或浅黄色牛皮；印第安式皮带同样色彩斑斓；帽子可能是苏格兰式样。他们的武器是来复枪，还持有匕首和短柄斧。

德·拉·波特上尉（de la Porte）指挥的连着装更加规范统一。上衣为蓝色，有红色贴边和白色衬里；马裤、背心是驼色或浅黄；腰带、长袜为白色；圆边帽子上有白色镶边。在行军作战中，他们大概会穿绑腿裤或者直接打绑腿。

◀ 列兵，德·拉·波特上尉的法国连，弗吉尼亚州立部队，1777-1778。这是另一支不属于大陆军编制，而又有统一制服的部队，归属弗吉尼亚州。

▶ 列兵，弗吉尼亚边境独立连，1779。这支游骑兵式部队的任务是保护本州，抵御来自敌对印第安人的侵袭。一旦有任何可能发展到西部边境的威胁存在，该部队就会部署到州界，对敌人发出预先警告。他们的服装和装备既实用，也很有个性；那些指挥这些部队的人无疑对自己连队的军事纪律有独立的理解。

大陆军步兵团：1776

随着战争进程推进，大陆军团级编制也不可避免地调整、扩张。团级单位的装备一致性也比刚组建时好得多。1776年一个步兵团的编制有一个团指挥部，其下包括1名上校（指挥官）、1名中校、1名少校、1名军医、1名军医助理、1名副官、1名军需官、1名出纳、1名军士长、1名军需士官

▼ 列兵，大陆军第12步兵团，1776。 该团是1776年新组建的27个团之一，指挥官为摩西·利特尔（Moses Little）。它是少有几个有合适制服及装备的部队。

州属大陆军编制	
每团校官数：	**每连乐手数：**
马里兰：4	马里兰：2
马里兰连队：0	马里兰连队：2
宾夕法尼亚来复枪团：5	宾夕法尼亚来复枪团：2
宾夕法尼亚滑膛枪团：3	宾夕法尼亚滑膛枪团：2
罗得岛团：3	罗得岛团：2
弗吉尼亚：3	弗吉尼亚 2
南卡罗来纳复枪团：3	南卡罗来纳复枪团：0
南方游骑兵团：2	南方游骑兵团：0
每团辅助人员数：	**每连列兵数：**
马里兰：5	马里兰：60
马里兰连队：0	马里兰连队：92
宾夕法尼亚来复枪团：8	宾夕法尼亚来复枪团：68
宾夕法尼亚滑膛枪团：5	宾夕法尼亚滑膛枪团：52
罗得岛团：4	罗得岛团：50
弗吉尼亚：9	弗吉尼亚：64
南卡罗来纳复枪团：6	南卡罗来纳复枪团：92
南方游骑兵团：2	南方游骑兵团：50
每连尉官数：	**连个数：**
马里兰：4	马里兰：9
马里兰连队：4	马里兰连队：7
宾夕法尼亚来复枪团：4	宾夕法尼亚来复枪团：12
宾夕法尼亚滑膛枪团：3	宾夕法尼亚滑膛枪团：8
罗得岛团：3	罗得岛团：12
弗吉尼亚：4	弗吉尼亚：10
南卡罗来纳来复枪团：4	南卡罗来纳来复枪团：7
南方游骑兵团：3	南方游骑兵团：10
每连军士数：	**总兵力：**
马里兰：8	马里兰：679
马里兰连队：8	马里兰连队：806
宾夕法尼亚来复枪团：8	宾夕法尼亚滑膛枪团：1,000
宾夕法尼亚滑膛枪团：4	宾夕法尼亚滑膛枪团：500
罗得岛团：8	罗得岛团：763
弗吉尼亚：8	弗吉尼亚：792
南卡罗来纳来复枪团：8	南卡罗来纳来复枪团：737
南方游骑兵团：2	南方游骑兵团：554

长、1名乐队指挥、1名横笛指挥、1名牧师（初期为2个团共用1名牧师，1776年6月后改为每团1名）。每团辖3连，每个连有4名军官、8名士官、2名乐手和76名列兵。但马里兰、宾夕法尼亚、罗得岛、弗吉尼亚和南卡罗来纳5个州的

大陆军未按照此编制组建。

一致性增强

随着后勤补给效率大大提高，大陆军制服的一致性也开始加强。

第2罗得岛团：同罗得岛炮兵作训队制服相似，这个团也穿着红色贴边的

◀ *列兵，第2罗得岛团，1777。* 该团原本为州立地方部队，1777年编入大陆军序列。其制服为深蓝色，配白色贴边。

黄色马裤，长筒袜和褐色半长鞋罩，无镶边三角帽，白色或淡黄色皮带。

第7宾夕法尼亚团：这支部队的上衣为蓝色，其贴边和衬里是红色。下身穿着淡黄色马裤、蓝色长袜和半长鞋罩。另配有淡黄色皮制肩带和无镶边三角帽。

1776年的大陆军还处于磨合阶段，不过通过在冬季营地训练，大陆军开始显现出较强的战斗力了。个别部队不论从外貌上还是行为上都变得更加专业化。

战役损耗

1776年，大陆军的日子过得相当艰难。他们在纽约地区被屡次击败，未能守住这座拥有良港的战略都市。他们遭受重大伤亡的同时，却眼睁睁看着民兵

▼ *列兵，大陆军第18步兵团，1776。* 一份文献中记录该团士兵的制服为未染色的羊毛衣料，如此便于洗涤而不用担心褪色。事实上他们手上有什么就穿什么。

棕色上衣。紧身衣裤（马甲、马裤、长袜等）、肩带、用具也与炮兵的相同或类似，这是因为它们都是来自同一个军需仓库。该团士兵下身穿棕色马裤而非白色，头戴白色镶边的三角帽。

大陆军第12团：该部士兵穿红色贴边的棕色上衣。

大陆军第18团：整套军服包括配淡黄色贴边的灰色上衣，棕色背心，淡

▶ *列兵，第7宾夕法尼亚团，1776。* 因为薪水问题和其他一些争执，1781年这个团在开往南方前发动了兵变。安东尼·韦恩只好对该团实施彻底改编。

部队在英国和德意志正规军面前一次次临阵脱逃，使自己处于被孤立的绝境。大陆军中不乏卓越的部队，幸存者们也在逆境中成长为从不气馁的"铁汉"。撤离新泽西前，他们在峡谷道（亦称"哈莱姆高地"）攻击了敌军，并取得了其他一些小胜利。

这些步兵团将整个美国军队凝聚在一起，也是当年12月对特伦顿发动成功逆袭的核心部队。1777年1月，他们还在普林斯顿攻击英军并获胜。大

部分作战单位在普林斯顿之战后就解散了，仅仅列编了1年，不过很多人再次应召，同年便加入新组建的大陆军步兵团。他们经历了整个战争，一直坚持到了苦涩的终点。一些人参加了约克郡围攻战，或跟随格林将军战斗在卡罗来纳两州，甚至还目睹英国人放弃纽约、萨凡纳和查尔斯顿。1783年和平协定在巴黎签署时，这3个城市是英国人在北美仅存的据点。

制服变化

尽管付出了巨大努力，但大陆军的制服和装备仍然花样百出。艰苦的战争环境加剧了各部队装束的个性特征。

第3新泽西团：该部身穿饰有蓝色贴边的驼色上衣。马裤质地为绒面皮革，肩带和皮革用具为白色或淡黄

▲ *乐手的装备，1775-1783。* 当时的军队中，乐手并非都是军人。通常鼓手和横笛手拥有军籍，但团乐队中的其他乐手是雇佣而来的演奏者。这些人一旦听到排枪响起，就习惯性地"消失"。1. 骑兵号。2. 军用横笛及其盒套。3. 猎号，当时亦称作"军号"，类似于现今的圆号。

◀ *军官，第6弗吉尼亚团，1776。* 从战争初期开始，这套制服就简洁优雅，令人印象深刻。它看起来颇有派头，在野外穿着时也很舒适。军官们配备的武器与英军一样。乔治·华盛顿后来命令所有军官换下滑膛枪，改配短矛——这种近距离格斗很有效的武器，因为他希望军官们能全神贯注于指挥战斗，而不要忙着去给滑膛枪装弹发射。

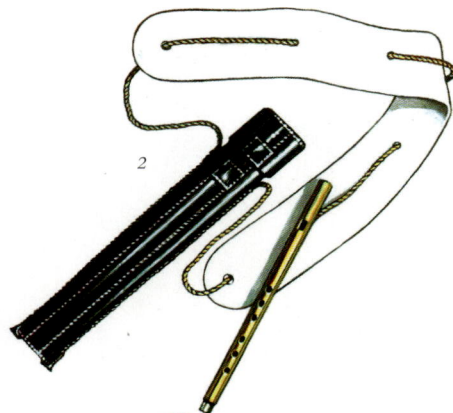

色。全团穿长袜，黑色半长鞋罩，戴白色镶边三角帽。该部有时被人称为"泽西蓝人"（Jersey Blues），这是法国和印第安人战争期间对新泽西地方部队的称呼。这个团拥有8个装备齐全的连，却未随主力部队作战，因而错过了纽约、特伦顿、普林斯顿等战役。它被派往莫霍克谷，任务是驻守斯坦威克斯要塞和提康德罗加要塞。

第6弗吉尼亚团：该团的装饰与常规迥然不同。它的正式制服是有红色贴边的灰色狩猎衫。衣领、袖口和大翻领（狩猎衫上饰有流苏的翻领）为红色，因此这些"衬衣男"们看上去穿着更加

统一。皮革用具是白色。军官在狩猎衫外系有传统的红色腰带。官兵下身穿棕色鹿皮制成的马裤，搭配高及膝盖的欧式鞋罩，或半长鞋罩及长筒袜。他们也会穿蓝色或褐色背带裤。小圆帽左侧被俏皮地掀起，不时在左边还插有一支羽毛或鹿尾。

官兵，包括尉官（少尉、中尉和上尉）都配发滑膛枪和刺刀。军官同样佩剑，士兵携带短柄斧。

◄ **列兵，第3新泽西步兵团，1776。** 该团又名"泽西蓝人"，这是从法国和印第安人战争时延留下来的别名。他们的制服样式有两种不同说法。一种认为制服是配有红色贴边的深蓝色上衣，另一种则是驼色或浅褐色上衣。后一种观点大概是正确的。

► **第3新泽西步兵团，1776。** 尽管这件单调的上衣在阅兵时不如深蓝色或深棕色上衣好看，但该团穿上去仍显得英气十足。第3团装备齐整，随时能投入战斗。它被编入在莫霍特谷地区的北方军队，参加了攻克并重建斯坦威克斯要塞的任务。该部于1777年3月被解散。

▼ **大陆军军鼓，1775-1783。** 当时木质军鼓在军队中普遍装备，而铜质军鼓是直到19世纪初才出现的。军鼓承担着战场联络的重任。鼓手们由团乐队指挥集中起来训练。指挥既非军官也没有军籍，却是一个非常重要的人物，负责训练鼓手。鼓手们没有乐谱，只是在训练中一遍遍跟着演示重复。乐队指挥训练严格，那些学得慢的鼓手可能会被严厉警告。右下方那门低音鼓同现代低音鼓样式有很大差别。

大陆军增编团：1777

随着战场不断扩大，华盛顿也需要更多部队。1776年晚些时候，他提议新组建16个编制之外的步兵团，大陆会议批准该议案，授权华盛顿增兵。实际只成立了14个团，绝大部分团在初创时都有不少问题，后来在战争中逐渐合并到其他队伍中去了。不过也有例外，比如萨缪尔·韦伯（Samuel Webb）率领的第9屎涅狄格团；该团战斗在罗得岛地区，以服从指挥和纪律严明而著称。然而在这些实际已组建或试图组建的团中，只有舍伯恩（Sherburne）、杰克逊（Jackson）、吉斯特（Gist）、谢泼德（Sheppard）、斯宾塞（Spencer）等人领导的步兵团一直在战争中保留下来。这些团最初被称为"大陆军增编团"。

谢泼德增编团：该团穿有浅黄色贴边的棕色上衣；武装带为天然浅色皮革制成；三角帽没有花边或彩色镶边装饰。下级军官同士兵一样，初期也配有斜跨肩带和滑膛枪。乔治·华盛顿坚信下级军官没有必要装备滑膛枪或燧发枪，而应该持短矛和利剑，用于自卫和肉搏战。

他们的背心和马裤都是棕色，长袜是白色或灰色，半长鞋罩覆盖在鞋面上。该团肯定配发了绑腿裤。不过当制服太破旧需要更换时，任何能穿的服饰都会拿来用。

李增编团：这个团经历过蒙茅斯之战和罗得岛战役的洗礼。类似于宾夕法尼亚团、马里兰团和特拉华团的装束，该团也穿着有红色贴边的蓝上衣。圆边帽的左侧插着一根羽毛。武装带为浅黄色或黑色皮革。他们穿浅黄色背心、马裤或绑腿裤。长筒袜是蓝色；如果穿马裤的话，士兵还会在鞋面上套黑色半长鞋罩。

哈特利增编团：该团官兵穿饰有

◀ **列兵，舍伯恩增编团，1777。** 该团和另外6个团成立于1777年，团名均来其指挥官的名字。舍伯恩增编团的官兵招募自康涅狄格和马里兰，他们一直服役到1780年5月。

▶ **上校，舍伯恩增编团，1777。** 这是一套大陆军团级指挥官的典型制服。校级军官们（少校、中校、上校）通常骑马，因此他们都脚蹬带马刺的马靴。

大陆军增编团

韦伯团：

1780 年 7 月 24 日重组为第 9 康涅狄格团；1781 年 1 月 1 日同第 2 康涅狄格团合并。

瑟斯顿团：

1779 年 4 月 22 日同吉斯特团合并。

谢泼德团：

1780 年 5 月 1 日解散。

斯宾塞团：

1781 年 1 月 1 日解散。

李团：

1779 年 4 月 9 日同杰克逊团合并。

福尔曼团：

1779 年 4 月 9 日同斯宾塞团合并。

吉斯特团：

1780 年在查尔斯顿被俘。

杰克逊团：

1780 年 7 月 24 日同第 16 马萨诸塞团合并，1781 年 1 月 1 日解散。

亨利团：

1779 年 4 月 9 日同杰克逊团合并。

格雷森团：

1779 年 4 月 22 日同吉斯特团合并。

哈特利团：

1781 年 1 月 17 日同第 3 宾夕法尼亚团合并。

巴顿团：

1779 年 1 月 13 日同哈特利团合并时，兵力不到一个连。麦克莱恩上尉被分配到第 2 游击军。

马尔科姆团：

1779 年 4 月 1 日同斯宾塞团合并。

福尔曼团：

1779 年 4 月 9 日同斯宾塞团合并。

谢泼德团：

1778 年 6 月解散。

白色贴边的蓝色上衣和白色背心。他们下身可能按常规穿浅黄色背带裤，头戴朴素的圆边帽，胸前斜挎浅色牛皮武装带。

为满足急切的战争需要，14 个大陆军增编团征召于 1777 年。1776 年，第一支成立的正规团只需服役 1 年。华盛顿坚持必须修改规则，将服役期延长至 3 年或者整个战争时期，不论战争持续多久。在这种情况下，临时性的解决方案就是设立"增编团"。一些团后来转正成了永久正规军，如韦伯团直到 1781 年还在册入编，参加了约克郡战役。

韦伯增编团：该团是大陆军中纪律最严明，制服最精良的步兵团之一。

全团制服为有黄色贴边的猩红色上衣，据说这是从英军那里缴获的战利品。该团在战争中保持了极佳的声望，也是增编团中最优秀的一个。肩带、背心、马裤和长袜都是白色，半长鞋罩为黑色，

▼ 列兵，哈特利增编团，1777。该团新兵来自宾夕法尼亚和马里兰。1779 年初，哈特利团前往宾夕法尼亚，改编成新成立的第 11 宾夕法尼亚团。据当时报纸的描写，人们看到他们身穿配白色贴边的深蓝色制服（图中为棕色）。

▼ 列兵，李增编团，1777。作为 16 个增编团中的一支，该团成员来自马萨诸塞，一直服役到 1779 年 4 月，并最终同杰克逊增编团合并。这幅图中的制服可能只是该团在服役期间穿着的其中一套样式。

士兵戴的三角帽有白色镶边。据传闻这个团还有一支乐队。

亨利增编团：这个团的制服也是猩红色上衣，衬里和贴边都是天蓝色，肩带、背心为白色，下身可能穿绑腿裤。整体效果相当引人注目。该团部分

人员头戴轻步兵帽。

斯宾塞增编团：该团制服为常见的有红色贴边的蓝色上衣，内穿白色背心，戴圆边帽，皮革用具为浅黄色。一些史料记载他们穿着用毛毡制成的裤子，只要把毡子两边扣在一起就行了。

▼ 军官，韦伯增编团，1777-1781。1776年招募的大陆军步兵团服役期满后，萨缪尔·韦伯上校组建该团。他让官兵穿上缴获来的英军制服。出于显而易见的原因，人们对此颇多非议，最终经华盛顿许可后才算平息。

▼ 列兵，韦伯增编团，1777-1781。该团后来同第9康涅狄格团合并，不过在战争大部分时间内仍保留了他们的猩红色制服。这个团的军旗在今天依然知名。其中一面在后文军旗一节中有展示。

▲ 列兵，斯宾塞团，1777。这个团在新泽西组建，有时也被称为"第5新泽西团"。它于1783年解散，服役期间未同其他部队混编。注意这名士兵背包的式样。这种背包叫宽背带包，在法国和印第安人战争期间就曾广泛使用，并一直沿用至独立战争。这种背包本质上就是扣着皮带的铺盖卷，后来皮带由搭在肩胸上的宽背带所取代。这种宽背带很容易识别，当然也更实用，更舒适。

1776 年各州应招募的步兵团配额

新罕布什尔: 3	马萨诸塞: 3	康涅狄格: 0.5
马萨诸塞: 15	罗得岛: 0.5	纽约: 0.5
罗得岛: 2	康涅狄格: 1.5	新泽西: 0
康涅狄格 8	纽约: 0.5	宾夕法尼亚: 1
纽约: 4	新泽西: 2	特拉华: 0
新泽西: 4	宾夕法尼亚: 2.5	马里兰: 0
宾夕法尼亚: 12	特拉华: 0	弗吉尼亚: 1
特拉华: 1	马里兰: 0	北卡罗来纳: 0
马里兰: 8	弗吉尼亚: 3	南卡罗来纳: 1
弗吉尼亚: 15	北卡罗来纳: 1	佐治亚 0
北卡罗来纳: 9	南卡罗来纳: 0	
南卡罗来纳: 6	佐治亚: 0	
佐治亚: 1		

1776 年配额下的实际招募数:	配额外招募数:	骑兵（轻龙骑兵团）:
新罕布什尔: 3	新罕布什尔: 0	新罕布什尔: 0
马萨诸塞: 15	马萨诸塞: 0	马萨诸塞: 0
罗得岛: 2	罗得岛: 0	罗得岛: 0
康涅狄格: 8	康涅狄格 0	康涅狄格: 1
纽约: 5	纽约: 0	纽约: 0
新泽西: 4	新泽西: 0	新泽西: 0
宾夕法尼亚: 13	宾夕法尼亚: 0.5	宾夕法尼亚: 1
特拉华: 1	特拉华: 0	特拉华: 0
马里兰: 7	马里兰: 1	马里兰: 0
弗吉尼亚: 15	弗吉尼亚: 0	弗吉尼亚: 2
北卡罗来纳: 9	北卡罗来纳: 0	北卡罗来纳: 0
南卡罗来纳: 5	南卡罗来纳: 0	南卡罗来纳: 0
佐治亚: 5	佐治亚: 0	佐治亚: 0

增编团:	炮兵团:	注：两个加拿大团和华纳团未计入配额。
新罕布什尔: 0	新罕布什尔: 0	
	马萨诸塞: 1	
	罗得岛: 0	

▼ 列兵，亨利增编团，1777。图中所示制服看上去很帅气，但也不常见。它是根据一个该团逃兵的装束描绘的。轻步兵帽很普通，因为是从老式三角帽剪裁而成。它们在军队中也很受欢迎；敌人一看到它，就会认为碰到了精锐的轻步兵。出于显而易见的原因，华盛顿并不鼓励大陆军使用红色或猩红色制服。萨缪尔·韦伯上校遭遇很多反对后，才得到了华盛顿的特许。尽管如此，红色仍然是一些团的最爱。亨利上校无疑认为穿红色是个好主意，这样能使他的团在大陆军中显得特别突出。

当然他们也会穿马裤，配长筒袜和半长鞋罩或绑腿裤。

大陆军增编团确实在1777年初缓解了燃眉之急，1776年末，因为各团服役期即将结束，大陆军几乎处于解体的边缘。这些早先招募的团参加了特伦顿和普林斯顿的战斗。其中一些战斗素养优异的部队，如格洛弗的马布尔黑德团，在华盛顿的请求下才一直保留在现役。

能够投入这场战争的资源十分有限，除了英国人外，每个人都知道这一点。增编团的结局颇有戏剧性。如韦伯团既没有被整编，也未同其他部队合并，战争中自始至终都是独立单位。原因之一是韦伯曾经是大陆军总司令的军事幕僚。

费城联盟者

有少数民兵部队在组织性、作战效能和战斗力等方面与其他大部分民兵相比十分突出。事实上一些民兵部队的规模几乎相当于旅级单位，制服和装备也很优良。其中之一就有"费城联盟者"，一个志愿民兵组织。

这支民兵曾经和大陆军一起在福吉谷冬季营地忍饥挨冻。战争初期，粮食奇缺，替换衣物更是奢求。放哨的战士们只好共用衣装鞋帽，才能在恶劣的天气里坚守岗位。有个哨兵为避免双腿被冰雪埋没，只好站在自己的帽子上，即便如此，他仍坚持向路过的军官行标准的举枪礼。这些费城民兵们在这段时期也根据一套全新的方式进行训练。这套制度是来自欧洲的军事训练专家冯·施托伊本"男爵"和华盛顿一起建立的。他们学会了如何保持个人卫生，维持身体健康；也知道在野外驻扎时，如何整顿营区；并理解了厕所的重要性，知道在哪儿建和如何建厕所。简而言之，他们掌握了很多新的军事专业技能。当他们离开寒冷的冬季营地时，这些民兵就不再是1776年刚入伍时的菜鸟了。大陆军于1778年6月从福吉谷开拔，全军在艰苦环境和严格训练下已脱胎换骨，

磨炼成为一支锋芒毕现的新军。无论以何种标准衡量，他们都是一支优秀的军队，随时准备迎着敌人的刺刀前进，这些昔日的费城民兵们也在其中。

"费城联盟者"创立于1747年费城，其创始人之一正是本杰明·富兰克林。由于宾夕法尼亚管理当局深受贵格

◀ 来复枪手，"费城联盟者"第5营，1775。这支民兵部队成立于1747年，本杰明·富兰克林是初期创立者之一。到1763年，该部已实力大减，几乎没有什么战斗力；1775年初，更是只剩下2个连在编。不过同年在马萨诸塞发生了战斗，因此该部重新被启用。8月，共有5个步兵营和1个炮兵营加入现役。其中1个步兵营为来复枪营，其士兵样貌如图示。

▶ 轻步兵，费城绿营（第3营），"费城联盟者"，1775。第1至第4营的轻步兵身穿短上衣。普通连的官兵戴圆边帽，轻步兵戴改进后的骑师帽。制服的贴边有红、白、淡黄、黄等颜色。紧身衣裤包括马裤、长筒袜、背心等，均为白色。帽座上缠有彩色帽巾。士兵们将帽檐一侧卷起，在折起处插上羽毛作为装饰。若戴轻步兵帽，他们会在后面插上夸张的鹿尾毛。

◄ 列兵，第3营，"费城联盟者"，1775。这支民兵部队参加了特伦顿/普林斯顿战役。像任何未经实战的军队一样，他们只有真正置身于战斗中，"流血"后才能稳定军心，死心塌地地服役。该部也曾为宾夕法尼亚大陆军输送过军官和士兵。1777年"费城联盟者"整编成费城旅，旅长约翰·卡德瓦拉德曾担任过该部第3营的指挥官。

► 列兵，第2营，"费城联盟者"，1775。1779年制服条例颁布前，"费城联盟者"的制服曾被宾夕法尼亚大陆军采纳。他们的制服看上去很精干，但在现役中较易磨损。圆边帽比三角帽更受欢迎，因为不会在卷边内积攒雨雪，而且圆边帽戴起来更舒适，在热天也更凉快。

会教派影响，在法国和印第安人战争结束后，他们就没有兴趣再维持军队了。到独立战争爆发时，该部只剩下两个连的兵力，还管理不善。

1775年马萨诸塞州公开反抗，建立军队的呼声也再次在费城响起。到1775年中期，费城组建了4个"身穿制服"的营，以及几个独立连。同年底，又有4个步兵营、1个来复枪营和1个炮兵营组建完毕，武器装备一应俱全。除了这些部队外，费城还拥有1个城防营，承担警察的职能。费城在成立自己的部队前，也曾向大陆军补充兵源。

步兵营：步兵营穿着潇洒的棕色制服，不同的营装饰有不同颜色的贴边：第2、3营为红色贴边，其他营为黄色、浅黄或白色贴边。上衣都有白色衬里，折边自然也是白色。士兵们戴圆边帽，并折起一侧帽缘。帽子上的装饰品要么是最常见的羽毛，要么是一支华丽的短花翎。

来复枪营：该部制服为典型的来复枪兵套装：狩猎衫、鹿皮绑腿、轻步兵帽以及其他常见的军需装备。

"费城联盟者"在特伦顿/普林斯顿一役中展现了强劲的战斗力，尤其是同英军首次交火后，更加愈战愈勇。后来该部重组为费城旅，其指挥官是卡德瓦拉德准将（Cadwalader），此人也曾担任过这支部队中的一名营长。

来复枪手和斯托克布里奇印第安部落

来复枪手总是能吸引美国人的注意力。除了著名的摩根来复枪队外，美军中还有几只其他来复枪团。卡姆登惨败后，美军于1778年末发动了国王山之战（Battle of King's Mountain）。此役美军大胜由英军中校帕特里克·弗格森指挥的保王党部队；胜利的关键既不是大陆军正规军，也非民兵，而是这些装备着来复枪的部队。

斯托克布里奇印第安部落

斯托克布里奇印第安人是莫西干人的后裔，在法国和印第安人战争之前他们就从新英格兰地区迁徙到了纽约州。他们在那场战争中支持英军，并以1个连的兵力同罗杰斯游骑兵部队默契合作。斯托克布里奇人是优秀的侦察兵、勇敢的武士和出色的轻步兵；为罗杰斯的各项军事行动做出了重大贡献。

在这场对抗英国的独立战争中，斯托克布里奇印第安人是少数站在美国这边的土著部落，可能因为他们曾经与罗杰斯合作过吧。尽管这是一场与他们无关的战争，他们还是再次派出了战力高强的武士为美国人奋勇战斗。

斯托克布里奇人打绑腿，穿鹿皮靴和衬衣。他们的武器是长来复枪或滑膛枪。大部分斯托克布里奇人都串耳环，按东部林区印第安人的传统方式打扮自己。

◀ **斯托克布里奇印第安人，1777。** 约翰·埃瓦尔德上尉是为北美英军作战的黑森猎兵。他曾在日记中描绘了一个头戴草帽的斯托克布里奇人的样子。这个印第安人穿鹿皮鞋，粗亚麻布裤子，打有裹腿。长衬衫或束腰外衣未扎进裤子外里，几乎长及膝盖。肩带上系有好些个口袋，里面分别装着火药、子弹，有时还有食物。除了短柄斧和匕首，他还装备有滑膛枪、弓箭。草帽由椴木树皮制成，上面还有饰带。

▶ **斯托克布里奇印第安人，1777。** 这幅图基于一名当时目击者的图画而作，展现了与美军共同战斗的斯托克布里奇人的样貌。斯托克布里奇印第安人原本是莫西干人，最初居住在马萨诸塞一个叫斯托克布里奇的村落。到独立战争结束时，这支莫西干部落损失了几乎一半男性人口，绝大部分村庄也惨遭摧毁。

的个人物品放置在背包卷或背袋中。

林奇（Lynch）和坎贝尔（Campbell）率领的来复枪手是参加过国王山战斗的老兵，后来编入格林的军队，在吉尔福德县府之战中有不俗表现。他们战斗在侧翼，但另有1连兵力处于大陆军阵列第3行，参加了当天最激烈的战斗。

这些彪悍的拓荒者们身穿常规来复枪套装：狩猎衫、马裤和印第安式绑腿。长来复枪是他们最有力的武器。

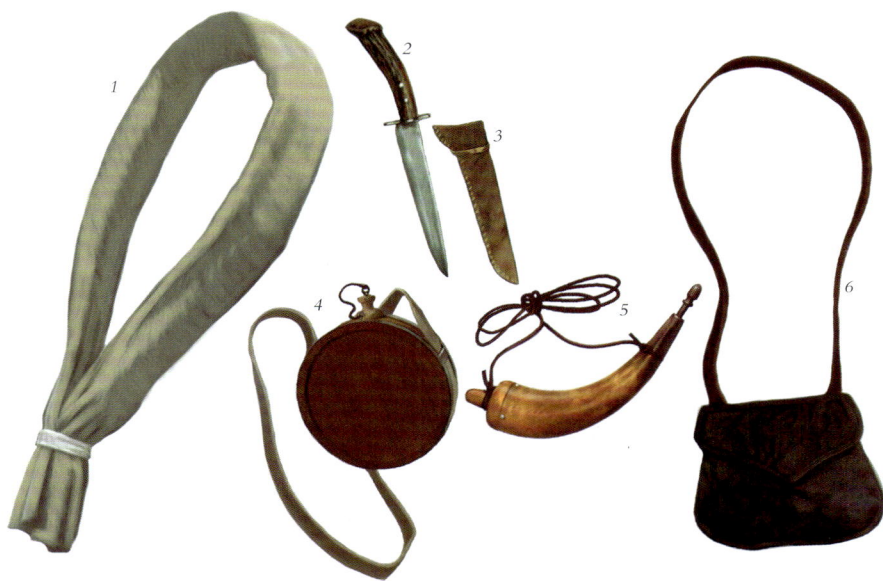

▲ **来复枪兵套件，1775-1783**。*1. 背包卷，斜挎在身上，士兵们将他们的个人物品卷起来塞进去。2/3. 剥皮刀和刀鞘，边疆地区的美国人、印第安人、英国人都喜欢剥头皮，以展示自己干掉了多少个敌人。4. 水壶。5. 牛角火药筒，火药储存在内部被掏空的牛角里，即便在糟糕的天气中也能保持干燥。6. 子弹袋，弹药保存在子弹袋中，子弹袋能挎在肩上，也可当作背包使用。*

山岳人

这些充满爱国热忱的拓荒者自称为"山岳人"。他们仇恨背叛祖国的保王党人，于是以他们自己的方式组织起来参战，并自行选择军官。"山岳人"在南卡罗来纳的国王山伏击了一支保王党部队。在这场艰苦的战斗中，敌军指挥官弗格森曾试图重新集结部队，但在马鞍上被击毙。"山岳人"还将一些保王党人俘虏绞死。

来复枪套装兼具舒适和实用功能，部队穿着起来也显得整齐划一，清爽干练，是极佳的战斗服装。套装中的狩猎衫在前文中已经介绍过了。因为各战斗单位自行染色，所以狩猎衫有多种色彩，一般是棕黄色，蓝色和紫色也是较常用的色彩，白色也曾使用过。

来复枪手们穿印第安式鹿皮鞋、扎绑腿，或者穿绑腿裤、皮鞋。帽子的式样既有宽边软帽、轻步兵帽，也有圆边帽。如果是后者，他们有时会将一侧帽檐翻上去。

来复枪

长来复枪又称"宾夕法尼亚长枪"或"肯塔基长枪"。这种枪没有标准口径，一般由当地枪械工匠个别打造。军队并不发放弹药，而代之以金属铅，由来复枪手们自行制作子弹。

长来复枪的子弹外包着一片布，所以必须用力将弹药压进枪管。布片使子弹能适合枪管中的膛线，这样子弹射出后能够旋转，满足精度和射程的要求。一个优秀的来复枪手能够准确击中200码之外的目标。这种枪的缺点是填装速度慢，也无法安装刺刀。

来复枪手还携带弹药袋或背袋，以及牛角火药筒。来复枪子弹没有弹壳，填装弹药时须将火药直接倒进枪口里。全套武器还包括一把匕首和一支短柄斧。枪手

▶ **来复枪手，坎贝尔的来复枪队，1781**。*有两支由志愿者组成的来复枪队参加了1781年3月发生的吉尔福德县府战斗。他们不是民兵，也非正规军，就连指挥官也是自己选出来的。他们当中大部分人都在国王山战斗过，是一群顽强老练的战士。他们后来编入亨利·李和威廉·华盛顿的部队。*

州立部队

美国军人并非都是大陆军或临时征召的民兵。其中有些人隶属于多多少少算是常备军的州立部队，他们的服装、装备由各州单独提供。州立部队的军纪比民兵好得多，不过也会因从大陆军那里抢夺宝贵的地方资源而招致非议。

后备役

大陆军成立后，每个州都须为其提供兵力。大陆会议给各州分配了不同的招募数额，同时各州也能在战时保留自己的州立部队。这样州政府就有了能够保卫家园的可靠力量。一些州还拥有州立海军，马里兰州等州还有州立海军陆战队上舰服役。州立部队可以为，也应该为该州所属大陆军提供后备人员，但它们的存在反而对战争起到不利的作用。

表面看来，州政府成立地方部队是为在紧急时刻能够进行自卫的常识性手段（1780年英军入侵弗吉尼亚时，州长托马斯·杰斐逊就没有任何准备应对外部威胁，因此被打得狼狈不堪），但州立部队的真实使命是为大陆军源源不断提供

◀ 列兵，第4马里兰独立连，1776。 战争期间各州征召军队用来本土防御。这幅插图就是当时地方部队士兵的典型模样。他们不属于大陆军，当然也不是民兵。狩猎衫再次成为制服首选。州立部队中有不少前大陆军士兵，这些人有助于提升新兵的军事素养；不过当大陆军急需人手时，这种做法反而令大陆军更加无人可用。

▲ 骑兵下士，达布尼上校的弗吉尼亚州立军团，1782-1783。 军团是当年流行的军队编制形式，混编了步兵、骑兵，有时甚至还有少量轻炮兵。军团模式来自欧洲大陆，发展于18世纪中叶。大陆军和州立部队均使用了这一组织形式。不论是游击战还是常规战，它都能适用。

珍贵的人力资源。

加入州立部队或地方民兵组织的人能够从州政府拿到一笔入伍金，金额比大陆会议为大陆军提供的高，服役条款也比大陆军更好。此外这些部队的任务是州土防卫，不必如大陆军那样全国转战。

那时能够制作军服的布料是重要的军需储备，往往优先供应给本州部队，而大陆军却从衣物到餐具，经常什么都匮乏。大陆军需要这些物资生存，才能在战场上持续作战，否则他们从肉体到精神都要崩溃。

大陆军战力流失

一些州长在维持本州的州立部队和民兵组织同时，却出于种种原因不愿意或不能够为大陆军提供援助，甚至大陆军就在该州地域内作战时也是如此。1780至1781年，大陆军南方部队在南、北卡罗来纳地区发动了一系列艰苦的战役。盖茨将军和格林将军曾怒斥托马斯·杰斐逊州长没有给他们提供足够的给养。1780年卡姆登惨败后，格林接替盖茨任南方部队指挥官。他发现整支军队极度缺乏衣装、食物、武器和弹药。杰斐逊对格林的绝望求救无动于衷，任由格林自行寻找补给。

民兵和州立部队确实为大陆军提供了兵源，不过这种征兵方式不是一个有组织的系统，也因州而异，甚至某个州已存在的部队本身就是兵源。"费城联盟者"就不仅直接在大陆军中服役，也作为后备力量为宾夕法尼亚大陆军输送了很多受训过的军官及士兵。然而这套"制度"并非一直运行有效，大陆军兵力总是捉襟见肘。之前入伍的大陆军士兵已经超出服役期了，可是总的来说，民兵和州立部队对还在继续战斗的大陆军帮助不大，尽管这些部队的新兵素质无疑有所提高。1779年之后，大陆军唯一的真正难题就是兵源不足，因为各个州总是优先考虑他们自己的国民军待遇。

▶ 军士，南卡罗来纳州立轻龙骑兵团，1779-1780。龙骑兵原本是骑着劣马的步兵。马匹只是用来行军，作战时龙骑兵要下马徒步战斗。但龙骑兵最终变成了骑兵的一个子兵种，保留了部分马下行动的能力。轻龙骑兵属于轻骑兵的一种，其任务是利用高超的骑术实施侦察、突袭。

州立炮兵

美国炮兵部队成立于殖民时代早期，以英国炮兵为样板。大陆军成立第一支炮兵部队时困难重重，不过炮兵很快就在战场上赢得了莫大的荣誉。

火炮的艺术

当时北美13个殖民地内没有一所炮兵学校，完全白手起家组建炮兵是相当困难的挑战。制造和运输火炮系统耗资巨大；训练、装备炮兵十分昂贵；炮兵还是一项苦活累活；此外炮兵补给系统和支援系统也很复杂。火炮必须

妥善保养，在使用前，要将各部件清理干净。炮架和辅助车辆，如拖车和弹药车也必须保持良好状态。战前北美没有一支炮兵部队曾接受过运输火炮和保养马队等方面的训练。直

到战争结束后，支援保障体系才建立起来，规模不大的美国正规军才拥有保障完备的特训炮兵。

在独立战争期间，大陆军实行同英军类似的体制，直接从平民那里租用马匹和马具。虽然在和平时期租用模式的花费对政府而言颇具吸引力，但在战时这套体制就一塌糊涂。一旦战事不利，平民们往往会拔腿就跑，将炮兵和

◀ **驱车的实习炮手，第4南卡罗来纳团（炮兵），1775-1780。**
实习炮手相当于炮手的助理或学徒，须服从一名完全合格的现役炮手指挥。当时大部分军队还习惯于雇佣平民车夫和马匹承担运输任务。让实习炮手牵引马车并不常见，只有美军这么干。挽马尾巴要扎起来，以免被挽具缠绕。挽具由皮带和铁链制成，用于牵引炮车和野战炮。马鞍能帮助新手不至于从马上摔下来。牲畜出力后体重会不断下降，因此套在高大挽马上的挽具须随时调整。

◀ 炮手，查尔斯顿炮兵营，1778。深蓝色是几乎所有炮兵们的首选。在演习或实战中发射火炮是一项脏活，因为黑火药燃烧后会形成一团烟雾。深色制服比较耐脏，也容易清理。

火炮扔到战场上，任由他们自生自灭。

不管怎样，殖民地的炮兵部队还是成立起来了。炮兵的装束通常还不错，装备则尽量轻装化，官兵配有基本的防身武器，以便在情况危急时使用。这批掌握了火炮基本技能的人后来成了大陆军的储备人才库。一旦进入大陆军服役，他们便能组织起来形成战斗力。

炮兵编制

1776年炮兵团指挥部由1名上校团长、2名中校、2名少校、1名牧师、1名军医、1名军医助理、1名副官、1名军需官、1名乐队指挥和1名横笛指挥构成。团部还包括至少2名实习士官生，他们是后备尉官。全团下辖12个炮兵连，每连有5名军官，6名士官（3名中士，3名下士），48名士兵。马萨诸塞、南卡罗来纳和罗得岛在战前就组建有炮兵队。罗得岛炮兵不仅仅只是1个营或团，而是号称拥有一支炮兵作训队。美国炮兵首次参加实战是在1775年的邦克山，战绩不佳。然而当自学成才

的火炮专家亨利·诺克斯担任炮兵上校后，大陆军炮兵便立刻时来运转了。1775年冬季，他从刚刚占领的提康德罗加要塞运出一大批火炮，为正在围攻波士顿的美军提供了强有力的火力支援。诺克斯还为炮兵注入了热忱，培养了能力，提出响亮的口号，组织并带领不断成长的大陆军炮兵攻城略地。自此以后，大陆军炮兵成长为兵力和技能都足以令敌人胆寒的武装力量，州立炮兵队也不再与之争夺资源。1778年蒙茅斯之战后，就连华盛顿也自得地说："没有哪支炮兵比咱们的还强。"

▶ 军官，弗吉尼亚州立炮兵团，1778-1780。罗得岛、弗吉尼亚、南卡罗来纳等州都成立了州立炮兵部队。同骑兵一样，组建和维持一支炮兵是很昂贵的。此外炮兵还是技术兵种，必须经过大量训练才能掌握火炮的使用方法。炮兵部队需要马匹牵引大炮和各种辅助车辆，因此也面临骑兵的所有问题：如何获得足够的挽马和挽具，以及能够在野外牵引火炮和炮车的车夫。

大陆军

　　当北美殖民者开始同英军对射子弹时，并没有一支真正的军队。1775年大陆会议决定组建大陆军，任命华盛顿为总指挥官。这是一项艰巨的工作，华盛顿不仅要直面来自议会和军队中的反对派，也要消弭美国人民对常备军的不信任。大陆军最终成长为一支与对手相比也毫不逊色的军队。此后再没有哪支美军如大陆军那样经历过如此多艰难困苦，在极为不利的条件下战斗；也没有取得在特伦顿、福吉谷、吉尔福德县府和纽约顽强作战的大陆军那样的成就。

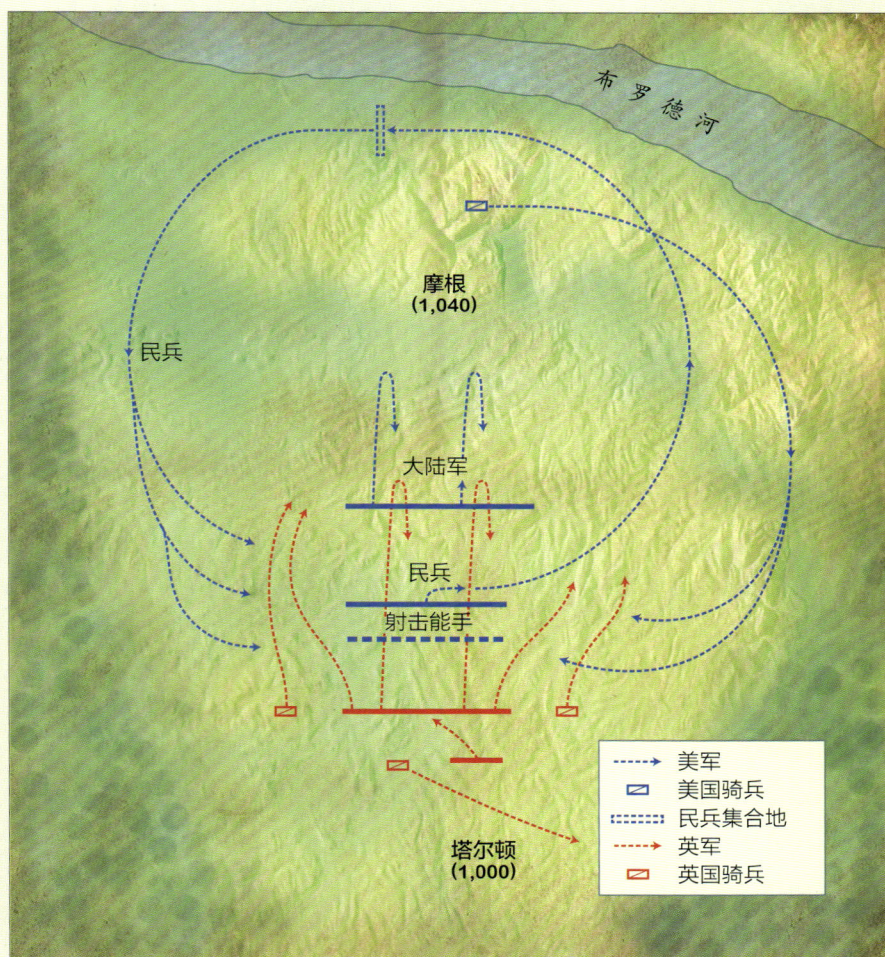

- - - -	美军
▱	美国骑兵
┊	民兵集合地
- - - →	英军
▭	英国骑兵

▲ 丹尼尔·摩根将军在考彭斯遭遇并击败了一支势均力敌的精锐敌军——由伯纳斯特·塔尔顿上校率领的"英国军团"。

◀ 1777年10月，霍雷肖·盖茨将军率领美军在萨拉托加附近同英军恶战，迫使伯戈因投降。这场胜利为美国赢来了法国加盟。

衣衫褴褛的大陆军

华盛顿对大陆军成立初年时的"成长烦恼"相当生气。可是职业化军队不可能一蹴而就，大陆军的组建时断时续，导致了很多问题和延误。然而一批坚定的军官信守诺言，在最黑暗的日子里也依然不离不弃。另一个积极方面来自一批欧洲专业军人的影响，他们接受了美国代表团的招募，横渡大西洋来到北美。

外国专家

美国"星探"们在战争伊始就在欧洲各个角落搜寻军事专业人才。雇佣军、理想主义者、冒险家们组成了鱼龙混杂的赴美专家团。某些人的水平不仅一文不值，甚至更糟，连基本的忠诚都没有。好在还是有真正的专家以他们的专业知识和奉献精神帮助华盛顿提升大陆军的战斗力，最终令大陆军成长为一支专业化的作战力量。同英军和德意志雇佣军相比，大陆军就算不比它们更优

1781 年军团配额

步兵团

地区	数量	地区	数量	地区	数量
新罕布什尔：	2	宾夕法尼亚：	2 （包括技工团）	南卡罗来纳：	0
马萨诸塞：	10			佐治亚：	0
罗得岛：	1	马里兰：	0	小计：	4
康涅狄格：	5	特拉华：	0		
纽约：	2	弗吉尼亚：	1	**游击队**	
新泽西：	2	北卡罗来纳：	0	分别由李和阿曼德指挥的两支游击军未作指派	
宾夕法尼亚：	6	南卡罗来纳：	0		
马里兰：	5	佐治亚：	0	**总计：**	
特立华：	1	小计：	5	新罕布什尔：	2
弗吉尼亚：	8			马萨诸塞：	11
北卡罗来纳：	4	**混编军团（原轻龙骑兵团）**		罗得岛：	1
南卡罗来纳：	2	新罕布什尔：	0	康涅狄格：	6
佐治亚：	1	马萨诸塞：	0	纽约：	3
小计： 50（包括未指派给上运州的第2加拿大团）		罗得岛：	0	新泽西：	2
		康涅狄格：	1	宾夕法尼亚：	9
炮兵团		纽约：	0	马里兰：	5
新罕布什尔：	0	新泽西：	0	特拉华：	1
马萨诸塞：	1	宾夕法尼亚：	1	弗吉尼亚：	11
罗得岛：	0	马里兰：	0	北卡罗来纳：	4
康涅狄格：	0	特拉华：	0	南卡罗来纳：	2
纽约：	1	弗吉尼亚：	2	佐治亚：	1
新泽西：	0	北卡罗来纳：	0	未指派：	3

▼ 弗里德里希·冯·施托伊本将涣散的大陆军训练成具有强大凝聚力的军队，使之能够向英军发起强有力的挑战。

秀，也绝不逊色。

欧洲专家中最重要的一位是来自法国的军事工程师路易斯·勒贝格·迪波塔尔，此人专业素养极高，被誉为美国工程兵之父。吉马和弗勒里也是优秀的法国步兵军官，他们领导并指挥大陆军轻步兵部队，为该兵种发展做出了重要贡献。来自巴伐利亚的约翰·迪卡尔布男爵是杰出的战场指挥官，所率领的马里兰和特拉华大陆军愿意为他赴汤蹈火。在1780年的卡姆登之战中，迪卡尔布浑身上下的战伤竟有11处之多。普鲁士男爵，冯·施托伊本无疑是专家团中最有价值的一位，他将大陆军打造成了一具强大的战争机器。

璞玉可琢

冯·施托伊本男爵的到来是战争的一个转折点。他以强硬的手段将秩序和规则注入大陆军。冯·施托伊本来到冬季营地时，随身还携带着厚厚一叠美国驻法国大使本杰明·富兰克林为他准备的档案，这令华盛顿印象深刻。

这个普鲁士人不懂英语，华盛顿对德文也一窍不通，好在冯·施托伊本法语很流利，通过翻译两人总算能交流了，最终成为同志和朋友。按富兰克林的介绍，弗里德里希·冯·施托伊本是前普鲁士将军，但事实上他只是一个退休上尉，有着丰富的参谋经验，在普鲁士轻装部队中长期服役。所谓的男

◄ 华盛顿带领衣衫褴褛的大陆军进入福吉谷冬季营地。

各年份大陆军兵力：

1775：27,443	1780：21,015
1776：46,891	1781：13,292
1777：34,820	1782：14,256
1778：32,899	1783：13,476
1779：27,699	

注：这些数据根据大陆军炮兵司令亨利·诺克斯为国会编撰的报告所整理。诺克斯声明这些数据不甚精确，但依然是良好的近似。

爵头衔大概也不是真的。不过确凿无疑的是，冯·施托伊本拥有丰富的专业技能、实践经验和如何训练军队的宝贵知识。他立即偕同正在忍饥挨冻的大陆军投入训练中。他在福吉谷打造的这支军队是战争期间由个人为美国进步做出的最大贡献。

美式军训

冯·施托伊本确信大陆军是一块璞玉，只是有待雕琢。他改良了欧式训练法，将英国、法国、普鲁士的军训条例糅合在一起，使大陆军第一次接受完整系统的正规化改造。冯·施托伊本是个严厉的教官，亲自训练美军，要求他们务必做到尽善尽美（有时也确能达到）。他自己手拿一支滑膛枪，通过两个翻译（全军都觉得这样很滑稽）教导和咒骂他的部下。他从最基本的军事训练开始，一点一滴地向这些"菜鸟"们传授军事艺术。各连和各营逐渐适应了他的新体系。冯·施托伊本的教育事无巨细，不仅指导并监督部队学习如何训练，也要求他们打理个人卫生，维护营区环境。

福吉谷的条件慢慢好转，大陆军的组织性也在加强。士兵们对学到的新能力颇为自豪，士气也随着高涨。冯·施托伊本的积极影响已显而易见。从福吉谷的军训中诞生出两件事物：一支崭新的大陆军和一本操典。这本著名的操典又名"蓝皮书"，由冯·施托伊本撰写，直到1814年美军都还在使用。

1778年春季，大陆军离开福吉谷营地。它已成为一支有着高度组织性的军队，正摩拳擦掌，准备好了与来自欧洲的职业军队一决高下。从战术角度分析，大陆军不再居于劣势。它将在战场上与敌人布下的最优秀的欧洲传统线形阵型一较高低。

▼ 1781年康沃利斯在约克郡向华盛顿将军投降。

指挥官和参谋

设立总参谋部辅佐军队统帅指挥战斗的思想在18世纪末尚处于萌芽阶段。参谋的工作是帮助统帅从一切行政事务中解脱出来，使之能够专心于军务。那些烦琐的事情按照领域不同，分别委托给不同专业的参谋军官们办理，诸如制定作战计划、物流方案、补给方案和文案工作等。参谋们由参谋长领导，后者负责协调各专业工作，妥善处理无数杂事，对总指挥官负责。

将官

独立战争早期阶段，华盛顿只有少数几个可信赖的助手，并依靠他们管理军队。大陆会议和华盛顿都意识到这种安排不尽人意。理想的体制是由参谋们组成一个专业团体，置于一名事实上的参谋长领导之下。大陆军要蜕变成一支真正的专业化武装力量还有很长的一段路要走。

侍从副官（AD-Cs）是低级的助理参谋人员，正式职责是协助指挥官的工作。弗里德里希·冯·施托伊本被任命为总司令的监察长。该职务实际上就是华盛顿的参谋长，为总司令分担部分行政工作，协助他管理大陆军。将军们要依靠侍从副官上下沟通，侍从副官则帮助他的将军处理日常事务，以将军的名义向其下属传达指令，并监督执行。

华盛顿在1775年赴任时身穿早年的国民军制服。该制服为深蓝色，装饰有浅黄色贴边；上衣衬里、折边、衣领、背心和马裤都是浅黄色；鞋子是时髦的马靴。大陆军将官都参照总司令的模样打扮，不过也有一些因个人品位不同而产生的变化。贝内迪克特·阿诺德将背心改为红色，背心的扣眼上增加了花边，深蓝色上衣饰有红色贴边和白色衬里。

将官的标志是双肩上有金色肩章以及彩色绶带。即便制服破破烂烂，将军们也会佩戴绶带。华盛顿作为总司令官，其绶带为蓝色；准将为品红色，少将为紫色。1780年新条例对将官制服重做要求。深蓝和浅黄仍是基准色，但取消了绶带，取而代之的是金色肩章上根据级别点缀有数目不等的银星。准将的军帽上装饰有一根白羽毛，少将则是黑白相间的羽毛。紧身衣裤都是浅黄或白色。

◀ *身穿总司令官制服的华盛顿将军，1775。*
1775年夏，乔治·华盛顿身穿当年的弗吉尼亚国民军制服，走马上任大陆军总司令官。华盛顿坚信军队必须穿着得体，他本人以身作则，衣着外表完美无缺。

参谋

　　大陆军参谋没有制式服装。他们一般穿着原所属部队的军服，佩戴表明其级别的普通军衔标志。1789年后，识别参谋级别的方法是靠军帽上不同颜色的羽饰。侍从副官的装束略有不同，假如他从所属部队借调出来担任该职务，则仍穿着原部队制服；如不再隶属任何部队，其制服同将军的一样，仅军衔标识有所区别。华盛顿的侍从副官的制服就跟总司令同款同色，但军衔不同。所有侍从副官的军帽上都有一根绿色羽毛。总司令的侍从副官军帽上则是一根绿白相间的羽毛。华盛顿本人头戴没有装饰镶边或羽毛的黑色三角帽。

▼ **将军的侍从副官，1777。** 侍从副官算是将军的"家庭一分子"。在战场上，他是将军的耳目；不论是驻防还是出征，他都时刻关注上司的任何需求；他是参谋团中不可或缺的一部分。

▼ **少将，1779-1781。** 大陆军将官的制式军服模仿总司令华盛顿的军服样式。背心和马裤是浅黄或白色。由于都是自行准备，因此他们的"浅黄"色制服其实是从非常明亮的驼色到暗淡的浅棕色不等。

▼ **穿着制式军服的准将，1779-1781。** 准将的肩章上有一颗银星，少将则为两颗。他们帽子上的羽饰帮助人们从远处就能识别身份，不过在艰苦的战争中羽饰能如此闪亮夺目多长时间可就不一定了。华盛顿的参谋们可根据自己或将军的偏好来选择军服。

司令部直属部队

华盛顿的司令部专门配属有一支小型步骑混成部队，任务是保护总司令。

警卫队

作为大陆军总司令，华盛顿拥有一支精干的总部警卫队，规模为1个加强连。警卫队在创立之初就接受了良好训练和教导。随着时间推移，其成员的挑选程序也益发严格。

警卫队的首要职责是保护华盛顿的人身安全和他的行李辎重，以及司令部全体成员。一般情况下，成员都来自大陆军第3团或第3轻龙骑兵团，在必要时刻，也会从大陆军4个轻龙骑兵团中抽调部分官兵增强警卫队的实力。第3轻龙骑兵团亦称"贝勒"骑兵团，在有些资料中也称"华盛顿夫人的骑兵团"。这个团后来和其他从大陆军轻龙骑兵团中分离出来的分遣队一起，被划拨归纳撒尼尔·格林的南方军辖制，其指挥官是总司令的堂弟威廉·华盛顿。他有勇有谋，是战争期间双方最优秀的骑兵军官之一。

在福吉谷营地，冯·施托伊本将警卫队步兵连兵力增加到150人。该连是推广新式训练条例的模范连。后来该连人数保持在70人左右。所有卫兵都是土生土长的美国人，身高在5英尺9寸至5英尺10寸（1.8米）之间。1778年前，他们均是弗吉尼亚人，但稍后就从全军中挑选。指挥官是来自北方的迦勒·吉布斯上尉（Caleb Gibbs）。

◀ **列兵，华盛顿的警卫队，1777。** 该部士兵的第一套制服包括了这顶"制式"三角帽和红色背心。不过警卫队的供给大概同大陆军其他部队一样，并无特殊之处。他们只能在现有补给条件下尽量穿得好一些。

▶ **军官，华盛顿的警卫队，1776。** 该部为连级规模，负责保卫总司令官的生命安全和辎重。警卫队的装备被认为是最好的，制服依据将官军服样式有所修改。军官自始至终都戴三角帽。

◀ 列兵，华盛顿的警卫队，1777。 这种新式军帽颇为华丽，有蓝白相间的羽饰，沿着帽顶中缝还装饰有一条皮毛带。这幅图展现了该部在战争后半段的样貌。浅黄色绑腿裤非常适合北美地区的常见地形。

上尉、4名中尉、2名号手、2名士官、4名下士、1名事务官、1名军需士官、43名纠察员（列兵）和4名行刑人。根据一名黑森战俘描述，他在宾夕法尼亚雷丁镇看见该部巡逻。当时纠察连穿着饰有黄色贴边的蓝色上衣，头戴轻龙骑兵帽，号手穿黄色贴边的红色上衣。全连脚蹬高帮骑兵靴，马具为标准的轻龙骑兵配置。

非鞋子加鞋罩。实战中警卫队为了减少军服磨损，可能会穿着狩猎衫。这支部队可不仅仅是"卫兵"，也能在战场上拼杀，不过如非必要，华盛顿不会轻易动用他们。警卫队也是大陆军在1783年最后一批被解散的部队。该部的制式熊皮帽后来在1794年被安东尼·韦恩将军照搬全收。他的军队就戴着这种样式的军帽在西北领地发动了针对北美印第安人的战争。

军事纠察连

这个连配有战马，其制服和武器同轻龙骑兵一样。该连成立于1778年，职责是协助军法署署长的工作，相当于现代的宪兵。该连被称为"纠察部队"，有时也用法语单词"Marchusee"称呼。

该部的任务是追捕逃兵和其他犯罪分子，有时还得执行令人厌恶的死刑任务。据传言，纠察连是大陆军中最有效率，最出色的乘骑部队。该连指挥官是大陆军宪兵司令巴塞洛缪·冯·黑尔（Bartholomew von Heer），旗下有1名

卫兵们的制服同司令官类似，也是深蓝色上衣及浅黄色贴边，搭配红色或猩红色背心，初期戴有白色镶边的三角帽。他们下身穿马裤、长袜、半长黑鞋罩或者是绑腿裤。马裤和绑腿裤可能是浅黄色。军帽后来改为轻龙骑兵帽。整个帽顶中部有一条熊皮饰带；黑色帽结的左后方还插着一支蓝白相间的羽饰；后来为庆贺同法国结盟，帽结的中心部分变为白色。军官的制服基本上都属于同一样式，并始终戴三角帽，穿马靴而

▶ 列兵，冯·黑尔的纠察连，1778。 该连相当于法军中的"Marchusee"，即大陆军的宪兵部队。纠察连成员都是特别挑选的。普通大陆军官兵和民兵无疑都很厌恶和害怕他们。后来该连的征召配额分给了宾夕法尼亚，由该州负责招募、补充成员。纠察连的确工作高效，一直服役到战争结束。

大陆军步兵

大陆军步兵于1778年5月27日重组。步兵团部军官包括1名上校、1名中校（若上校不在岗位，该中校接替上校指挥）和1名少校。团指挥部还有1名军医、1名军医助理、1名副官、1名军需官、1名出纳员、1名士官长、1名军需士官、1名乐队指挥、1名横笛指挥。副官、军需官、出纳员由从连队中挑选的下级军官兼任。步兵团下辖9个连：1个轻步兵连、2或3个直属连、5或6个普通连。所有连拥有3名军官、6名军士、1名鼓手、1名横笛手及53名列兵。

早期制服样式

当研究大陆军步兵部队及其制服时，需牢记在《1779年制服条例》颁布之前，最常见的步兵制服要么是深蓝色，要么是棕色，不过都有红色贴边。马里兰、特拉华、宾夕法尼亚、纽约和南卡罗来纳等州配发这种基准色调的制服。蓝色早在法国和印第安人战争时就是这些地方部队的常用色，并一直颇受喜爱。有些部队穿着缴获的英军制服，不过上级建议他们最好抹去红色，重新染成蓝色或紫色，这样可以避免在硝烟四起的战场上产生困扰。

之所以选择下述部队专门描述有两个原因：第一，其制服同主流传统样式很不同，值得注意；第二，该部是著名的功勋部队，如来自马里兰和特拉华州的步兵团。

第2新罕布什尔团：上衣是天蓝色，配白色衬里和红色贴边。紧身衣裤是浅黄色，交叉肩带为白色。该部还配发有黑色圆边帽和黑色半长鞋罩。

第3纽约团：该团初期制服的上衣颜色是灰色，饰有绿色贴边和浅灰色

◀列兵，大陆军第1新罕布什尔步兵团，1778。轻步兵帽因为容易制造而大量生产。老式三角帽经过修剪后便能加工成这种灵活、帅气的帽式。另一个优点是令人产生有更多轻步兵的印象。①

▲鼓手，大陆军第1新罕布什尔步兵团，1778。这幅插图描绘了1779年大陆军制服条例颁布前的"颠倒色彩"的乐手制服样式。

① 译注：轻步兵属于战斗力较高的兵种。

衬里。紧身衣裤是浅灰色；皮制装备为黑色；三角帽有黑色镶边。该部改装后的上衣样式是有绿色贴边的深蓝或棕色外套。

第2马里兰团：该团制服包括一件配红色贴边，白色衬里的深蓝色上衣，一顶黑色镶边的黑色三角帽，一条蓝色马裤，一件棕色背心，一双白长袜，一条黑色半长鞋罩和一套白色交叉肩带。卡姆登之战的幸存者编进重组后的第1马里兰团。1781年3月在吉尔福德县府，重新组建的第2团与第1团编制在同一旅中。

第4纽约团：该团士兵穿着一套帅气的白色亚麻布制服，饰有猩红色贴边。全套制服还包括白色绑腿裤、黑色皮具和简洁美观的轻步兵帽。

第1康涅狄格团：该部穿着红色上衣，其贴边和折边均是白色（另有史料记载为红色上衣，深蓝色贴边）；穿戴圆边帽，白色交叉肩带，绿色或棕色背心，白马裤以及黑色半长鞋罩。

第3马萨诸塞团：该团制服简洁优雅。整体色调，包括贴边、衬里都是深蓝色；袖口和襟贴上有红色嵌边；黑色三角帽饰有黑色镶边；紧身衣裤为白色；白色长筒袜配黑色半长鞋罩。军官蹬高筒靴。

第2弗吉尼亚团：该团制服上衣为深蓝色，饰有深蓝色贴边，袖口和襟贴上有白色扣眼花边。紧身衣裤和皮制用具都是白色；半长鞋套是黑色；黑色圆边帽有白色或黑色镶边；左侧帽檐向上翻起。

二次整编

步兵团于1781年1月1日以更有效率更佳的方式再次经历整编。直属连被废除，团编制改为1个轻步兵连和8个普通连。每个连都有3名军官、9名士官（其中1名为一级士官长，是西方军事文化中最重要的骨干）、1名鼓手、1名横笛手和64名士兵。团指挥部包括1名上校、1名中校和1名少校（若团指挥官是中校，则有2名少校）、1名副官、1名军需官、1名出纳员、1名军医、1名军医助理、1名军士长、1名军需士官、1名军乐队指挥和1名横笛指挥。步兵团有1个永久性的招兵小队，成员为中尉、鼓手和横笛手各1人，由该团团部人员轮流担任。这支小队长期驻扎在该团的发起州。值得注意的是，为了打造更有战斗效率的步兵团，大陆军一直不间断地改编重组。每个州所分配的步兵团招募数量在战争期间不时发生变化，一般与大陆军主要的整编目标相一致。一支部队实际人数若小于编制，有时就会同另一支不满员部队合并，重新成立一个新团，其番号根据该州已有编号顺序往下排。（该州可以在线形阵列战斗中投入多少团，在这里可以用"line"这个单词表示。整个大陆军队则被称为"Continental Line"。）1776年大陆军招募的首批步兵团的服役期只有区区1年，这使得情况变得更加复杂。各州迫不得已，只好在1777年重新招募兵源，重组部队。

▶ 列兵，大陆军第2马里兰团。这个士兵的穿着呈现出该团制服的最初样貌。1780年8月，第2团在卡姆登之战中与其他马里兰和特拉华团一起蒙受了惨重损失。

◀ 列兵，大陆军第3纽约步兵团，1776。这个团穿着绿色贴边的深蓝色制服。配发的短鞋罩比法军使用的长鞋罩更易穿戴。

◀ 列兵，第2弗吉尼亚团，1775-1778。 该部士兵戴圆边帽，有时会折起一边帽檐。制服是弗吉尼亚军队的普通样式，有蓝色襟贴和袖口，以及白色折边。扣眼花边在美国军队中很罕见。虽然大陆军炮兵制服上也有扣眼花边，但绝大部分步兵部队是没有的。

▼ 列兵，罗得岛团，1781。 1781年早期，原第1、2罗得岛团重组为统一的罗得岛团。该团黑人士兵比例较高，被认为是大陆军中最有战斗力的步兵团之一。

部队。斯莫尔伍德的名字在1777年也再次出现在马里兰团中。

1776年新英格兰地区征召了大批部队，包括26个马萨诸塞步兵团，新罕布什尔、康涅狄格、罗得岛诸州各3团。在整个战争期间，康涅狄格组建了20个团，新罕布什尔和罗得岛各5个；而马

▼ 列兵，大陆军第4纽约团，1778-1779。 这套潇洒的制服为该团所特制，全团还戴轻骑兵帽。有趣的是，未染色的纯白衣物反而容易保持干净，因为不用担心水洗而褪色。如果服装上有污点，可以用白黏土覆盖在污渍上面，效果不错。

野战部队

美国在战场上实际投入的步兵团数目根据不同年份而有所差异。1775和1776年，经授权组建并上过战场的团因为士兵服役期满而不得不重组。这些团就好像从来不存在一样，使得一些军史研究者为追溯这些团的历史沿革而大费周章。比如1776年从哈斯利特团重组的特拉华团算是非常容易追查的，因为哈斯利特团的许多老兵跟着转移到了新部队中，而且特拉华州在战争期间也只招募了1个大陆军步兵团。马里兰大陆军规模相对较小，因此也相对容易调查，其历史可以追溯到1776年斯莫尔伍德的

萨诸塞一共征召了37个步兵团，但只有10个团的编制延续到1783年战争结束。康涅狄格团则保留了5个，新罕布什尔和罗得岛各1个。保留数目根据这些州做出的贡献和损失而定。每个州都须依据配额招募步兵团并维持其运行。配额数见前表。

1783年，马里兰州为大陆军提供了4个团，纽约州2个，新泽西州2个，宾夕法尼亚州5个。1780年，宾夕法尼亚团发生暴动，大陆军只好将其全部重组，并减少该州的配额。安东尼·韦恩带领新部队于1780年进入弗吉尼亚，支援拉法耶特。后来两支军队一直在格林将军的指挥下奋战在卡罗来纳地区。

南部各州步兵团于1780年在查尔斯顿被英军俘虏，使得这些州的贡献大打折扣。1783年战争结束时，弗吉尼亚和北卡罗来纳有2个团在战场上作战，南卡罗来纳和佐治亚则各只有1个团。

南方战区的格林部队

南方战区爆发了独立战争期间一系列的决定性战役。卡姆登惨败后，纳撒尼尔·格林于1780年秋接管南方军指挥权，南方战区的重要性变得更加突出。马里兰人在卡姆登之战的幸存者还能重组为1个团，而特拉华人只能勉强重组为1个小规模的营，仅辖2个连。

在格林的要求下，李上校的部队被编入南方军。格林麾下有一支优异的骑兵部队，包括威廉·华盛顿率领的大陆军第3轻龙骑兵团余部、和第1、第4轻龙骑兵团的部分官兵。依托于如此强有力的核心军官和出色的部队，格林从1781年早期到1783年发动了一系列战役，将英军彻底赶出了卡罗来纳地区

由于特殊的作战条件，南方美军同他们的北方战友们颇为不同。他们远离主要的补给基地，总指挥官好斗成性又自行其是，因此这支南方军在华盛顿的正规军看来显然实属异类。南方各部长官们拥有很大的自由来选择制服样式。不过经过多次恶战和长期消耗，他们也只好退而求其次，开始利用俘获的英军的装备。

◀ **列兵，第3马萨诸塞团，1776-1783。** 该团制服包括一件深蓝色上衣，贴边和衬里亦为深蓝色；官兵均穿着白色背心、马裤或绑腿裤。团属或外聘裁缝能方便地将这套制服改造得符合《1779年制服条例》的要求。该军服简约帅气，是大陆军制服在战争早期的典型样式。

▶ **列兵，大陆军第1康涅狄格团，1777。** 出于显而易见的原因，美军对红色制服很不待见，但第1康涅狄格团是美国军队中少有的穿红色制服的部队。制服贴边据称是白色或深蓝色。这些军服无疑是从敌人手里缴获而来的。1781年康涅狄格征召的大陆军各团重组，第1康涅狄格团和第5团合并。

格林的指挥官们

格林有一批优秀的下属协助他作战。奥索·霍兰德·威廉姆斯和约翰·伊格·霍华德曾是马里兰大陆军中的老兵。威廉姆斯在吉尔福德县府战斗时曾指挥马里兰旅，有着极强的洞察力。1781 年 1 月和 2 月间的考彭斯之战后，他调任南方军轻装部队指挥官。这支部队由来自马里兰和特拉华的步兵组成。在著名的"丹河行军赛"战役中，威廉姆斯的步兵、华盛顿的骑兵和亨利·李的部队组成了格林军的后卫军团。

当格林的主力部队向弗吉尼亚和北卡罗来纳边境拼命转移时，威廉姆斯的轻装部队则将康沃利斯滞留在河湾地区，使英军对格林的真实目标颇为迷惑。威廉姆斯并未向英军发起正面攻击，而是不断地用阻滞战术同英军周旋。威廉姆斯当时的命令就是追着打，打了跑，充分展现了一名优秀军官的品质：专业、勇敢和睿智。

格林的骑兵指挥官是威廉·华盛顿和亨利·李。他俩堪称所有骑兵的楷模，技巧高超，无惧无畏。李精于指挥小股部队行动（在"丹河行军赛"行动中，他是威廉姆斯的后卫），也擅长同北美游击队合作，对抗本地保王党人和破坏英军补给线。华盛顿是一名真正的战斗领袖，在面对已经严阵以待的步兵阵列时，他总能选择最精妙的时刻指挥骑兵发起成功的冲锋。这种能力在双方的骑兵将领中都是罕见的。

爱德华·卡林顿是炮兵军官，他的特殊技能是后勤物流管理。当格林的大军向丹河进军时，正是他完成了军事勘测工作，使美军得以顺利通过各种地形阻碍。最后，罗伯特·柯克伍德虽然只是一名上尉，却是格林最信任的下属。卡姆登之战惨败后，他算是特拉华大陆军中的资深军官了，负责将特拉华团余部整编为 2 个新的步兵连。根据大陆军的资历规定，他尚不能晋升，不过柯克伍德对南方军的影响远超他的级别。正是这些人在极度困难的条件下帮助格林维系住了这支部队，坚持同英军作战。

▼ 列兵，霍尔的特拉华团，1778。这个团的前身为 1776 年创建的哈斯利特拉华团。很多哈斯利特团的老兵在该团服役。此团在大陆军中的声望首屈一指，与英国或德意志军团相比也毫不逊色。

▲ 列兵，轻步兵连，霍尔的特拉华团，1778。约翰·帕滕上尉于 1778 年组建该连。当时部分轻步兵还戴着哈斯利特团的老轻步兵帽。有证据显示，轻步兵帽和三角帽该连都曾佩戴过。

格林的功绩

有趣的是，格林从未赢得过任何一场战斗的胜利。他指挥的吉尔福德县府、胡布柯克山和尤托泉的战斗都以英军胜利而告终。每一次格林都选择了撤退，因为他不会为了一次战术胜利而白白牺牲他所率领的大陆军。他使英军遭受重大损失，最终使他们的胜利变得毫无意义。1781年3月，格林在吉尔福德县府重创康沃利斯的英军，虽然未能获得全胜，但迫使后者撤退至约克郡。随

▼ 列兵，第5宾夕法尼亚团，1777-1783。1779年左右，该团士兵穿白色狩猎衫或有白色贴边的深蓝色上衣。他们的浅蓝色背带裤很引人注意。一些人仅穿戴一条斜肩带用以携带弹药袋或"腹盒"式弹药袋，在腰带处则按传统方式利用扣件悬挂刺刀。

后该镇被罗尚博和华盛顿的联军围困，康沃利斯只好投降。没有格林的贡献，独立战争就不会胜利。

南方军制服

以马里兰和特拉华大陆军为骨干的南方大陆军大概是美军中最强悍的部队，其核心官兵自1776年就已加入大陆军；不论是行军还是杀人，这些幸存者都是一把好手。由安东尼·韦恩将军率领的宾夕法尼亚大陆军后来也加入南方战场。根据韦恩在战场上的表现，部下们为他取了个"疯狂安东尼"的绰号。宾夕法尼亚大陆军各团组成了一个紧密的集体。从1778年蒙茅斯之战开始，他们就在北部同敌人鏖战不休。加入南方战场后，该部在约克郡攻城战中也给予格林军有力的支援。

霍尔的特拉华团：该团的前身是1776年成立的哈斯利特团，以哈斯利特团的老兵为骨干。他们穿着饰有红色贴边和衬里的深蓝色上衣。全团下发有白色背心，以及棕色绑腿裤。轻步兵连的穿着基本类似，但可能头戴哈斯利特团延续下来的老帽式。他们的背带裤采用未染色的布料制作，与该团其他步兵形成对比。此外很多士兵还配发有锡制子弹盒，或者常规弹药筒。普通连士兵头戴黄色镶边的三角帽。军官按华盛顿的建议，都配有短矛为武器。他们的三角帽有黑色镶边。

宾夕法尼亚团通常穿深蓝色或棕色上衣，上面装饰着红色贴边。

第1宾夕法尼亚团：该团穿绿色贴边的棕色上衣，紧身衣裤为浅黄色，浅色长筒袜外面套着黑色半长鞋罩，三角帽上有黑色镶边。

第5宾夕法尼亚团：该部穿着饰有白色贴边和衬里的深蓝色上衣，白色马甲；头戴轻步兵帽；下身穿棕色马裤，或白色绑腿裤。他们可能携带"腹盒"式弹药袋，这种装备比套在交叉肩带上

▲ 列兵，第1宾夕法尼亚团，1777-1781。这个团的第一套制服贴边为红色，主色调混合了棕色和深蓝色两种色彩。1779年后，制服的首选样式为深蓝色，配红色贴边。此时绑腿裤很受欢迎，颜色多样。缝制绑腿裤的最好材料是裤单布。①

① 译注：文字与插图不符。

的弹药袋更加方便，也易于取用。军官戴轻步兵帽，穿白色马裤，或者浅蓝色背带裤。也有些军官穿白色狩猎衫，搭配白色背带裤。

军旗

自军队诞生之日起，各种样式的军旗也随之一同出现。古代埃及人在战斗中就携带着象征物，罗马军团的雄鹰战旗更是举世闻名。这项古老的传统正如《圣经》所言：威武如展开旌旗的军队。到18世纪，为了帮助指挥官在硝烟弥漫，杀声震天的战场上有效地区分敌我，军旗往往十分醒目，它们是各部队的象征，同时也成为士兵们的荣誉之源。如果那支部队的军旗倒下了，意味着他们陷入了大麻烦。除非官兵们为了保卫军旗奋战到了最后一人，否则丢失军旗就是不可原谅的耻辱。誓死捍卫军旗是所有官兵的共同誓言，是一支军队不言而喻的本能。反之，缴获敌人的军旗则是莫大的荣誉。按惯例，判断是否取得了战斗胜利的标准就在于是否缴获了敌军的火炮和军旗。

现在人们对大陆军各种军旗上的细节知之甚少。因为很少有军旗完整无缺，当时对军旗的描述也大抵不甚精确。然而还是有些旗帜大名鼎鼎，如华盛顿的帅旗和费城市民军轻骑兵队的队旗。

步兵

毫无疑问，绝大多数大陆军步兵团都有某种形式的团旗。很多民兵部队也有旗帜，如贝德福德（Bedford）"一分钟人"就将几个世纪前英格兰民兵受训团的旗帜修改后变为自己的军旗。第2新罕布什尔步兵团的团旗有两面，图案一样，只是颜色不同。韦伯团、大陆军第1团和第3纽约团的团旗也很知名。

大陆军有两套军旗体系。第一套由查尔斯·李将军设计，即每团必须有一面团旗，团下每2连有一面共同的战旗（当时2个步兵连组成1个战术分队），被称为"大分队"军旗，这导致任何有关大陆军军旗历史的研究都困难重重。韦伯团肯定就是用的这种模式。每个团分为2到4个分队，军旗主色调分别为绿色、红色、蓝色和黄色。冯·施托伊本则推荐第二套模式，即重新回到每团两旗的英式传统。这两套模式可能在大陆军中并存。

在整个战争期间飘扬的大陆军军

▲ 大陆军第3轻龙骑兵团旗

▲ 罗得岛炮兵作训队，1775

▲ 大陆军第1团，1776

▲ 大陆军韦伯增编团，1777

▲ 华盛顿司令部旗，1781

▲ 大陆军第2宾夕法尼亚步兵团

旗有很多设计样式。"自由"是旗帜上广泛出现的一句口号，还有诸如"团结或死亡"、"诉之天堂"等箴言。很多旗帜上有13条垂直或水平的红白相间条纹。蛇、州盾形纹章，自由树也是常见图案。

在1780和1781年间，拉法耶特指挥的大陆军轻步兵军团有5面军旗，分别对

▼ *旗手，大陆军罗得岛步兵团，1780-1781*。该团由罗得岛原第1、第2团合并而来。军帽上的锚型图案是罗得岛团的标志。

▲ 大陆军新罕布什尔步兵团，1777

▲ 大陆军第2轻龙骑兵团

▲ 费城市民军轻骑兵队

应旗下的5个营。这些军旗的颜色大约为白色，旗面上绘制有月桂冠和"再无其他"和"最后的清算"的箴言。

骑兵

大陆军第2轻龙骑兵团有两面不同颜色的军旗。普瓦斯基（Pulaski）率领的骑兵部队的军旗为绯红色丝质，18英寸（45厘米）见方，装饰有银色穗条，通过衬套安装在旗杆上。旗子的正面绘有13颗八角星，它们围合成一只"全知之眼"（美元纸币上也有这只眼睛）。"别无主宰"的格言环绕着这些星星。

军旗反面有"US"两个字母，代表"Unitas virtus forcior"，意为"团结就是力量"。旗角处还有正在燃烧的黄白色手榴弹。被称为"尤托"的军旗由华盛顿第3轻龙骑兵团携带，据说是由一块红色织花桌布拼剪而来的。

炮兵

炮兵军旗上的细节甚至更加晦涩难懂。罗得岛炮兵作训队的军旗使用了本杰明·富兰克林设计的图案——1条响尾蛇，代表北美13个殖民地，旗上的箴言是"别惹我"。

轻步兵

轻步兵的任务是侦察、突袭以及瓦解敌人的攻击。在北美复杂的地形条件下,他们的重要性无可估量。美英双方都配置了一定数量的轻步兵,不过大陆军的是最好的。

轻步兵连

虽然大陆军步兵团仿照英国来设置连级编制,但美军步兵团中几乎没有掷弹兵连,绝大部分都在战争初期就被遣散了。不过大陆军在每个团中保留有 1 个轻步兵连,并将轻步兵战术发扬光大。

第 4 马萨诸塞团:该团轻步兵连戴着与众不同的轻步兵帽,简洁大方,这将他们同那些穿着1779年条例所规定的制服样式的部队区别开来。制式上衣为深蓝色,贴边和衬里为白色,背带裤也是白色。黛博拉·桑普森(Deborah Sampson)是全美第一个女扮男装的"花木兰"。她作为这个连的成员参加了独立战争。

柯克伍德的特拉华连:该连是卡姆登之战后特拉华团仅剩的两个连之一。在南方战区服役时,这个连的制服为浅褐色或浅灰色(可能由未经染色的布料制成)。士兵们穿褥单布缝制的背带裤,这种布料也是床褥的材料。背带裤为白色或浅灰色,上面有蓝色竖条纹。虽然可能不够正规,但褥单布反而是统一制作长裤或背带裤的绝好材料。这种布料耐磨经用,十分适合北美崎岖的地形环境。特拉华团的这两个连(另一个连隶属第 1 马里兰团,连长是杰奎斯上尉)还戴着有黄色镶边的制式三角帽。军帽上的联盟式帽结为黑白两色,白色覆盖在黑色之上,黑色比例较大。

◀ *列兵,柯克伍德的特拉华营,1781。* 罗伯特·柯克伍德上尉是1780年卡姆登惨败后特拉华团少数仅存的资深军官。他将幸存者编为 2 个连,自己指挥 1 个,另一个交由杰奎斯上尉指挥。他们的制服由北卡罗来纳州提供,看起来实用美观.

▶ *列兵,第 4 马萨诸塞团轻步兵连,1781。* 这个连在招募士兵时对候选人的体格、耐力和技能等方面都有较高要求。1782年该连还荣幸地拥有一名女战士——黛博拉·桑普森。她在一次战斗中受伤后被交给一名外科医生治疗,这时才有人发觉她是名女性。

◀ 列兵，轻步兵连，第2加拿大团，1776。 该团成员来自加拿大和几个北方殖民地。他们在战争中的表现十分出色。这个团是少数还保留有多营编制的大陆军步兵团。

其他连类似。唯一的不同是他们戴轻步兵帽。制服的上衣原本有白色贴边，后来在战争中改为红色。轻步兵帽上有"COR"字样的花体字，代表"国会专属团"；"为了上帝和国家"的箴言呈条幅状，位于花体字上方。

大陆军轻步兵军团

在适宜战斗的季节，大陆军通常会将各团的轻步兵连剥离出来，另组建数个临时的轻步兵营。大陆军轻步兵军团由此产生，成为真正的精英部队，大陆军中的"步兵之花"。事实上，轻步兵们可不仅仅承担他们的本职任务，还往往肩负了掷弹兵的职责。大陆军轻步兵是步兵团的利刃，成员个个有勇有谋。

组成轻步兵军团后，这些士兵仍旧穿着他们已有的制服。起初轻步兵们没有代表身份的特征物，但拉法耶特担任指挥官后重新引入了佩剑，全体官兵的军帽上还插上了黑色和红色的羽毛。甚至支援轻步兵的炮兵部队也得到了这种新羽饰。

轻步兵军团因两次行动而声名大噪。第一次发生在西点以南，哈德逊河河畔的斯托尼角，该部利用夜色向英军堡垒发起了刺刀突袭。另一次行动在1781年10月的约克郡，由亚历山大·汉密尔顿（Alexander Hamilton）指挥的轻步兵向十号多面堡发动了夜袭。由于工兵迟迟未能清除前进障碍，他们迫不及待地再一次枪不上膛，直接端起刺刀就冲锋。轻步兵们在奔跑中跨过壕沟，翻越高墙，就连用削尖木桩构建的栅栏也无法阻拦他们，径直冲进了多面堡。当天九号多面堡也同时被法军攻克。

第5宾夕法尼亚团：这个团的轻步兵连上身穿白色贴边的深蓝色上衣，或者白色狩猎衫；背带裤和轻步兵帽也都是白色。全体官兵都是这身行头，既独特又实用。武器是一支滑膛枪和一把刺刀，另配有其他常规步兵装备。

第2加拿大团：该团所属轻步兵连穿着白色衬里的棕色上衣，同这个团的

▶ 轻步兵连军官，第5宾夕法尼亚团，1781。 这个团刚参战时身穿配白色贴边的深蓝色制服。初期马裤是鹿皮质地的，长筒袜是浅蓝色。18世纪70年代后期，轻步兵连配发了背带裤和短上衣。轻步兵帽是很常见的式样，在北美各州步兵团中广泛使用。短矛是军衔的象征，同时也能作为武器使用。

1779 年制服条例

大陆军花费了数年时间才颁布出明确详尽的制服和装备条例。这些条款规定军队应该如何穿戴，但正如我们将看到的，它们总是在不断变化。

专业化制服

军事制服研究，也就是所谓的"制服学"主要探寻三个方面的史实。第一，对军事集团中已有制服条例的研究；第二，军官和士官希望部队在检阅时穿戴的式样；第三，军队的实际穿着式样。如果研究1779年10月制定的大陆军制服条例，第三个方面就尤其需要关注。

大陆军转变成一支专业化武装力量的标志之一就是该制服条例在全军实施。华盛顿和他的幕僚们希望大陆军穿上漂亮整齐的制服后，能够展现出强大的战斗力和专业素养。长期以来的实战证明，假如士兵们穿着正规军服，他们会认为自己就是正规军，就会迸发出荣誉感，每个人会油然而生团队精神，整支军队也自然而然凝聚成一个整体。

1779制服条例的规则简单实用，确保全军穿上优雅美观的制服，向欧洲最佳的军事传统看齐。布料和服装都将进口自法国，这意味着美国要花一大笔钱才能将全体大陆军配置妥当。不过愿景和事实总是相去甚远。虽然华盛顿和高级指挥官们尽最大努力收罗制作标准制服的原材料，虽然团长们竭尽全力令他们的部队保持制服统一，但1779年制服条例恐怕从来没有被严格执行过。

根据统计，为全体大陆军换装需要88,480套步兵制服、3,088套骑兵制服、

▲ 士官，马萨诸塞团，1779。 在新条例的要求下，大陆军士官的穿着和武器装备仍旧同普通士兵类似，但在双肩上佩戴了小型肩章以显示其军衔。这套优雅简洁的制服正是华盛顿在新制服条例中所期望的样子，可惜没有证据表明它被推广到了全军。一支部队是否有规范的制服取决于其所属州能否提供足够的资金和物资，那些贫穷的州不可能年复一年地为部队的制服花销埋单。军队看上去应该是什么样子同他们实际上是什么样子完全是两码事。

▲ 军官，马萨诸塞团，1779。 这套帅气的制服设计简洁，贴边色朴素，是新英格兰地区大陆军制服的规范样式。只是在整个独立战争期间，指挥官们，尤其是团长们永远都需要为给部队提供统一的制服而殚精竭虑。如图这套制服已经同条例的规定很接近了，也曾作为样板在各团中出现过，但大概很少在现实中列装。

6,480套炮兵制服，以及6,000套辎重队制服。法国曾提供了10,000套制服，连同15,000套武器，不过这些法国军服并不符合新条例的要求。一些团比较幸运，能够达到条例标准；另一些做不到，只能依靠团长尽其所能了。

一般情况下，军官和乐手（鼓手、横笛手）会尽可能配发符合条例规范的制服。大多数团的士兵则只能用临时凑

合的制服；如果旧军服还能用的话，就会继续穿下去，如特拉华州的两个团仍旧穿着狩猎衫。那时军装的首要任务不是为了让部队看上去整齐划一，而是为官兵们提供保暖和实用性功能。

大军在北美作战，保持制服统一是件艰巨的任务。每当战役开始时，部队可能得到良好的制服或者其他衣装。但当战役结束后，一旦补给不及时或分发缺乏效率，官兵们就会变得衣衫褴褛。条例看上去很丰满，现实却很骨感。有些部队在1779年后还穿着缴获的英军制服，为了同敌军区分开来，这些军服被重新染为紫色系的颜色，但看上去还是怪怪的。褥单布仍旧用来制作紧身衣裤，这种布料耐用，颜色丰富，适合于行军作战，只是很难规范化。虽然狩猎

步兵团配额表	
纽约：7	弗吉尼亚：15
新泽西：4	北卡罗来纳：10
宾夕法尼亚：13	南卡罗来纳：6
马里兰：7	佐治亚：4
特拉华：1	

衫依然是一件颇受欢迎的功能性装备，但不管怎样，大陆军还是或多或少都穿戴了适当的统一制服。

◀ **列兵，马萨诸塞团，1779。** 军队就算在战役开始之初装备齐整，漂亮的制服合乎规范，当他们回到冬季营地时，衣裤也往往变成了破布烂衫。北美战场地形复杂，官兵在恶劣条件下行军作战，对制服的损耗极大。当然他们的敌人也面临同样的困难。大陆军在实际检阅和战场上的模样与人们想象中的样子显然是大相径庭。

▶ **鼓手，马萨诸塞团，1779。** 这套制服是典型的"颠倒颜色"的案例，特地为团属乐手配发。乐手在行军和战斗中都站在最前沿，按法军的说法就是"列首"，相当醒目；所以有时也能利用他们的外貌来分辨各团。这些乐手都很年轻，不过与现代青年没有任何相似之处。相比之下，现代青年被认为是非常不成熟的。乐手在长官眼里就是男人和战士，没有人把他们看作孩子。

▼ *军官，马里兰团，1779。* 马里兰大陆军的制服从1777年以来就是如此样式，并一直戴三角帽。有迹象显示该团还有部分官兵穿红色贴边的棕色上衣。这套制服本应在1779年更换，不过实际上未必得到执行。1780年该部开赴南部战区时就是穿这身装束。

新英格兰诸团

条例规定的制服样式是深蓝色上衣，搭配白色贴边和衬里。乐手照例穿"颠倒颜色"的制服（深蓝色贴边的白上衣），头戴轻步兵帽。列兵，也可能包括尉官，穿白色绑腿裤，其质地分为夏冬两款。皮质肩带是白色或浅黄色。军帽采用了三角帽，上面还有黑白相间的联盟式帽结。士兵的军帽有白色镶边，军官的则为黑色。轻步兵连根据条例，应该穿着相同样式的制服，但须配有轻步兵特征的服饰，如轻步兵普遍穿戴的轻步兵帽和肩上的翼章。第4马萨诸塞团轻步兵连就是如此装扮。该连还悄无声息地"混入"一名女性士兵。黛博拉·桑普森是第一位女扮男装加入军队的人。直到她受伤后，桑普森的战友才发觉她的真正性别。

1779年后，新英格兰各团实际装备的制服背离了条例规定。

第1康涅狄格团：直到制服条例颁布的1779年，这个团可能还保留着缴获的英军制服。

第6康涅狄格团：除了轻步兵连，全体官兵都戴皮革帽。

第7康涅狄格团：这个团的制服符合条例要求。

第8康涅狄格团：1779年上半年，第8团穿着白色贴边的红色上衣，棕色背心和皮质马裤。

第1新罕布什尔团：1779年初，该团穿狩猎衫和裤子。

第2新罕布什尔团：至少这个团的军官制服和乐手的"颠倒颜色"制服符合条例规定。

第3新罕布什尔团：该团大概穿红色贴边的棕色上衣，很有可能是法国制造。

第2罗得岛团：1779年末，该团根据要求改换制服为白色贴边的蓝色上衣，但衬里为黄色，上衣折边也因此成为黄色，同条例要求的白色不符。1781至1783年，第2团由原罗得岛团第1、2团整编而来，大部分士兵为黑人。整个团制服颇佳。根据一位法国军官的速写画作显示，制服主色调变为全白色，配有

▼ *鼓手，第1马里兰团，1781。* 该团因在吉尔福德县府战斗中的突出表现而声名大噪。此图描绘了一名穿"颠倒颜色"制服的鼓手。合格的指挥官至少要确保他的鼓手们着装合适，这样才能使他们在战场上易于识别。不过这套引人注目的制服在战场上很可能会带来麻烦，因为它看上去太像英军制服了。

红色袖口、棕色交叉肩带和白色紧身衣裤。他们头戴轻步兵帽，与早期罗得岛炮兵作训队的军帽很相似，区别在于

▲ 1778年冯·施托伊本在福吉谷冬季营地为大陆军训练新兵。只有那些不惧天寒地冻，忍受给养匮乏，服从严酷纪律的士兵才能组成一支坚强无比的军队，随时准备战斗。

帽子前翻边上的帽徽是一个相当简化的绞缠锚。

第2马萨诸塞团：该团完全按照条例规范穿戴军服。

第4马萨诸塞团：该团装束同条例要求基本一致，只是绑腿裤由白色改为棕色。

◀ 列兵，第2宾夕法尼亚团，1779。 这是一套1779年后的规范化制服：整洁、功能性强，完全按军事作战理念而设计。不过实际中，其上衣被改短；士兵穿戴上了轻步兵帽和狩猎衫；下身则变成了裤单布制成的条纹背带裤或绑腿裤。

▶ 横笛手，新泽西团，1779。 该乐手穿"颠倒颜色"的制服，符合条例要求。横笛手为小男孩，力气弱到甚至扛不动一面军鼓。他们一般都有一个亲属在同一个团服役，要么是父亲，要么是长兄。他们一样也要在战场上面临危险，所以也配备了图中的武器。横笛收纳在一个皮质管状盒中，通过肩带挂在腰间。

大西洋沿岸中部地区

依照条例，纽约州和新泽西州大陆军制服为深蓝色上衣，配有浅黄色（亮浅褐色）贴边和衬里。宾夕法尼亚、马里兰和特拉华士兵则穿着红色贴边，白色衬里的深蓝色上衣。乐手还是穿"颠倒颜色"的制服（深蓝色贴边的浅黄上衣和红色上衣），戴轻步兵式样的军

帽。列兵和尉级军官穿白色绑腿裤，夏冬两季采用不同布料缝制。皮质肩带是白色或浅黄色。军帽采用了三角帽，上面还有黑白相间的联盟式帽结。士兵的军帽为白色镶边（特拉华大陆军的镶边为黄色），军官的则为黑色。

轻步兵连根据条例，应该穿着相同样式的制服，但配有轻步兵特征的物品，如轻步兵普遍穿戴的轻步兵帽和肩上的翼章。

特拉华团：该团一般会按照条例要求身穿配有红色贴边的蓝色制服。由于紧急前往南部战区，特拉华团的服役期因而延长，他们的制服无疑也就难以维持条例的要求。不过他们还是一直保留着黄色镶边的三角帽。

马里兰大陆军从参战伊始就穿着红色贴边的蓝上衣或棕色上衣。他们并没有为了适应新条例而对军服做太大修改。在南部战区，马里兰大陆军也面临同特拉华人一样的服装补给难题。很多人只好穿上各种颜色的狩猎衫，但军官们还是穿条例规定

的红色或猩红色贴边的深蓝上衣。

新泽西大陆军则没有穿狩猎衫，他们是否按照新条例的要求配发制服也无法确认。他们的制服显然还不错，但却无从得知1779至1781年间的具体装束。好在其他部队的资料更清晰一些。

第2纽约团：该团穿蓝色制服，不过贴边并非条例要求的浅黄色，而是改为白色。其他团的制服同条例相去甚远，他们只能有什么就穿什么，或者继续留用老军服。那些能穿上马裤和背带裤

◀ 士官，弗吉尼亚团，1779。大陆军士官通过双肩上的彩色小肩章标识身份。他们的装备和武器与士兵一样，也跟普通士兵一起站在线列阵型中并肩战斗。他们从来不携带长戟，而这种武器是欧洲军队，尤其是德意志军队中士官的标配，也是战前北美地方部队的常用装备。

▶ 军官，弗吉尼亚团，1779。战争伊始，大陆军制服上衣的常用色是棕色和深蓝色。贴边色各异，但红色最为普遍。弗吉尼亚大陆军则独树一帜，他们的制服贴边也是深蓝色，显得军服相当暗淡，不过看上去倒也美观。战斗中军官不会佩戴饰领，因此这会成为狙击手的绝佳目标。

◀ 鼓手，大陆军炮兵，1779-1783。这名炮兵鼓手依照《1779年制服条例》的规定，穿着"颠倒颜色"的制服。鼓手还戴有一顶轻步兵帽，便于在战场上同戴普通三角帽的士兵区分开来，也有利于鼓舞士气。

式是符合条例的，但下身裤子的颜色各异，显然是因为他们缺乏染上正确色彩的布料。第6团的情况同上。

南部地区

条例规定该地区大陆军穿深蓝色上衣，贴边和衬里为蓝色，比上衣色彩稍浅。南方各州大陆军的制服上还有扣眼花边，这是北方大陆军所没有的。乐手还是穿"颠倒颜色"的制服（深蓝色贴边的中蓝色上衣），戴轻步兵式样的军帽。列兵和尉官穿采用不同布料制作的白色绑腿裤，分别适用于夏冬两季。皮质肩带是白色或浅黄色。军帽为三角帽，上面还有黑白相间的联盟式帽结。士兵的军帽有白色镶边，军官的则为黑色。轻步兵连根据条例，应该穿着相同样式的制服，但配有轻步兵特征的物品，如轻步兵普遍穿戴的轻步兵帽和肩上的翼章。有关佐治亚大陆军4个团的制服信息相当匮乏，狩猎衫和绑腿裤是普遍穿戴的衣裤，也有证据显示1779年第4佐治亚团的制服为有白色嵌边的蓝色上衣。

北卡罗来纳团的制服是狩猎衫和背带裤。正如前文所述，北卡罗来纳是贫

困州，没有多余的钱为部队配置备用制服。在英军围攻下，弗吉尼亚地区的大陆军连同佐治亚和卡罗来纳大陆军一起投降。弗吉尼亚大陆军本来计划按照条例要求换装，但当时他们并没有穿着新制服。弗吉尼亚大陆军的早期制服是颜色各异的狩猎衫。不过也有相反的证据显示他们穿着有红色贴边的蓝上衣。

的官兵算是运气不错了。

第1宾夕法尼亚团：到1780年，该团按照条例身穿制服。

第2宾夕法尼亚团：该团制服样式同样符合条例要求。军帽则按照兵种不同配发三角帽和轻步兵帽。有史料显示该团在1779年中期还配发有掷弹兵帽。可惜并无详细记录表明该团是否有1个掷弹兵连的正式编制和他们的模样。

第5宾夕法尼亚团：第5团的上衣样

▶ 士官，大陆军炮兵，1779-1783。 这是一套根据1779年条例为炮兵团设计的制服。该制服同大陆军炮兵早期穿着并无重大改变，但不同的炮兵团制服在细节和色彩上有所区别。这名军士的装备和武器与普通士兵一样，他的军衔则通过肩章显示。

混编军团和游击军

将多支不同军种的部队混编成一支是当时比较流行的做法,其中最常见的模式就是步骑混成。一些混编部队还加入了炮兵助阵。混编军团通常由有钱人自愿出资征召组建,并自任该部指挥官。这种军制来源于欧洲,非常适合北美的战争形式。它是实用性和必要性的融合;统一指挥多兵种协同作战是一项重要的战术改进,最起码也有利于取得战斗胜利。由于征召和维持单独的骑兵部队是相当昂贵而困难的,所以对大陆军而言,如此妥协也不失为一种实用的方法,当混成部队得到了足够的马匹后,就可以重新组成骑兵部队了。

混编军团

混编军团通常由他们自己的指挥官负责给养装备,于是官兵的装束不可避免地反映出指挥官的个人偏好。

1781年的混编军团由4个轻龙骑兵团改编而来,编制包括指挥部和辅助人员,4个骑兵连及2个步兵连。指挥部有上校、中校、少校各1名,军医1名、军医助理1名,马具工1名、号手长1名、骑师长1名、出纳官1名、副官1名、军需官1名。副官、军需官、骑师长、出纳官由军官担任。骑兵和步兵的编制类似,唯一的区别是骑兵部队有1名蹄铁匠。每个连都有4名军官、8名士官、1名号手和60名士兵。

李的混编军团:该部为步骑混成

◀ **步兵,普瓦斯基混编军团,1779。** 美国骑兵首任指挥官是来自波兰的贵族卡西米尔·普瓦斯基。他精通军事,于1777年投身美国革命。他率领军团开赴南部战区,并在1779年参加了萨凡纳围城战。普瓦斯基是一名优秀的骑兵和战地指挥官,也兼有无畏无惧、对革命忠诚的品质。可惜他在对敌作战中不幸牺牲,一位勇敢的波兰之子陨落在异国他乡。

▶ **军官,阿曼德军团,1780。** 法国贵族阿曼德创建了一支小规模部队加入大陆军。这支部队的战斗力不高,纪律松弛,一旦战事不利就可能随时逃跑。该部官兵基本都是外国人或非本土出生的美国人。如果施加强有力的训练管理,也许能够成为一流部队——不过阿曼德的指挥相当松懈。

编制，不论是作为正规军还是游击队都游刃有余。军团的骑兵十分年轻，充满活力，装备也属一流。该部曾经

▼ **军官，李的混编军团，1780-1781。** 该部步兵原本穿着紫色上衣和背带裤，后改为绿色。步兵采用和骑兵相同式样的军帽，其他装备同正规军一样。

同弗朗西斯·马里恩领导的游击队并肩作战，在南卡罗来纳一同取得了数次小规模胜利。骑兵制服为绿色桶型夹克，搭配鹿皮裤。皮具为黑色。

普瓦斯基混编军团：该部组建之初仅有骑兵，后来加入了掷弹兵和猎兵。骑兵携带长矛，所有步兵按轻步兵模式装备。军团穿着有红色贴边的深蓝色制服，紧身衣裤是白色，骑兵穿鹿皮裤。步兵和骑兵都戴轻龙骑兵样式的皮盔。

普瓦斯基原本为大陆军骑兵指挥官，但他并不适合这个职务，于是获准组建了他自己的混编军团。1779年普瓦斯基在萨凡纳战斗中殉职，他的部队并入阿曼德军团。

阿曼德混编军团：该部并不为人所看好，因为纪律松弛，一旦战况不利就倾向于后撤。依据官方分类，该混编军团应属于自由猎兵，无疑他们过分按照字面意义来行事了。他们可能身穿蓝色上衣，配有浅黄色贴边的制服。骑兵戴铜质龙骑兵头盔，步兵戴皮质轻步兵帽。该部于1778年成立，1783年末解散。

游击军

北美游击军在1781年的组织架构同混编军团相似，指挥部和辅助人员的编制也是一样，唯一不同是游击军下辖骑兵和步兵各3连。其中军官和士官数目与混编军团相同，但士兵数为50人。游击军须执行双重任务：其一，在必要时刻它须独立行动，独自展开游击战斗，或者同在卡罗来纳地区活动的其他独立游击部队合作；其二，由于游击军也隶属大陆军正规部队，因此必要时它也要排成线形阵列战斗。

▲ **步兵，李的混编军团，1780-1781。** 该部头戴龙骑兵帽，显然是仿照塔尔顿式头盔。事实上整套军服同塔尔顿的"英国军团"制服十分相近。

南部战区有两支部队被重新指定为游击军，分别是李和阿曼德的混编军团。由于阿曼德军团原先的定位是自由猎兵，所以他们可能穿着蓝色上衣，贴边是白、浅黄或红色。

大陆军骑兵

美国骑兵建设时断时续，以欧洲的眼光评判，美骑兵部队的规模从来不曾强大，作为军事组织的战斗效能也很一般。大陆军有4个轻龙骑兵团，番号从1到4，不过人们习惯以团指挥官的名字称呼它们。

轻龙骑兵团

大陆军轻龙骑兵团在创建之初步履维艰。马匹总是匮乏，且饲养困难；马鞍、马具、合适的武器也很难获得。轻龙骑兵执行侦察、护卫等相关任务，很少如欧洲骑兵那样发动正面冲锋和攻击性行动。但是在南方军中，威廉·华盛顿率领的大陆军第3轻龙骑兵团则以传统方式作战。华盛顿本人看上去像一个气鼓鼓的大块头小男孩，内心则隐藏着一个战地指挥官的勃勃雄心。他和轻骑兵们风驰电掣般飞奔在考彭斯和吉尔福德县府的战场上，是英国步兵的梦魇。

▶ *号兵，大陆军第3轻龙骑兵团，1781。* 美国骑兵号手仿照欧洲式样穿着"颠倒颜色"的制服，骑白色或灰色战马。这样号兵在战场上易于识别；特别是当部队冲锋完毕或者战线被敌人突破后，醒目的号兵有利于重新集结。当敌我双方展开肉搏战时，号兵还需承担保护指挥官安全的职责。

编制

4个大陆军轻龙骑兵团成立于1777年。团指挥部的编制为上校（团长）1名、中校1名、少校1名；其他辅助人员包括牧师1名、军需官1名、军医1名、军医助理1名、出纳员1名、骑师长1名、马具工1名、号手长1名、副官1名，外加4名编外后备士官生。骑兵团中有6支分队，各配有3名军官、6名士官、1名号手、1名蹄铁匠、1名军械士和32名士兵。

1778年5月27日，所有轻龙骑兵团进行了重组，新的团指挥部结构为上校、中校、少校各1名；其他辅助人员有军医1名、军医助理1名、副官1名、军需官1名、出纳员1名、骑师长1名、马具工1名、号手长1名。副官、出纳、骑师长由尉级军官兼任。骑兵团依然保持了6支分队，每支分队编制为3名军官、8名士官、1名号手、1名蹄铁匠和

54名士兵。后来轻龙骑兵团与其他步兵部队一起整编成混编军团。一些战士失去了马匹，变成了步兵，但他们保留了龙骑兵的制服和部分骑兵装备。他们仍旧穿短上衣，佩戴长剑和头盔，但开始配发背带裤或绑腿裤。裤子的颜色可能为棕色，制作材料因地制宜，包括实用的褥单布。士兵们还配发了步兵背囊，除了原先骑马时装备的"腹盒"式弹药袋外，他们还另外携带锡制弹药盒。普通部队中的鼓手被号兵取代。那些离开了战马，被迫走路的士兵们想必会牢骚满腹。

战斗中的轻龙骑兵

4个轻龙骑兵团的规模不大，也未能成为大陆军的强

▲ 军官，大陆军第3轻龙骑兵团，1781。该团和第2团拥有大陆军中的顶级全套装备。1781年，第3团在考彭斯和吉尔福德县府战斗中发挥出色，充分展现出一支指挥得当的骑兵对敌人将产生多么大的威胁。图中这套制服符合条例的规定，也经实际使用。

▶ 徒步士兵，大陆军第2轻龙骑兵团，1780。马匹、马具和鞍具的匮乏一直困扰着大陆军骑兵部队。解决之道是将一些骑兵变成徒步的战士，把骑兵变成步骑混成军团。事实证明这种新编制在遍布北美的支离破碎的地形中很有效。

大骑兵力量。因为北美大陆覆盖着莽莽林海，大部分美国军官之前从未将骑兵集中起来行动，这对他们而言是项新概念。

起初这4个团仅仅承担联络通讯、护卫、侦察等任务，但还是有些军官知晓如何使用骑兵。威廉·华盛顿和亨利·李就是其中的佼佼者，后者还得到了"轻骑兵哈利"的美名。当时这两位只是低阶连级军官，在与更有经验的对手交战时，他们的战绩并不出色。

李后来以他的骑兵连为基础，组建了一支混编军团，于1781年初加入格林的南方军，很快就成为一支劲旅。威廉·华盛顿最后升任第3轻龙骑兵团指挥官。该团同第1、第4轻龙骑兵团的部分官兵一起，在考彭斯和尤托泉向英国步兵发起了致命的骑兵冲锋，取得了决定性战果。

条例和制服

骑兵并不像步兵那样深受制服条例的束缚，而是自行决定制服式样。

大陆军第1轻龙骑兵团：该团由西奥多里克·布兰德上校（Theodorick Bland）创建，并担任指挥官，是4个轻龙骑兵团中唯一一支按条例配发全套制服的部队。

该团上衣为棕色，饰有绿色贴边；号兵的上衣和贴边颜色正好相反。马裤是浅黄色，背心为白色。号兵的上衣肘部缝有棕色心形标志，其余官兵则是绿色。号兵携带号手旗，颜色与团制服贴边色一致。全团头戴黑色的轻骑兵皮盔，但也有部分人戴圆边帽。

一些骑兵可能穿着配蓝色贴边的红色上衣。值得注意的是，所有轻龙骑兵团还配发了狩猎衫作为主要服装，有时也会将它直接套在上衣外面。只要条件允许，4个骑兵团就会尽量配发马靴和其他常规骑兵装备。

◄ **号兵，大陆军第4轻龙骑兵团，1780。**
此图又一次展现出骑兵号手穿着"颠倒颜色"的制服，这种样式有利于在混乱的战场上快速识别号兵。军号声能穿透战场上震耳欲聋的噪音。号兵不仅仅是乐手，更是一名训练有素的战士。军队若要保持处于指挥官掌控之中或重新集结，号兵的作用至关重要。

大陆军第2轻龙骑兵团：该团团长是以利沙·谢尔登上校（Elisha Sheldon）。早期制服可能是有白色贴边的绿色短上衣。1778年第2团引进了围着一条淡蓝色帽巾的铜质龙骑兵式头盔。常规制服采用浅黄色贴边的蓝色短上衣，浅黄色背心和马裤。

大陆军第3轻龙骑兵团：该团又称"贝勒"团，初期制服样式是有红色贴边的蓝色上衣，后来普遍采用白色骑兵短夹克，有淡蓝色贴边和白色衬里。皮肩带为黑色，正好同制服色形成对比。皮制龙骑兵式头盔也为黑色。威廉·华盛顿最后成为团长，率领该团在南部战区屡建战功。

大陆军第4轻龙骑兵团：第4团指挥官是斯蒂芬·莫伊伦（Stephen Moylan）。该团配发的蓝色贴边的猩红色制服无疑令交战双方分不清敌我。上级命令莫伊伦将制服染成其他颜色，他却给官兵配发色调深浅不一的狩猎衫，罩在使人迷惑的外套上了事。后来新制服样式终于确定下来，采用红色贴边的绿色上衣，搭配红色背心、鹿皮马裤和顶部装饰有熊皮的皮盔。骑兵装备包括长剑或马刀，两条皮制交叉肩带为白色、浅黄色或者黑色。其中一条肩带利用小转环接头挂上剑，另一条则插着卡宾枪。此外在马鞍上还挂了两支插在皮套中的手枪。号手除了穿着"颠倒颜色"的制服外，为更加易于辨认，坐骑的毛色配置为白或灰色。

▲ 士兵，大陆军第4轻龙骑兵团，1780。该团早期直接使用缴获的英国步兵军服，后来改为有红色贴边的绿色制服。第4团服役记录良好，但同其他骑兵团一样，也面临很多初创阶段的困难。自1780年始，该团和第1团都派出了一支分队加入格林将军的部队，参加了南方战役。

▲ 军官，大陆军第1轻龙骑兵团，1780。该部采用了两套制服。一套为深蓝色，有红色贴边；一套为棕色，有绿色贴边。此图描绘的样式为后者。艰苦的战争和马匹匮乏使本来就规模不大的轻龙骑兵团减员更加迅速；大陆军中如威廉·华盛顿和亨利·李这样知道如何使用骑兵的人也凤毛麟角。1780年，该部一支分队在威廉·华盛顿的率领下投入南方战区作战。

大陆军炮兵

美军炮兵部队可谓是白手起家，必然存在各种问题。不过其发展速度却相当惊人，到1778年，美国炮兵已成为颇具战斗力的正规部队。大陆军炮兵并未像步兵那样深受制服条例的约束。在独立战争期间，炮兵一直身穿同样的基本制服套装。

火炮种类

自14世纪开始，炮兵的发展多次反复，这取决于将军们是否乐意使用火炮。火炮在陆地上的角色可分为三类：攻城火炮、要塞火炮和野战火炮。

攻城炮一般为大型重炮，攻击敌方的防御工事，同时也必须置于己方工事保护之下，防止敌人的火炮反击。

要塞火炮的任务是保护己方堡垒。这种大炮通常利用特别设计的炮架，安置在要塞城墙上。以上两种火炮十分笨重，难以移动，因此不适用于野战部队。

野战火炮则专为野战军设计，重量轻，机动性好。野战加农炮为长炮管，其口径按所发射炮弹的重量划分为3、4、6、8、12磅等规格。野战榴弹炮为短炮管，相较普通大炮的平直弹道，它能够以更大仰角发射炮弹。这些武器的有效射程约为1,000码，可对敌直接火力打击。炮弹种类有三种：一种是实心铁球弹；第二种是霰弹，就是一个装满大量铁珠的锡罐，其发射效果相当于一支巨大的霰弹

◀ **中士，大陆军第2炮兵团，1781。** 士官在火炮连中的职责是担任炮术长或指挥一个火炮小组。他们同其他炮兵一样，都穿步兵制服，装备并学习使用步兵武器；当身处绝境时，他们能用单兵武器自卫。对炮兵部队而言，被敌军俘获己方大炮将是奇耻大辱，就如同步兵团丢失了他们的团旗。

▲ **实习炮手，大陆军第2炮兵团，1781。** 实习炮手按字面意思理解，是炮手的助手，炮兵编制系统中的最初级职位。当年美国没有炮兵军校，培训任务由军官和士官承担，或者干脆让新兵们在战斗中学习。美国炮兵在战争中取得了高超的技能和良好的声誉，这是对炮手们奉献精神的最好诠释。

枪；第三种是葡萄弹，即将多个稍大的铸铁球绕着一根木头芯排列，再用网兜罩住。霰弹和葡萄弹效果类似，都是杀伤敌方人员，在500码之内尤其有效；实心弹则针对敌军土木工事、人员和火炮阵地产生破坏。

榴弹炮不能使用实心弹（虽然的确可以发射霰弹），而是使用爆炸弹。炸弹是一种中空铁球，内部填充黑火药，并装有引信。炸弹在飞行弹道末端触地滚动，随即发生爆炸，或者直接在空中爆炸。

大陆军炮兵编制

1781年大陆军有4个炮兵团，每个团编制有1个团指挥部，包括上校、中校、少校各1名；其他辅助人员有出纳1名、副官1名、军需官1名、军医1名、军医助理1名、军士长1名、军需士官1名、乐队指挥1名、横笛指挥1名。其中副官、军需官和出纳由炮兵连中的尉官兼任。全团下辖10个炮兵连，每连有6名军官、12名士官、1名鼓手和横笛手、51名士兵。

"连"是野战中基本的炮兵作战单位。大陆军中每个步兵旅会分配1个炮兵连，一般装备4-8门野战炮。炮兵团在大部分军队中只是一个行政机构，并非战术单位。但大陆军的诺克斯将军在野战中将炮兵集中成团级单位使用。通过这种方式部署炮兵，大陆军在面对敌手时取得了巨大的优势。

诺克斯将军是一名优秀的组织者和训练大师，他深知如何发挥火炮的特点，其能力在1778年的蒙茅斯和1781年的约克郡均得到了印证。此外诺克斯还坚持全体炮兵人员须针对所有火炮种类进行训练。各连在执行不同任务时轮换使用不同的火炮，这样所有炮兵连就都能熟练操作野战炮、攻城炮（含迫击炮）和要塞炮了。

◀ *上校，大陆军第2炮兵团，1781。* 基于1778年6月在蒙茅斯之战中的表现，大陆军炮兵被看作是一支精英部队。他们在该战役中充分展现出优异的军事技能，胜出英军一筹。炮兵校级军官通常骑马，插图所示为一名穿着正规制服的团长。

美国炮兵

现役炮兵一般分为两类。炮手经过系统训练，有战斗经验，是合格的军事技术人才。实习炮手则是炮手的学徒，尚处于技能学习阶段。他在炮组中通常承担体力劳动，如发射完毕后将火炮归于原炮位；或者当炮组需要机动时，负责拆卸和架设火炮。炮组中实习炮手人数普遍多于炮手。炮术长和瞄准手总是由老练的炮手担任。

美国炮兵的表现通常很好，尤其是在1776年中期之后。随着战争进程发展和菜鸟们的不断进步，他们终于成为战场上备受尊崇的武装力量。总司令华盛顿称赞他们在1778年6月的蒙茅斯之战中做出了巨大贡献。

功能性制服

根据1779年10月颁布的制服条例规定，炮兵团的制服须体现兵种特点，4个团之间也要有所区分。炮兵采用了深蓝色为制服主色调，上衣贴边和衬里为猩红色，纽扣为黄（金）色，扣眼及襟贴、袖口、折边周围还装饰有黄色花边。制式三角帽上有黄色镶边或黄

▼ **大陆军炮兵工具套装，1781-1783。** 炮兵的随身工具是确保野战炮正常使用的必要装备。它们被用来填装、发射火炮，移动炮架的架尾来瞄准目标，以及一轮发射结束后清洁火炮。如果炮兵连遭到敌军侵袭，它们也是非常有用的近战武器。例如填装器和推杆就能轻易敲破敌人的天灵盖。1/2.叉杆双视图。3.填装器、长杆和海绵。4/5.直推杆双视图。6.填装器和蜗杆。7/8.弯曲推杆双视图。9/10.长柄勺双视图。11.炮口塞。12.点火器，一种发射火炮的简易工具。13.水桶。14/15.人力挽具，一种由皮制交叉肩带、麻绳、金属圈和挂钩组合而成的工具。炮组使用这套挽具用人力而非马力移动火炮。

▼ **炮手，大陆军炮兵，1781-1783。** 炮手可以泛指所有炮兵部队官兵，而不论其军衔或资历。炮手的技能水平很高，能够承担火炮瞄准工作，一般情况下，他是炮组中的二号人物。火炮目标瞄准是一项复杂的技术，每门火炮的特性都不一样，因此炮手在瞄准及发射时必须对正在操控的火炮了若指掌。

1
2
3
4
5
6
7
8
9
10
11
12
13
14
15

◀ 军官，大陆军纽约州炮兵连，1776。这支精锐的连队有60人，连长亚历山大·汉密尔顿正是从炮兵军官开始其军事职业生涯。他是一个有独立思想的指挥官，战斗时充满勇气和技巧，曾是华盛顿的侍从副官之一。在约克郡，汉密尔顿率领一支轻步兵对敌人的十号多面堡发动了一次成功夜袭。这次行动被誉为帮助美国取得战争胜利的重要一战。

▶ 穿着冬装的中士，大陆军纽约州炮兵连，1776。图中所示大衣是大陆军和英军在北美冬季配发的常见冬装样式。全套制服穿在大衣里面。图中防寒帽也是双方均使用的统一装备。

北美典型的毛料大衣。毛大衣是绝佳的冬季服装，既实用又保暖。所有部队的大衣样式都差不多。

装备

炮兵配发了步兵标准装备，包括制式滑膛枪和刺刀。美法两国结盟后，步枪便换成了优异的法国查尔维尔滑膛枪[1]（Charleville musket）。肩带为白色，穿戴方式同步兵一样。炮兵也携带"随身装备"（sidearms），不过同步兵的防身武器不同，这其实是一套专门用来操作火炮的特殊工具。比如填装手就需要利用填装器将炮弹压入炮膛内。海绵在水桶浸湿后用来清洗炮膛内壁，确保火炮一轮发射后炮膛内不再有炙热的填塞物残留，否则再进行新一轮弹药填装时，火炮可能提前爆炸。长时间发射后，火炮内壁会积累大量多余的填塞物，此时需要利用蜗杆将这些杂物抽取出来。

尖刺器就是一根放大版的金属针。炮兵将底火放入火炮后膛前，需利用它插入后膛火门，刺穿火药包。人力挽具

饰带。背心和背带裤均为白色。在条例下发之前，大陆军炮兵一直穿着有红色贴边的深蓝色上衣。而有些连队（如兰姆火炮连）的制服颜色是蓝色、浅黄色或其他颜色。不过大陆军炮兵在战争期间基本上还是按照条例要求的颜色和式样穿戴制服。

此外配有坐骑的军官穿带有马刺的长筒靴。马具的型号有很多种，大致同骑兵装备类似，或者是只要能用的就行。

炮兵冬装的颜色各异，他们也会穿

是一条连接一股长麻绳的皮制肩带，末端有挂钩。当不能使用拉炮拖车和牵引马匹时，炮兵便能利用人力挽具对火炮实施机动。推杆的作用是进行火炮微调和瞄准，同填装器和海绵配合使用，一样很方便；在必须同敌军肉搏时，推杆也是件顺手的武器。

① 译注：查尔维尔之名来自于法国阿登省的查尔维尔-梅济耶尔（Charleville-Mézières），是当时的法国兵工厂所在地之一。

专业部队

在一支18世纪的军队中，负责执行特殊任务的专业部队总是必不可少。他们在攻城战中的作用尤其重要，无论是进攻方还是防守方，都需要工程师、坑道兵和工兵助阵。战端刚刚开启时，美军极其缺乏这样的军事专业人才，直到法国加盟后，他们才最终建立了一支有效的技术部队。

工程师

刚建国不久的美国并无本土军事工程师，只好依赖外国志愿者来承担这些极为重要的技术工作。大陆军很幸运得到了怀有奉献精神的路易斯·迪波塔尔的协助。他来自法国，技术能力高超，是美国工程兵部队的创始人。

工程师的制式军服最终演变为深蓝色调，饰有浅黄色贴边，红色折边。紧身衣裤为浅黄色。

工兵和坑道兵

1778年5月，在迪波塔尔将军的坚持下，大陆军终于成立了3支工兵连。每连编制为4名军官、8名士官和60名士兵。这些工兵部队在执行防御工事施工或攻城行动时会从一般步兵团中增调人手，加快工程进度。工兵连的制服与工程师的类似，也是深蓝色上衣加浅黄色贴边。他们属于战斗部队，所以也配发有武器，其装备和训练等同于步兵。

◀ 军官，工程师，1780-1783。
大陆军工程兵部队由来自欧洲的军官建立，因为当时北美还没有堪用的工程教育体系。充满骑士精神的迪波塔尔是美国工程兵之父。这套制服是大陆军工程师的规范样式。

▲ 军官，炮兵工匠团，1780-1783。
炮兵工匠的任务是建造、修理火炮装备和运输车辆。同工程师部队一样，这也是一支专业化部队，虽然属于团级编制，但人数很少。这套制服是专门为军官配发的，对大陆军而言，其设计和制作相当精致了。这支部队的成立标志着大陆军终于成为华盛顿所向往的专业化军队。

工兵算得上是战斗工程师，其任务是挖掘"saps"，这是法语单词，意思是用于攻城作战的壕沟。工兵也承担修建防御工事，为大军前进清除路障，建立营地等任务。

坑道兵的任务则尤其危险：挖掘地道和反挖掘地道。他们设法在敌军要塞的城墙下开挖隧道，然后在里面放火或实施爆破，将城墙摧毁，这样攻城大军便能一拥而入，攻陷要塞。反坑道作战则是从要塞里面向外挖掘隧道，拦截对方坑道；一旦发现后便立即破坏。这种"地下战争"形式极其危险，坑道兵也理所当然被视为精英部队。

这些工兵部队的存在和工作对大陆军来说极其重要。他们组织得当，训练有素，屡建战功，尤其在约克郡战役中的表现标志着大陆军终于成为一支专业化的军事力量。

工匠和伤残军人

大陆军炮兵专门设立有工匠团，团长是本杰明·弗劳尔上校（Benjamin Flower）。该团工匠的任务是制造并维修拉炮的马车、拖车及其他运输工具。

工匠团的装备与普通炮兵一致，也是有红色贴边的深蓝色上衣以及背心、马裤。根据具体的建造和维修工作，工匠还会穿着不同颜色和样式的狩猎衫。他们头戴包黄边的三角帽，系黑色交叉皮肩带。此外他们还可能配发了半长鞋罩或者背带裤。

伤残军人团由那些在战斗中负伤，但尚有工作能力的军人组成。他们主要

担任岗哨和战俘营守卫工作，甚至还承担了军事学校的角色。该团官兵可能穿着受伤前的旧制服，但也有证据显示给他们配发了新制服，包含绿色上衣，白色背心和马裤，红色大衣。有时他们还会穿着缴获后染成棕色的英军上衣。

▲ *列兵，工兵和坑道兵部队，1781。*
该部属于工程部队中的战斗单位。坑道兵和工匠是为攻城战和反攻城战所训练的。他们挖掘坑道，构造防御工事，也能像步兵那样战斗。他们在约克郡攻城战中发挥出色，为独立战争胜利做出了重要贡献。

▶ *列兵，伤残军人部队，1780-1783。*
这支部队由伤残军人组成，他们因伤势过重而不能返回原部队，但尚可从事轻负荷的工作。此图是根据第一手资料所描绘的，展示了他们穿着大衣站岗时的样貌。他们配备的武器同普通步兵一致，并出色地履行了作为卫戍部队的职责。

王的战士

　　随着1763年大英帝国在北美、欧洲及印度击败法国，只要在帝国法令运行的地方，精锐的皇家海军和英国陆军就无人可敌。英国军队的声望也更加高涨，至少在他们的北美殖民地亲戚眼里，英军比腓特烈大帝统帅的传奇普鲁士军更胜一筹。然而12年后，同样是这群"亲戚"竟然向国王的军队开火，英国从解放者摇身一变成为镇压人民的"龙虾兵"。英国士兵们在北美英勇地战斗，虽然他们失败了，但仍旧展示了为国王和国家奉献出的了勇气和无私的精神。

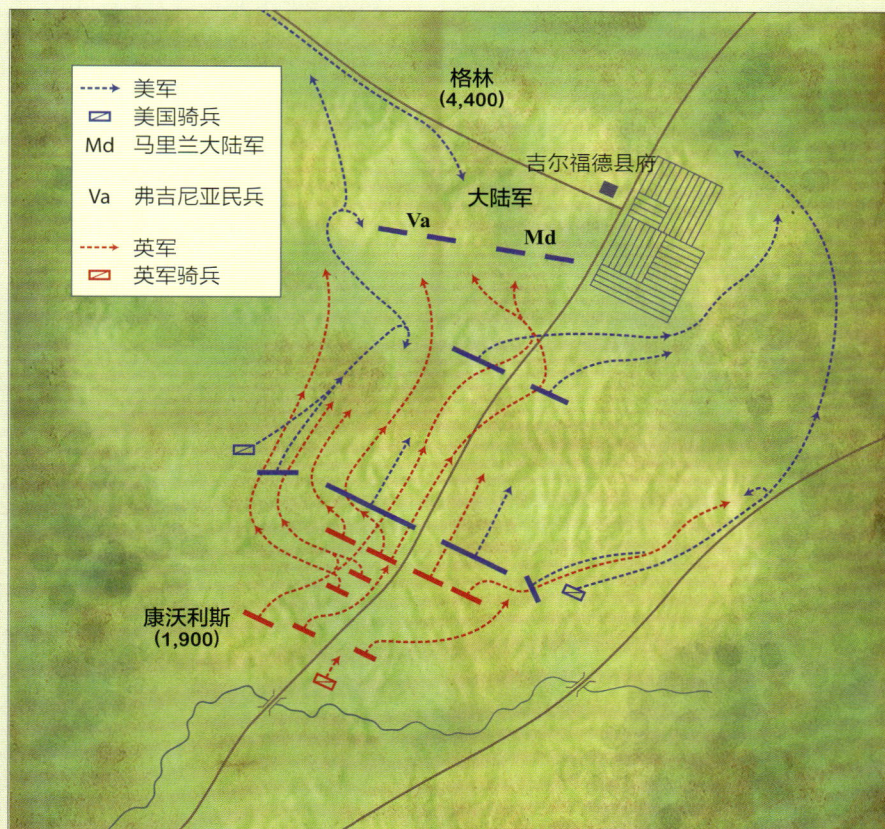

▲ 吉尔福德县府之战是独立战争期间最艰苦的战斗。英军坚守住了阵地，但他们部分最优秀的部队遭到大陆军的沉重打击。

◄ 这幅画描绘了约瑟夫·沃伦在英军第三次，也是最后一次攻击布里德山丘[1]时阵亡的场景。事实上沃伦是在多面堡内的混战中饮弹身亡的。

---

① 译注：邦克山之战中主要交战地点。现今在山顶上树立有一座邦克山之战纪念碑。

大英帝国军队

英国士兵曾在激烈的法国和印第安人战争期间积累了大量战斗经验。可是到了1775年，这些宝贵的经验无疑已被遗忘了。尽管如此，英军仍然实施了一些重要革新，比如在18世纪70年代，每个团都固定编制有一个轻步兵连。

作为一个有凝聚力的整体，英军在战场上以团为单位集中，而没有更高层级的永久编制，如旅或师。高级别战术单位根据特殊任务临时组建，由准将或资深团指挥官带领。正如法国人沮丧地发现那样，英国军队在战场上依然是一个可怕的对手——训练有素，服从指挥，善于应对各种艰苦环境和残酷的战役。英军还得到很多所谓美洲保王党人的支持，后者因为各种原因仍对英国王室效忠，敌视那些他们称之为"乱党"

的同胞。保王党人也组建了多支部队，其中一些熟知当地环境，拥有较高的军事能力，因而对英军显得弥足珍贵。剩下的保王党部队则能力不足，其表现相对而言不值一提。

编制

除3个大编制的近卫步兵团外，英军每个团包括10个连（事实上有12个连，但2个连为后备役，分别驻扎在英格兰和爱尔兰），其中8个普通连，2个精锐连（掷弹兵连和轻步兵连）。掷弹兵都是特意挑选出来的高大、勇敢并富有经验的战士。轻步兵则善于独立思考，能够在未得到精确指令的情况下作战。他们一般作为前锋、侧翼或后卫部队使用。轻步兵连在法国和印第安人战

争期间被证明十分有效，但在冲突结束后被废除了（1771年又恢复了编制），这就是为什么在1768年皇家条例①中没有他们的原因。

每个团编制有上校、中校、少校各1名，有牧师、军医、军医助理、副官、军需官各1名。后两个职务由连队中的下级军官兼任。各连队编制略有差别，大致为3名军官、6名士官、2名鼓手以及56名士兵。其中3个连为直属连，就只配备了1名中尉和1名少尉。两个精锐连则取消少尉，配置了2名中

① 译注：该认证令对英军制服样式做了规定。

▼ 1759年9月13日，詹姆斯·沃尔夫将军在魁北克的亚伯拉罕高地阵亡。他的胜利使英国得以控制加拿大。

英国驻北美部队

步兵：

第 1 近卫步兵团	第 43 步兵团
第 2 近卫步兵团（冷溪团）	第 44 步兵团
第 3 近卫步兵团	第 45 步兵团
第 3 步兵团（东方肯特团）	第 46 步兵团
第 4（王属）步兵团	第 47 步兵团
第 5 步兵团	第 49 步兵团
第 6 步兵团	第 52 步兵团
第 7 步兵团（皇家燧发枪团）	第 53 步兵团
第 8（国王）步兵团	第 54 步兵团
第 9 步兵团	第 55 步兵团
第 10 步兵团	第 57 步兵团
第 14 步兵团	第 59 步兵团
第 15 步兵团	第 60 步兵团（皇家美洲团）
第 16 步兵团	第 62 步兵团
第 17 步兵团	第 63 步兵团
第 18 步兵团（皇家爱尔兰团）	第 64 步兵团
第 19 步兵团	第 65 步兵团
第 20 步兵团	第 69 步兵团
第 21 步兵团（皇家北不列颠燧发枪团）	第 70 步兵团
第 22 步兵团	第 71 步兵团（弗雷泽高地团）
第 22 步兵团（皇家韦尔奇燧发枪团）	第 74 步兵团（阿盖尔高地团）
第 24 步兵团	第 76 步兵团
第 26 步兵团	第 80 步兵团
第 27 步兵团（恩尼斯基林团）	第 82 步兵团
第 28 步兵团	第 84 步兵团（皇家高地移民团）
第 29 步兵团	第 105 步兵团（爱尔兰志愿兵团）
第 30 步兵团	
第 31 步兵团	**骑兵：**
第 33 步兵团	第 16（女王）轻龙骑兵团
第 34 步兵团	第 17 轻龙骑兵团
第 35 步兵团	皇家炮兵
第 37 步兵团	皇家爱尔兰炮兵团
第 38 步兵团	皇家工兵团
第 40 步兵团	
第 42 步兵团（皇家高地团或黑卫士兵团）	

▲ 马萨诸塞总督，北美英军总指挥官托马斯·盖奇将军在战争爆发时的肖像。为了扑灭北美爱国者的抗议活动，他不惜采取强硬手段，最终导致双方于 1775 年 4 月 19 日在康科德发生冲突，打响了震惊世界的枪声。

尉。掷弹兵连拥有 2 名横笛手。

团中还有 3 名并不存在的在编列兵。该团会动用储备资金来支付这些虚构士兵的工资，实际上是用来照顾阵亡将士的遗孀和孤儿。

英军中的上校团长其实很少直接介入战场，他们的职务很大程度上是象征性的，类似德意志诸国军队中的"荣誉团长"①。事实上的战地指挥官是该团的中校。需要注意的是，绝大多数英国团仅仅只下辖 1 个营，因此在英军编

制中，"团"和"营"的概念是可互换的。英军在北美配置了很少量的骑兵部队，因为从欧洲海运马匹异常昂贵，而且骑兵部队的作用在地形复杂的北美受限，很难像在欧洲那样驰骋。

美国革命期间，英国士兵在北美忠于职守，也取得了些成果，但不论之前还是之后，他们的功劳并未得到国王和国民的认可。然而英国士兵的纪律和效能在战场上一再得以验证。他们在北美学到的教训不会白费，将在今后更大规模的战争中发挥效用。

① 译注：原文为"Inhaber"，直译为"所有者"，即这个团由一位贵族"所有者"出钱组建、维持。

指挥官和参谋

当英国卷入北美战争时，英军上层结构尚处于成型阶段。将军们习惯从亲朋好友或那些打算提拔的人中选择自己的参谋幕僚。制服样式也是依照将军本人的意愿而定。

将官

英军将官穿着普遍适用的红色制服，但在实践中是更为鲜艳的猩红色。上衣贴边为深蓝色，在襟贴、扣眼、口袋、袖口周边装饰有大量金色花边。进入战场后，将军会改穿简易版的上衣，取消了大部分甚至全部金色花边。他的军衔通过纽扣的数目以及袖口上的花边条纹来显示。双肩上佩戴了金色肩章。

将官制服还包括白色的背心、领巾和马裤，以及长筒袜和搭扣鞋。因为经常骑马，所以他们会在战场上把鞋子换成马靴。将军的三角帽上面装饰着英式黑色帽结和金色镶边。最后他们还在腰间系有一根红色腰带，携带一把华丽的指挥刀作为防身武器。

有些英军将领会穿着他们最艳丽的华服上战场。威廉·豪将军在邦克山之战中就穿着绸缎制成的马裤。战斗结束后，这条裤子已溅满了下属们的鲜血。事实上他的所有参谋幕僚都在战斗中非死即伤。豪将军本人自始至终都战斗在前线，却幸运地毫发无损。

将官的马具包括当时常用的马笼头和制式军用马鞍。这种马鞍上有两支手枪枪套，表层可能为皮制，是大多数骑兵部队最喜欢的样式，同时也能防水。将官的鞍垫和鞍套为深蓝或皇家蓝[1]，四周有金色流苏。

参谋

尽管此前英军曾经在欧洲和北美参与了多次战争，但其参谋体系依然处于萌芽状态。一般而言都是总指挥官根据自己的需要组建参谋班子。他的核心圈子并非由现代意义上的作战参谋组成。这些人数很少的参谋当时仅仅致力于保障军队后勤供

◀ **英国将军，1772。** 上衣襟贴要么全部翻回去（如图所示），要么会在恶劣天气里用扣子扣紧。军衔通过复杂的臂章或前臂上的纽扣数来标识，这令很多人迷惑不已。一些骑兵团也使用同样一套标识系统。在鞍垫后角上绣有顶着王冠的"GR"（George Rex）花押。

[1] 译注：一种高饱和度的宝蓝色。

原部队的制服。1767年，英军下发了规范侍从副官制服的条令。他们应穿着附有蓝色贴边和银色花边的红色上衣。到1782年，侍从副官制服上又加上了两道肩章，花边改为金色。

当年英军中的旅团长、主要参谋人员也应穿着同样的红色制服，配蓝色贴边，但花边和肩章为银色。所有参谋军官都穿白色紧身衣裤。由于他们在战场上经常骑马执行任务，所以也配发有带马刺的长筒靴。

英军指挥官

英国统帅们在战争期间的表现中规中矩，大部分时间都能胜任职务，但很少有天才之作。北美英军首任总指挥官是托马斯·盖奇爵士，邦克山之战后即遭到解职。他的继任者威廉·豪爵士深受部下爱戴，也取得了一系列战役胜利，不过此人缺乏一种真正独立指挥官应具备的杀伐决断气质。第三位指挥官亨利·克林顿爵士于1778年接替威廉·豪，可惜他也有同样的毛病。盖伊·卡尔顿爵士在战争之初担任加拿大英军司令，在战争快结束时接替了克林顿的职务。

其他高级军官的表现则更令人印象深刻。炮兵指挥官威廉·菲利普斯爵士极具攻击力和创造力。查尔斯·康沃利斯爵士则可能是英军中最出色的将军，他顽强、镇定，精力旺盛且咄咄逼人，如果在战争早期就将他提升为战区指挥官，结局可能大不一样。康沃利斯在南部战区孤身面对给养不足的困难，和同样出色的纳撒尼尔·格林将军陷入了战略僵持，直到他的军队在吉尔福德县府战斗中被重创。此后康沃利斯撤退到弗吉尼亚的约克郡，最终在那里被迫投降。

英国高级军官之间并不团结，关键时刻还往往各自为战。比如豪将军就在1777年拒绝支援伯戈因，导致后者在萨拉托加战败投降。战争初期英军在弗吉

▲ **将军的侍从副官，1780。** 将军通常会从其家族的年轻成员中挑选自己的侍从副官。对这个职位的候选人，人们更看重其社会地位，而非实际能力。这名侍从副官的制服上有深蓝色贴边和金色纽扣，然而很多英军部队的制服样式与此类似，因此很容易相混淆。

应，在战斗时传递指挥官命令并督促部队执行。

侍从副官属于低级参谋人员，任务是将指挥官的命令传递到相关部队。他们通常由各团选派出来，因此仍旧穿着

▲ **参谋，军务长官，1775。** 军务长官和军需总监的紧身外套上都缝有银色花边和纽扣。如果他隶属骑兵部队，肩章在左肩上；如隶属步兵，肩章就在右肩。图中这名军官穿长筒袜和皮鞋，携带一根手杖，似乎在出席某个社交场合。

尼亚和卡罗来纳地区取得了重大胜利，但此后他们彼此缺乏合作，错失了大好局面。英国人本可以早就赢得战争，不过一旦法国加入进来，他们不得不采取战略防御了。

步兵

《1768年皇家服饰条令》对大英帝国正规军所有配发的制服和装备做出了详细规定。实际上条令管辖的内容远不止如此，除了规定士兵应该穿什么之外，还涉及他们应该如何穿，以及如何配置武器。正如所有的规章制度那样，条令或多或少还是被执行了，只是在现役部队中会打折扣。团长仍然有发言权决定他的团应该穿什么，尤其在遥远的海外服役时，这些制服条例会被忽视。

军官制服

根据条例，军官制服应为猩红色，贴边与团旗颜色一致。上衣采用圆袖口。扣子上印有所属团的番号。制服上没有装饰或花边。背心则简洁朴素。掷弹兵连军官双肩上有肩章，普通连军官只在右肩上有肩章。所有团的佩剑式样都是一致的，剑柄为金色或银色，必须与该团制服纽扣的颜色匹配。

三角帽为统一式样，装饰有金色或银色镶边。每个军官都可以系一根深红色丝腰带，在左髋部打结。饰领的颜色为该团确定的金属色，即银色或金色（有时也称之为"白金属色"和"黄金属色"），上面印着国王的徽章和团番号。掷弹兵连军官除携带佩剑外，还携带一支轻型燧发枪即短滑膛枪。普通连军官装备短矛一支。

士官和士兵

士官的制服样式与军官相似，只是用料上简朴些，颜色改为更暗淡的茜草红色，而非猩红色。腰带也是深红色，但材质从军官的丝质改为毛纺料。腰带上还有一道团旗色的中间条纹。若制服

◀ **士官，第29步兵团，1770。**
这是一套典型的卫戍部队制服，步兵士官仍然会携带这种老式长戟以表明身份。当年人们习惯将头发扑粉，打卷并编成辫子。矩形银制胸带牌上刻着戴着嘉德三冠的狮子，上面的拉丁文箴言是："心怀邪念者可耻。"

▶ **军官，第29步兵团，1770。**
第29团曾经卷入1770年3月5日的"波士顿惨案"事件，当时有5名爱国者被杀害。自此以后该团便得到了"放血者"的绰号。

（纽扣为银白色）。各团可以通过白色花边上的不同彩色线条（直线或螺纹）和排列方式而相互区分，花边大约半英寸宽。

所有上衣均有圆袖口和长及腰部、3英寸（7.5厘米）宽的襟贴。肩带为2.75英寸（7厘米）宽。腰带为2英寸（5厘米）宽，颜色通常与背心的相同。制服花边为白色。每个团的制服花边上都有不同的着色条纹。鞋罩是亚麻布质地，顶端有硬壳护膝，其扣子、吊袜带、扣带都是黑色。

乐手

"皇家"步兵团会给所属鼓手和横笛手配发红色制服，上面的蓝色贴边和皇式花边表明其王室身份。乐手的紧身衣裤和上衣衬里颜色则与其他普通部队乐手一致。

若团制服贴边色为红色，则该团鼓手和横笛手的上衣为白色，配红色贴边和衬里。所有其他步兵团鼓手穿着"颠倒颜色"的制服，即上衣主色为该团普通制服的贴边色，上衣贴边改为红色。若某团乐手的制服上衣为白色或浅黄色，则给他们配发的紧身衣裤为红色背心和马裤。其余步兵团的乐手背心、马裤同上衣贴边颜色一致。

特殊服饰

掷弹兵、鼓手、横笛手戴黑色熊皮帽。正面的银色帽板上印有国王徽章。皮帽高12英寸（30厘米）高，有该团番号、荣誉奖章和团徽等图案。燧发枪兵也戴熊皮帽，只是高度稍低。普通连的士兵只戴三角帽。军士的三角帽上有银色镶边。下士及其他士兵的三角帽镶边为白色，2.25英寸（6厘米）宽，并且所有士兵的军帽上都有黑色帽结。

军士和掷弹兵佩剑。所有皇家高地团的士兵都携带苏格兰氏族部落的传统阔刃大剑。鼓手和横笛手

配发短剑。

工兵系大号皮围裙，携带斧锯，头戴显眼的熊皮帽，帽子正面有国王徽章。

▼ 鼓手，第29步兵团，1770。
该团是最早部署有非洲裔乐手的部队之一。约有10名黑奴是上校的兄弟从瓜德罗普岛买来后送给他的。记录表明1775年仍然有4或5人还在服役。这项传统直到1844年才由维多利亚女王废除。

▲ 列兵，第29步兵团，1770。
在熊皮帽后部有数字"29"和手榴弹图案。弹药盒上有代表嘉德勋章的星形徽章。纽扣环圈里面印有"29"字样。

贴边是红色，则该条纹为白色。掷弹兵士官的武器配置同军官一致。普通连士官的武器为长戟和佩剑。下士的右肩上有一道丝质肩章。

掷弹兵的双肩有红色翼章，此外制服上还有额外的花边彰显其身份。普通连队制服的扣眼上装饰了白色花边

近卫步兵

英国近卫兵包含步兵和骑兵两个兵种。最初他们的任务是保卫君王人身安全和担任王家官殿的警卫。

编制

3个近卫步兵团总计辖7个营，第1团辖3个营，第2、3团各辖2个营。第1

▲ 士官，第2近卫步兵团，军礼服，1775。该团制服纽扣成对分布，表明其历史悠久。有很多记录表明当时军官和士兵喜欢将腰带下降4英寸（10厘米）穿戴。

◄ 军官，第1近卫步兵团，军礼服，1772。这套制服上的金色花边装饰很快就在战场上被废除，同时帽子的尺寸也缩小了。作为第1近卫步兵团，其制服纽扣均匀间隔分布。

王室部队 1775 年 *

步兵

第 1 近卫步兵团

第 2（冷溪）近卫步兵团

第 3 近卫步兵团

骑兵

骑兵卫队

掷弹骑兵卫队

皇家近卫骑兵团

* 所有王室部队均驻扎在英格兰，隶属于英格兰建制机构。

近卫步兵团拥有4个掷弹兵连，其中第1营辖2个连，其余2个营各辖1个连。该团总共有28个步兵连，除掷弹兵连外，其余均为普通连。

第2近卫步兵团编制为18连，其中有2个掷弹兵连和16个普通连。这些部队有时又被称为"帽子"连，因为所有官兵都戴三角帽，而非掷弹兵配发的熊皮帽。

第3近卫步兵团编制同第2团一样，也是2个营，每营辖1个掷弹兵连，全团还有16个普通连。所有近卫步兵团均未设正式的轻步兵连。

在北美服役

派驻到北美战地的近卫兵在部署前会娴熟地准备舒适实用的服装，并组织轻步兵以应对北美的地形。他们被誉为英军中最精锐的部队，其战斗表现也确实不辱"精英"的名号。虽然有支近卫部队在1781年3月吉尔福德县府战斗中遭受大陆军重创，不得不撤退下来以免全军覆没，但整体而言近卫军都是强悍、训练有素的优秀军人。在称职的军官指挥下，他们的战绩往往超出预期。

近卫步兵团的全套制服装束众所周知，当年同时代的人对此有详尽的记录。然而这套制服并没有在北美战场上派上用场。事实上军方经过深思熟虑后，对近卫兵制服进行了相当大的改动，使之看上去既有趣又不同寻常。

派往北美服役的近卫兵分遣队包含33名军官、87名士官、15名鼓手、6名横笛手和960名士兵。其成员从3个近卫步兵团中挑选，64个近卫连中，每连挑选出约15人。分遣队指挥官是爱德华·马修中校（Edward Mathew），来自第2近卫步兵团。全体人员组成1个团兵力，共计10个连，有8个普通连，1个掷弹兵连，还出乎意料地组建有1个轻步兵连。掷弹兵连有120名士兵，轻步兵连有96名士兵，普通连有93名士兵。

近卫分遣队的制服经过简化，花边从襟贴上移去，使得红色上衣看上去相当素净。他们还配发了作训长裤或帆布鞋，以及可以覆盖鞋面的半长鞋罩。掷弹兵连和轻步兵连配发有所谓的"礼帽"，其基本式样为轻步兵帽，正面有帽舌和帽板，帽子的左侧边插着一支羽毛，一条帽巾缠绕帽座，在后面打结系牢。普通连戴圆边帽，左侧同样装饰有一根羽毛。

武器和特殊装备

轻步兵也会配发特殊装备，如子弹袋、牛角火药筒和其他轻步兵物品，他们还分配了一对号角。他们的滑膛枪样式为短管陆用型燧发枪（棕贝斯），非轻步兵则配备长管陆用型燧发枪。手斧和钩镰也是制式装备，同刺刀一起挂在组合扣件上。起初所有连的士兵都穿戴一条肩带和腰带，很快他们就改为两条交叉肩带，用来携带弹药和刺刀。最后所有登陆北美的英国近卫兵都配发了背袋、背包和60发子弹。

▼ 军官，第3近卫步兵团，作战服，1776。苏格兰近卫军的制服纽扣每3颗一组排列。军官的椭圆形镀金胸带牌上刻有蓟花勋章上的银十字；绿色项圈上有金色字体的拉丁文箴言："人若犯我，我必犯人。"纽扣上叠印有"3"和"Gds"的字样。

▼ 列兵，第1近卫步兵团，作战服，1776。椭圆形的黄铜胸带牌上刻着皇冠嘉德勋章。上衣尾部的长度缩短了，贴边上的所有白色布条也均被移去。帽缘取消了白色镶边，所以军帽看上去小了一些。

皇家步兵团

"皇家"这一称号原本没有任何"精英"的意思，不过在英军序列中，"皇家"部队确实比其他线列步兵团更为精锐。该称号通常授予在战斗中表现突出或有着长期和杰出服役记录的部队，但是那些制服上没有"皇家蓝"贴边的普通士兵也一样为他们身上特有的贴边色而自豪，因为它代表了此部队的传统和历史。

与其他时期的其他军队一样，团指挥官们执行制服规定相当散漫，尤其是侧翼连队（掷弹兵连和轻步兵连）的装束，以及打头阵的乐队指挥、鼓手、横笛手，还有工兵和军乐队（如果有的话）的制服。指挥官们会花费大量金钱来装扮他们的团，只是为了在检阅中看起来更令人印象深刻，超出竞争对手或站在旁边的团。在军情紧急的情况下，尤其在北美，体面的制服往往用不了多久，很少能撑过一场战役。一个衣着光鲜的团在3月或4月进入战场，到了9月或10月就变得衣衫褴褛。如果团参谋们能圆满、高效率地完成他们的工作，该部队就能一直衣着得体，保持制服统一。反之，这支部队就只能凑合着穿衣了。

皇家贴边

这些部队和其他英国步兵之间没有任何功能上的差别，但在装束上有一些不同。

皇家部队的主要区别是制服上的

◀ **掷弹兵军士，第18皇家爱尔兰步兵团，1776。** 这是一套包括熊皮帽的阅兵礼服。他的军衔由其深红色腰带显示。腰带中央有一条与贴边色相同的条纹。在他的弹药带上有一个老式黄铜火绳盒。可见当时的掷弹兵确实是在战斗中投掷手榴弹的。

▶ **军官，第4步兵团，1779。** 该团古老的团徽是一只英格兰雄狮。同英军中其他历史悠久的部队一样，第4团的制服贴边也是深蓝色。军官们的椭圆胸带牌上印有一只戴王冠的狮子，上部和下部分别刻写着"国王的"（King's）和"自己的"（own）字样。纽扣的凸起边缘上铸有"4"字。第4步兵团的别号是"巴雷尔的蓝衣军"，得名于该团1734至1749年间的指挥官。

皇家团				
团番号	贴边	军官帽镶边	襟贴上的花边 *	紧身衣裤
4	蓝	银	1 蓝	白
8	蓝	金	1 蓝，1 黄	白
60	蓝	银	2 蓝	白

* 所有花边为白色。该列表示花边上的彩色条纹细节，这使得每个团都有独一无二的花边式样。

英国步兵团穿着的制服样式基本一致。各团军服的不同之处表现在贴边色各异，以及轻步兵连军帽的多种样式。

乐手

所有乐手同时也是战士，也要像普通士兵一样加入战斗。为了突出乐手使之更醒目，他们的制服与众不同。一般来说，他们穿着"颠倒颜色"的制服，即上衣主色调为团制服的贴边色，上衣贴边则为红色。

"皇家"团的鼓手和横笛手的制服是红色的，都有蓝色贴边作为皇家头衔的象征，此外还有皇室花边装饰。紧身衣裤和上衣衬里同其他人相同。他们与掷弹兵和燧发枪兵一样，也戴熊皮帽。

制服变化

当战争在北美爆发时，第4、8、60皇家步兵团都是根据1768年的服饰条令的要求配备军服。直到后来战役时间拖得越来越长，在地形多样的荒野上战斗变得更加艰难时，原先统一的服装也就变得很不正规了，而部队制服也开始引入变化以适应新形势。改变不仅要依从相关规定，而且也会从其他类似部队中吸取经验。例如，英国步兵会采用当地布料制作裤子和外套。在南方，标准的白色裤子经常更换为棕色。有时各部制服在色调和颜色上也有更细微的差别。该条令制定者所预期的外观统一性很快就消失得无影无踪。

▼ *鼓手，第4步兵团，1777。* 该团成立于1680年，1715年成为王属步兵团。在1774年，鼓手的铜质椭圆胸带牌上的徽章同军官一致，但他们的纽扣边缘有一圈叶子图案，上面还有数字"IV"。上衣花边为白色，内部有黑色条纹。鼓手通常由该团士兵的儿子担任。

▲ *工兵下士，第60步兵团，1778。* 皇家美洲团成立于1755年12月，番号为第62团，1757年重新编号。普通连的银制椭圆胸牌上铸有"60"和嘉德王冠。纽扣有一圈绳状边缘，有"60"的字样。制服贴边是深蓝色，军官制服上有银色花边。白色肩结是该下士的军衔标记。工兵的军帽正面有一块红色帽板。

深蓝色贴边和深蓝色的团旗。并非所有在北美服役的皇家部队都在这里罗列出来，因为其中一些团的制服有特殊的不同之处，比如"燧发枪团"或"高地团"。

除了近卫部队，所有在北美服役的

燧发枪兵

燧发枪部队最初是为了护送和保卫炮兵而成立的，之后他们发展成另一种形式的步兵兵种，但其组织和训练方式和其他普通步兵单位一样。他们装备有短式滑膛枪，又称燧发枪。为了提高燧

在北美服役的燧发枪团					
团番号	贴边	特征	军官帽镶边	襟贴花边 *	紧身衣裤
5	绿	高斯林绿	银	2 红	白
7	蓝	–	金	1 蓝	白
21	蓝	–	金	1 蓝	白
23	蓝	–	金	蓝，红，黄各 1	白

* 所有花边均为白色。该列表示花边上的彩色条纹细节，这使得每个团都有独一无二的花边式样。

发枪兵的地位，英国军队里只有很少几个燧发枪团，它们逐渐发展出各自的传统，徽章和特质。

　　燧发枪兵被看作是精英部队[1]，除了轻步兵连外，燧发枪兵亦有资格佩戴熊皮帽。他们被看作轻装部队，若在战斗或战役中被消灭，对全军而言将是一个重大打击。在吉尔福德县府战斗之前，康沃利斯就在卡罗来纳地区损失了大量轻装部队。他的保王党部队在国王山战斗中损失惨重，余部在考彭斯之战

　　① 译注：在法国军队中，"Fusilier"一词则特指非精英部队，与英军正好相反。

◀ **军官，第23步兵团，1774。** 皇家韦尔奇燧发枪团成立于1689年，1702年改编为燧发枪部队。团徽为威尔士亲王饰章——插着三根羽毛的冠冕，拉丁文誓言为"我侍奉"。军官的椭圆镀金胸带牌上有"23"字样；数字上方印有三根羽饰、小冠冕和"我侍奉"的拉丁文誓言。纽扣的花纹与胸带牌相同。边缘围绕着一圈叶子。该团的绰号是"皇家山羊"，源自于他们的吉祥物。第23团曾在1759年的明登（Minden）之战对法国骑兵发起进攻；在8月1日的战斗中，他们都在帽子上插了一朵红玫瑰。

▶ **鼓手，第7步兵团，1774。** 束腰外套的颜色不是常见的颠倒色，但作为皇家部队，该团鼓手穿着有深蓝色镶边的红色上衣。掷弹兵鼓手在熊皮帽背面挂了一只小铜鼓。熊皮帽正面则装饰有特殊的黑色和银色帽板。军鼓上印有"GR"字样，以及玫瑰嘉德王冠和团番号，该图样也绣在皮帽的衬垫上。

中再次遭受重创。"英国军团"中的一个作为轻步兵使用的燧发枪团被歼灭。当康沃利斯朝着丹河进军,追捕格

林时,这些损失就曾剧烈地影响了战局,这也被认为是康沃利斯在"丹河行军赛"中没能追上格林及其军队的原因之一。

燧发枪兵所携带的燧发枪同普通步兵团的通用滑膛枪相比,更短也更轻。当战争不再需要燧发枪兵种后,这个称呼便演变为精英部队的称号。他们能够戴高大的熊皮帽,仅仅比掷弹兵的稍矮一点。

打得第7团丢盔弃甲,甚至还缴获了他们的军旗。韦尔奇团参加了整个南方战役,于1781年10月同康沃利斯一道在约克郡被俘。

▼ 军士,第7步兵团,1772。该团成立于1685年,其任务是为炮兵部队保驾护航。军官的镀金胸带牌是有圆角的矩形,上面刻着一颗八芒星和一顶玫瑰嘉德王冠。纽扣图案为一个双环,环绕着一圈小树叶,里面有一个"7"字。他们在冬季通常穿黑色鞋罩。

制服特征

燧发枪兵将头发编成辫子,通过黑色丝带系在领子上,不与后背接触。1808年,军方废除了辫子,但第23团依旧将黑丝带当作传统予以保留。

燧发枪团编制中同样有轻步兵和掷弹兵。轻步兵的头盔上有团徽图案。不过在战斗中,头盔经常被黑圆毡帽或宽边软帽所取代。英国人有时会模仿德意志轻步兵,将圆边帽的一边向上折起。

同其他在北美战斗的部队一样,当制服破得不能再穿后,士兵们就会用当地衣装替代。第23团官兵在南部战区作战时,很多人就会穿棕色裤子。

第7和第23团均为皇家部队,有着极佳的声誉,被视为精锐步兵。他们的制服样式完全相同。第23团的别名是"韦尔奇"("Welch",有时也会拼写成"Welsh"),因此也称为"皇家韦尔奇燧发枪团"。

在最关键和最具决定性的战役期间,这两个优秀的步兵团均在南方服役,但都在大陆军的手下铩羽而归。第7团于1781年1月在考彭斯之战中惨遭失败,他们的进攻被一个大陆军混编团挫败,战线顿时崩溃。该混编团由马里兰大陆军和特拉华团的老兵组成,他们每个人都发誓要为去年8月在卡姆登遭遇的重创报仇雪恨。大陆军在马里兰州约翰·伊格·霍华德中校的带领下,猛烈攻击,不仅

▼ 列兵,第23步兵团,1777。这是一个轻步兵连士兵的画像。他戴一顶制式皮帽,不过也有些非官方样式出现在队伍中。纽扣上有"23"的字样,上面还有威尔斯亲王的羽状徽章。掷弹兵和轻步兵双肩上的翼章为白色,上面有红色、深蓝色和黄色条纹,采用同花边一样的修剪方式。这些侧翼连队的胸带牌上很可能印着手榴弹或号角图案。

高地团

高地团的官兵个个都是强悍的斗士。这些苏格兰人的制服相对其他英国部队增添了更多靓丽色彩，显得神气十足。

高地人在美洲

1745年詹姆斯二世党人发动叛乱。年轻的查尔斯·爱德华·斯图亚特王子被击败，并被永久流放，英格兰与苏格兰之间的不稳定关系最终得以控制。英军中的第一个高地团为第42步兵团（最初是第43团，后来改变了番号），当时是驻苏格兰高地的治安维持部队，起先只有4个连，渐渐发展为一个编制满员的团。

在法国和印第安人战争及庞蒂克叛乱期间，该团表现突出，因此在北美独立革命时期成为皇家部队。

高地团服饰

战争之初，该团穿戴全套苏格兰高

高地团的服饰特征

团番号	贴边	军官帽镶边	襟贴花边 *	紧身衣裤
42	蓝	金	1 红	白（短裙）
7	白	–	1 红	白（短裙）
7	黄	–	1 红	白（短裙）
8	蓝	–	2 红，1 蓝	白（短裙）

* 所有花边均为白色。该列表示花边上的彩色条纹细节，这使得每个团都有独一无二的花边式样。

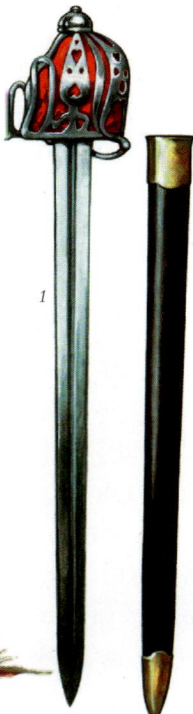

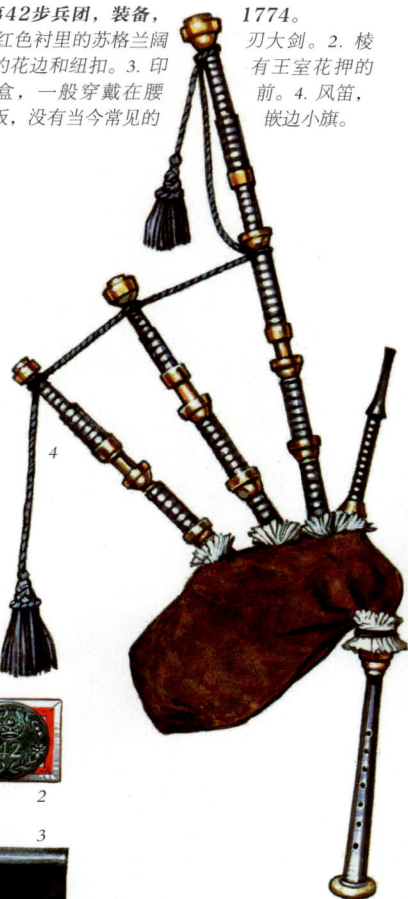

▼ 列兵，第42步兵团，作战服，1774。 全套苏格兰高地服饰必须包括一柄又重又锋利的阔刃大剑。在棱堡状的白色花边①外缘有红色条纹。青灰色纽扣上有"42"字样，上面还有一顶王冠；两条嫩枝环绕四周，枝头各有一朵玫瑰和蓟花。

① 译注：花边的样子很像棱堡的平面图。

▼ 第42步兵团，装备，1774。 1. 有红色衬里的苏格兰阔堡状的花边和纽扣。 3. 印弹药盒，一般穿戴在腰简化版，没有当今常见的

刃大剑。 2. 棱有王室花押的前。 4. 风笛，嵌边小旗。

服，如白色裤子和半长鞋罩。唯一能让人想起传统苏格兰高地服饰的是普遍配发的苏格兰帽。上衣仍沿用老款，军官们也保留了将腰带斜穿在身上，而不是系在腰间的习俗。士兵们一直配备"腹盒"式弹药袋，直到战争末期才由交叉肩带所取代。

没有证据表明高地团编制有风笛手。然而在团指挥官的热切期望下，风

笛手确实曾出现在战场上，可能是团长自掏腰包招募的。

第71步兵团在现役期间也穿着正式格子呢裙，但在战场上就不同了，比如在南方战场上他们换装了长裤和半长鞋罩。南方战役对71团而言是一连串的不幸。一个营在考彭斯被俘，其余部队在约克郡投降。

▼ 军官，第71步兵团，作战服，1775。 为应对北美战事，该团（弗雷泽高地团）于1775年10月在苏格兰成立，1786年亦在那里解散。军官的长方形银制胸带牌印有"71"字样。官兵纽扣上印有一圈波浪环，里面也有"71"。他们很可能与第42高地团穿同款花呢短裙。

▼ 军官，第42步兵团，1780。 为了维持苏格兰高地治安，该团成立于1725年，编制为4个连。该部苏格兰短裙按规定采用了"政府式"花呢格纹。不过苏格兰短裙很快就在北美消失了，取而代之的是马裤。每个高地团都有其独一无二的毛皮袋，上面的流苏数目和样式各有不同。军官将腰带斜穿在左肩上。

▲ 第42步兵团，风笛手，作战服，1782。 风囊上一般覆盖有格子花呢，式样有团属格纹，皇家或斯图亚特呢格纹。后来风笛习惯上装饰有嵌边小旗，旗子通常以贴边色为色调，上面印有团徽。有关风笛手的描述很少，人们不得不猜测他们的样貌。

地服饰。军官们身穿苏格兰格子花呢短裙，披一条苏格兰式毛皮袋，头戴一顶苏格兰帽。随着战争延续，他们的服饰被大大简化，短裙也废弃了。目前还不清楚为什么在战争后期，他们不再穿戴苏格兰短裙，其原因可能有两个：要么是该团很难再提供短裙，要么是严酷的战场环境要求他们穿一套更为实用的制

爱尔兰团

发生在北美的战争并不受英国人待见。不论是议员还是普通民众，大家都缺乏爱国热忱，不愿意卷入战争，为国王和国家战斗。如果没有爱尔兰，英国军队将会失去后备兵员和轮换部队。假如忽略名字，许多"英国"团的种族构成其实是以爱尔兰人为主体。就像在法国和印第安人战争期间，北美的英国军队在殖民地大量

战争爆发时驻扎于爱尔兰的爱尔兰建制团	
第1步兵团**	第40步兵团*
第2步兵团	第42步兵团*
第6步兵团*	第44步兵团*
第15步兵团*	第45步兵团*
第17步兵团*	第46步兵团*
第20步兵团*	第49步兵团*
第22步兵团*	第53步兵团*
第24步兵团*	第54步兵团*
第27步兵团*	第55步兵团*
第28步兵团*	第57步兵团*
第33步兵团	第61步兵团
第34步兵团*	第62步兵团
第35步兵团*	第63步兵团*
第37步兵团*	第68步兵团

*1775-1783年在北美服役。

**该团下辖2个营。第1营属于爱尔兰建制，第2营为英格兰建制。

招募新兵，许多英国正规军中几乎一半都是北美人。

当时英国军队分属不同的军事建制机构。一些团为爱尔兰建制机构，并在爱尔兰驻防。另一些则属于英格兰建制机构，就驻扎在"家里"。那些在境外轮换服役的部队，当然也包括本来就在爱尔兰的驻军会从爱尔兰本地人口中大量征兵。

◀ **军士，第27步兵团，1777。** 1689年该团成立于爱尔兰，数月后划归英格兰军事建制机构管辖，1751年改编为第27恩尼斯基林步兵团。军官的椭圆镀金胸带牌上印有"27"，环绕着"Inniskilling"字符，其上还有恩尼斯基林城堡的图案。纽扣上有团徽和番号图案。

▶ **军官，第18步兵团，皇家爱尔兰团，1775。** 这是一个普通连军官，穿着阅兵礼服，手持长矛。1684年该团成立于爱尔兰，1695年获得"皇家"称号。带卷边的磨砂面镀金胸带牌图案为一个印在蓝底色上的镀金竖琴和王冠，下面铭刻有一行拉丁文："郡慕尔勇士的奖赏。"士兵的纽扣上印有一圈绳环，里面有"RI"和"18"的字样。

在北美战争之前和期间，就有不少英军部队极度依赖爱尔兰新兵填补空缺。尽管这样的部队有些爱尔兰特色，但他们的服装和装备依然遵循了其他英国步兵团的模式。

时间进入军队。而在北美作战的英军中，第二大兵员来源地是苏格兰。

▼ 鼓手，第27步兵团，1775年。 鼓手通常由该团士兵的儿子担任，这些少年只要足够强壮，14岁就能参军。他们如成年人那样，和战友们面临同样的危险。鼓手熊皮帽的帽板经过了特别设计，图案包含有两面鼓。请注意军鼓上印有一支竖琴、王冠、"GR"字样的花押和团番号"XVIII"。该团的绰号是"大老粗"。

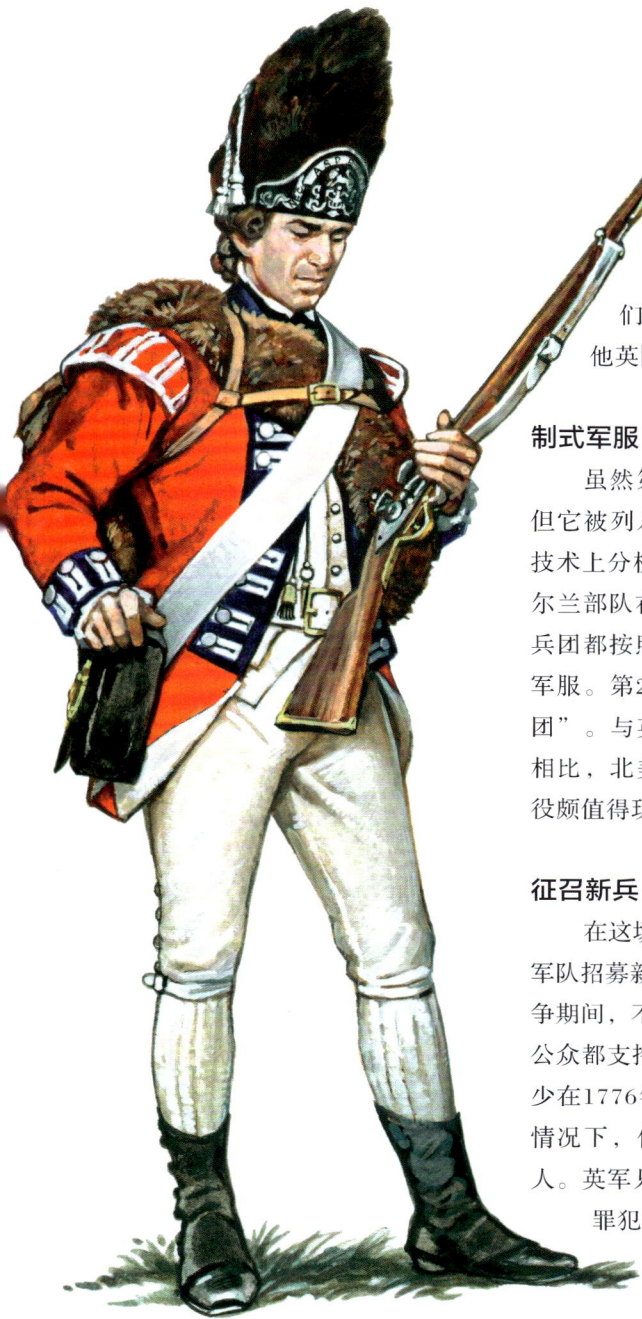

制式军服

虽然第18步兵团属于皇家部队，但它被列入爱尔兰军团名下，所以从技术上分析，在独立战争期间有2支爱尔兰部队在北美服役。第18和第27步兵团都按照1768服饰条例的要求配置军服。第27步兵团又称"恩尼斯基林团"。与英军征召的爱尔兰新兵数量相比，北美大陆只有两个爱尔兰团服役颇值得玩味。

征召新兵

在这场不受欢迎的战争中，英国军队招募新兵非常困难。在战前和战争期间，不仅议会，就连所有英国公众都支持美国。而美国人，至少在1776年前以及之后的很多情况下，他们都视自己为英国人。英军只好从底层民众，甚至罪犯中招兵，这些人只要自愿参军就能获得减刑。

解决英军燃眉之急的正是爱尔兰人。他们不仅组成了百分百纯粹的爱尔兰军团，如第18和第27步兵团，而且还有大量爱尔兰人作为列兵加入到很多"英国"步兵团中。源源不断的爱尔兰新兵在这段

▲ 掷弹兵列兵，第18步兵团，1776年。 该部为皇家团，因此制服上的贴边色为深蓝色。同大多数其他步兵团一样，第18团也抛弃了长鞋罩，而改穿黑色的短裤腿套。这名士兵穿戴全套行军装备。一只动物皮囊取代了贴边色帆布包。上衣尾部被裁短，成为一件短夹克。

在北美服役的爱尔兰团

团番号	贴边	军官帽镶边	襟贴花边 *	紧身衣裤
18	蓝	金	1蓝	白
27	浅黄	金	1蓝1红	浅黄

* 所有花边为白色。该列表示花边上的彩色条纹细节，这使得每个团都有独一无二的花边式样。

英格兰步兵团

在北美的英国步兵团虽然愿意遵守1768年的制服条例，但还是不得不屈从于当地的客观条件而有所改变。他们对轻步兵帽的样式选择就是一个有趣的话题。很多团的制服装备都完全一样，但是军帽偏偏不同。3个团（第5、第36和第71团）的帽子上缠有帽巾；大部分

▼ **军官，第3步兵团，1775。** 根据其制服上的贴边色，该团在1747年得到了"浅黄团"（The Buff）的称号。第3团团徽可能起源于撒克逊部落历史悠久的绿龙图案。制服纽扣上有"3"字样，并有3个同心圆环绕。

▲ **列兵，第64步兵团，1776。** 该团后来又被称为"斯塔福德团"。其制服有黑色贴边，花边外缘有黑色线条，中间为红色线条。青灰色纽扣上有一个花环，内部有"64"字样。胸带牌的设计同纽扣一样，仅在花环上增加了一顶皇冠。

▲ **鼓手，第25步兵团，1775。** 1689年该团成立于苏格兰，1777年被授予"爱丁堡团"的称号。此后又改名为"王属苏格兰边境团"。军官和士兵的椭圆形镀金胸带牌上都有"25"字样，上面还有一顶王冠。

团的帽子都效仿轻骑兵盔的样式，有帽舌、帽檐，或者在帽板上印有徽章、饰章或番号（第5、6、7、11、23、62、68、69和71团）。两个团用马鬃毛制成下垂"头冠"装饰（第62和71团），一个团甚至还有一片后帽盖（第69团）。这些帽式中还包含有更多的变化。比如第7团的军帽看

上去就很像女王游骑兵部队的帽式。第36步兵团的军帽非常类似于塔尔顿式轻骑兵帽。第13步兵团的帽式同其他步兵团的帽子完全不一样，最为独特。

同现在一样，套装军服中最容易磨损的部分就是步兵鞋。条例规定，步兵应该穿着黑色亚麻布制成的鞋罩。这种鞋罩包含有硬顶、黑色纽扣、黑色吊袜

带和黑色的制式带扣。鞋罩的目的是防止沙砾和石头进入鞋内，避免泥巴和尘土弄脏白色紧身裤的裤脚。鞋罩的硬顶有的是用牛皮制成，有的是被涂装成黑色，具备防水功能。

▼ **列兵，第28步兵团，1777。** 该团成立于1702年，1751年被授予28团的番号。士兵的纽扣上印有"28"的字样，军官纽扣上还增加了王冠狮子造型以及月桂树叶编织的花环。28团因战场表现，得到了"劈砍者"的绰号。

北美服役的英格兰步兵团

团番号	贴边	服饰特征	军官帽镶边	襟贴花边 *	紧身衣裤
第 3 团	浅黄	–	银	黑，黄，红各 1	浅黄
第 6 团	黄	深黄色	银	黄，红	白
第 9 团	黄	–	银	2 黑	白
第 10 团	黄	明黄	银	1 蓝	白
第 14 团	浅黄	–	银	–	浅黄
第 15 团	黄	–	银	1 红，黄和黑色螺纹	白
第 16 团	黄	–	银	1 深红	白
第 17 团	白	灰白	银	2 蓝，1 黄	浅灰色
第 19 团	绿	深绿	金	1 红，1 绿	白
第 20 团	黄	淡黄色	银	1 红，1 黑	白
第 22 团	浅黄	淡浅黄	金	1 蓝，1 红	浅黄
第 24 团	绿	柳绿	银	1 红，1 绿	白
第 26 团	黄	淡黄色	银	1 蓝，2 黄	白
第 28 团	黄	明黄	银	1 黄，1 黑	白
第 29 团	黄	–	银	2 蓝，1 黄	白
第 30 团	黄	淡黄色	银	1 天蓝	白
第 31 团	浅黄	–	银	1 红，蓝和黄色螺纹	浅黄
第 33 团	红	–	银	1 红	白
第 34 团	黄	明黄	银	1 红，蓝和黄色螺纹	白
第 35 团	橘黄	–	银	1 黄	白
第 36 团	绿	–	金	1 红，1 绿	白
第 37 团	黄	–	银	1 红，1 黄	白
第 38 团	黄	–	银	2 红，1 黄	白
第 40 团	浅黄	–	金	1 红，1 黑	浅黄
第 43 团	白	–	金	1 红，1 黑	白
第 44 团	黄	–	银	蓝，黄，黑各 1	白
第 45 团	绿	深绿	银	红，紫色螺纹	白
第 46 团	黄	–	银	红，紫色螺纹	白
第 47 团	白	–	银	1 红，2 黑	白
第 49 团	绿	正绿	金	2 红，1 绿	白
第 50 团	黑	–	银	1 红	白
第 52 团	浅黄	–	金	1 橘黄，	浅黄
第 53 团	红	–	金	1 红	白
第 54 团	绿	鹦鹉绿	银	1 绿	白
第 55 团	绿	深绿	金	2 绿	白
第 57 团	黄	–	金	1 黑	白
第 59 团	红	紫	银	1 红，1 黄	白
第 60 团	蓝	–	银	2 蓝	白
第 62 团	浅黄	淡黄	银	1 蓝	浅黄
第 63 团	绿	暗绿	银	1 绿	白
第 64 团	黑	–	金	1 红，1 黑	白
第 65 团	白	–	银	1 黑，红和黑色螺纹	白
第 70 团	黑	–	金	黑色螺纹	白
第 76 团	绿	–	–	1 黑	白
第 80 团	黄	–	–	1 红，2 黑	白
第 82 团	黑	–	–	1 黑	白

* 本列中的襟贴花边均为白色，上面覆盖有彩色条纹。

军旗

每一个大不列颠陆军团都有两面军旗。1768服饰条令为号称"老六团"的皇家团和资深步兵团制定了军旗样式。每面军旗的正中央均为该团的团徽。军鼓的前部也绘有团饰章（图案或花押形式），在饰章下面有该团番号。所有皇家团的军旗上都有国王花押，其余团的团旗上绘有历史悠久的徽章。

第一军旗，也就是国王旗都采用英国国旗样式，但在军旗中央绘上了团徽。第二军旗为该团团旗，根据该团贴边色设计样式。

对皇家团而言，这面军旗都为深蓝色。国旗图案绘在军旗的左上角或旗帜上端靠近旗杆的部位，贴边色为红色或白色的团除外，后两者的国旗图案依然在左上角，但整面军旗为白底，中央有一个红色的圣乔治十字。制服贴边为黑色的团所拥有的团旗样式与红色和白色贴边的团类似，左上角为国旗图案，不同之处在于其余三个旗角为黑色，四个旗角构成了一个十字架图案。

每一面军旗上都有团番号、团徽或王室徽章。若军旗上只有团番号（以罗马字母表示），那么一个由蓟花和玫瑰构成的花环会环绕该番号图案。旗帜上也会绣或绘有团徽和徽章。最后，军旗上还有用金色及深红色绳带编制的旗索和流苏。

每个步兵团必须确保两面军旗均为6英尺（1.8米）宽，6英尺6英寸（2米）长。旗杆长度为9英尺（3米），包括顶端的矛尖。部分精英部队的军旗有如下特点：

第1近卫步兵团：圣安德鲁环中间为国王花押，其上有一顶王冠。军旗的三个旗角上绘有蓟花和王冠。第2营军旗的特点是上旗角有一道金色的光线向下射向旗帜的中央。

第2步兵团：团旗的红色背景上印有女王花押和嘉德王冠。3个旗角上有羊羔和团徽的标记。

第3步兵团：火龙是该团的团徽，玫瑰王冠绘在3个旗角上。

▶ *持团旗的步兵少尉，第27步兵团，1774。* 第27团的团旗正中间绘有恩尼斯基林城堡，但在边角没有图案。飘带上的拉丁文箴言为：我们无畏艰险。按欧洲军队的惯例，持旗的荣誉一般赋予团内两位最年轻的军官。

▼ *团旗，第23步兵团。*

▼ *国王旗，第1近卫步兵团。*

▲ 国王旗，第33步兵团

▲ 团旗，第33步兵团

▲ 团旗，第46步兵团

▲ 国王旗，第38步兵团

▲ 团旗，第38步兵团

▲ 团旗，第52步兵团

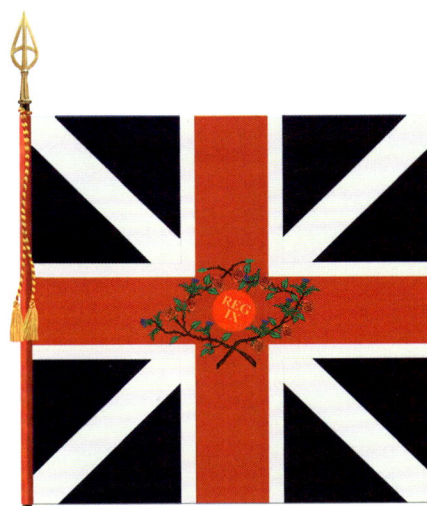

▲ 国王旗，第9步兵团

▲ 团旗，第9步兵团

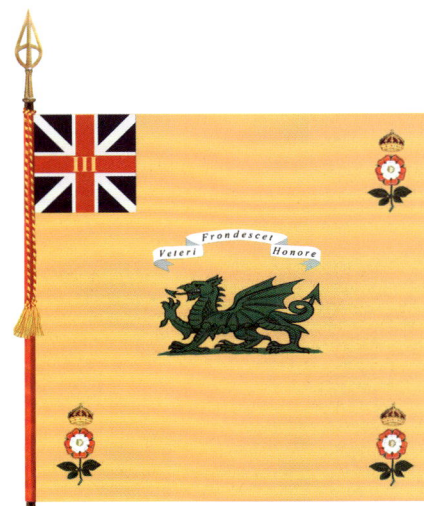

▲ 团旗，第3步兵团

　　第4步兵团：国王花押和嘉德王冠印在红色背景上。3个旗角各有1只英国雄狮。

　　第5步兵团：3个旗角上印有圣乔治（英格兰的守护圣人）屠龙的图案以及玫瑰王冠。

　　第6步兵团：国王旗的图案是一只羚羊。团旗的3个旗角上印有玫瑰王冠。

▲ 国王旗，第64步兵团

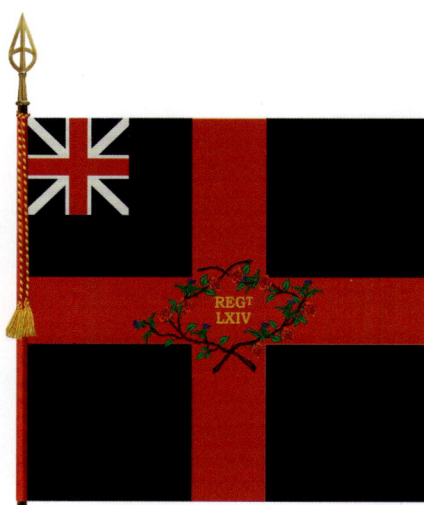

▲ 团旗，第64步兵团

▲ 国王旗，第55步兵团

▲ 团旗，第55步兵团

▲ 国王旗，第4步兵团

▲ 团旗，第4步兵团

第7步兵团：团旗的图案是玫瑰和嘉德王冠。3个旗角上印有汉诺威白马。

第8步兵团：顶着王冠的嘉德勋章为红色底，里面有一匹白马。国王花押和王冠图案印在3个旗角上。

第18步兵团：团旗为蓝色，图案为顶着王冠的竖琴。3个旗角上印着威廉三世的拿骚家族金狮图案。

第21步兵团：团旗图案由蓟花和戴王冠的圣安德鲁环组成。3个旗角上印有国王花押和王冠。圣安德鲁是苏格兰的守护神。该团为苏格兰低地团。

第23步兵团：团旗图案为威尔士亲王饰章——冠冕上插着三根羽毛。3个旗角上分别印有黑王子爱德华的三个徽章。这三个徽章分别是一轮升起的太阳、一头红龙和一个插有三根羽毛的冠冕。该团的德文箴言同样也出现在团旗上，意思是"我侍奉"。

第27步兵团：团徽为一座有三个炮塔的城堡。蓝色旗面上还飘扬着一面圣乔治旗图案，上方有"Inniskillin"的字样。

第42步兵团：旗面中央有国王花押、嘉德勋章、王冠和圣安德鲁圣像。团旗上的拉丁文箴言的意思是"挑衅者自取其辱"。3个旗角上有国王花押和王冠图案。

第51步兵团：旗面为红底色，图案包括嘉德王冠、玫瑰和蓟花。3个旗角上印有国王花押和王冠。

第60步兵团：团旗图案由国王花押和嘉德王冠构成。3个旗角上亦印有顶着王冠的国王花押。第2营的营旗比较独特，一道燃烧的金色光芒从旗帜的上方射向中心。

步兵团还有一种小号的营地旗，其色调同制服贴边一致。当部队扎营后，该旗能用来标识营区范围。营地旗的形状是边长为18英寸（45厘米）的正方形，旗杆高度为7英尺（2.1米）或9英尺（2.7米）。

掷弹兵

掷弹兵是从配备有一种早期手榴弹的军人发展而来的兵种。掷弹兵连的战士都是从每个营中精挑细选出来的经验丰富的老兵。这些精英部队被授予在阵列右翼作战的荣誉。掷弹兵是全团中最高大强壮的人。他们戴的军帽源自早期实战的要求，不会妨碍抢臂投掷手榴弹。有记录在案的英军第一顶掷弹兵帽是布制的主教帽样式，帽子上绣有团徽。所有英军步兵团和海军陆战队中都有掷弹兵连，所有掷弹兵均戴熊皮帽。

▼ **掷弹兵列兵，第42步兵团，1782。** 军官椭圆胸带牌上铸有"42"的字样，以及圣安德鲁圣像和圣安德鲁十字。圣像上方有拉丁文箴言："挑衅者自取其辱。"番号之下装饰有锦簇的玫瑰和蓟花。

▼ **掷弹兵军官，第38步兵团，1779。** 黄色贴边和银色花边是该团制服的特色。该军官的银制椭圆胸带牌上叠印有团番号"XXXVIII"和戴有王冠的皇家花押。纽扣上有"38"或顶有王冠的"38"图案，四周有一圈月桂树叶编织的花环。

▼ **掷弹兵列兵，第3步兵团，1774。** 这名士兵的铜质胸带牌看上去是有圆角的长方形，该团军官的胸带牌为银同。上面印着一只翼龙。制，样式与士兵相

轻步兵

英军轻步兵用实力证明他们是北美战争中不可或缺的精英部队。为了适应当地环境，他们对条例规定的制服样式进行了修改。

同掷弹兵一样，轻步兵也是从各个团中挑选的优秀战士。他们组建为"撒手锏"营，以完成需要丰富经验和战斗技巧的特殊任务，乃至在整个战役中都发挥作用。威廉·豪勋爵在法国和印第安人战争期间就是一名轻步兵军官。在1775年6月的邦克山之战中，他采用了这种战术，将大军中的轻步兵组建成一支特别打击力量。他们奉命攻击布里德山丘美军阵地的侧翼，并成功地攻入其后方。他们强攻横跨米斯蒂克河（Mystic River）河岸的美军阵地，但约翰·斯塔克的部队早就严阵以待，连续3次齐射给予英军迎头痛击。豪勋爵的轻步兵遭受重创，掷弹兵在正面攻击美军主阵地时也损失惨重。这项集中使用轻步兵的战术在当年被普遍使用，其优点也同样是缺点，因为它从一线指挥官手中夺走了经验最丰富，通常也是最强悍的部队。

轻步兵连

七年战争后，英军轻步兵部队被解散。1771年，轻步兵编制得以恢复，每个步兵团均授权组建一个轻步兵连。

◀ **列兵，轻步兵连，第16步兵团，1777。** 该团的醒目特征就是其罕见的黄色贴边。令人惊奇的是，整个战争期间绝大部分英军部队依然在头发上扑粉，这种装扮不仅过时而且不卫生。椭圆胸带牌上印有"16"字样。掷弹兵和轻步兵的胸带牌图案分别是一颗手榴弹和一支军号。纽扣上也印有团番号，并有一圈绳状边缘。花边为白色，外缘部分有红色条纹。该团昵称是"老雄鹿"。

▶ **军官，驻守日耳曼敦的轻步兵，1777。** 这幅插图根据同时代画作绘制。很多军官在执行日常巡逻任务时，为了便于穿越丛林和灌木丛而对标准军服进行了修改。这套服装便反映出军队对简化的"战斗服"需求。上衣被剪短，改为单排扣，花边被取消了。完全违背条例的尖领口十分流行。俏皮的帽子和羽毛帽饰令这套服装显得更加潇洒。该军官所属步兵团无法具体确定，但衣领和袖口的绿色贴边缩小了可能选项。

▲ **骑兵帽和轻步兵帽。** 1768年，英军轻龙骑兵团采用有顶饰的华丽头盔，如图1—4。北美战争中，绝大部分战斗都发生在条件恶劣的丛林地区。轻步兵队以此为绝佳借口，要求替换在作战时显得过于笨重的三角帽，这才得以跟上服饰变化的潮流。所有团都渴望能清晰地展示自己的身份。图2、3为最初批准的帽式，三根金属链条绕在帽身上，帽顶有一个金属尖。军帽式样有各种变化，部分展示如下。1. 第17轻龙骑兵团。2. 第6步兵团。3. 第10步兵团。4. 第16轻龙骑兵团。5. 第71步兵团。6. 第11兵团。7. 第23步兵团。8. 第5步兵团。9. 第69兵团。10. 第62步兵团。

于是除了三个近卫步兵团之外，英国所有步兵团都配备了一个轻步兵连。英国轻步兵部队在战场上以勇猛攻击而声名卓著。在1777年的战役中，正是英军轻步兵对安东尼·韦恩将军在费城外的佩奥利营地发起了一次致命突袭。这次攻击发生在夜间，英军在未上膛的滑膛枪上安装刺刀，悄无声息地干掉了哨兵，随即大肆践踏韦恩的营地。美军损失惨重，很多人在睡梦中被俘。

制服适应性

与其他部队一样，该部制服也为了适应北美战场而进行了调整。英国轻步兵引入了许多印第安式样的服饰，比如印第安绑腿。这项革新意味着他们并非总是看上去像正规军，而且肯定也不符合制式军服的规范。值得注意的是，第4步兵团所辖轻步兵连依然保留了三角帽。

实用性制服

战争爆发时，轻步兵连都穿着制式服装奔赴战场。到1777年，轻步兵制服便演变为一种兼顾实用和美观的样式。他们穿白色背带裤，配红色短上衣或有袖背心，皮制器具为黑色。轻步兵通过短号手而非鼓手来传递信号，这件乐器通常为巨大的猎号角形状，于是这便成为轻步兵的标志物，就好像手榴弹是掷弹兵的象征一样。

军官同士兵一样，也携带类似的长管武器。若戴圆边帽的话，则根据个人喜好，在帽子左或右侧插一根羽毛。很多团的普通连队也采纳了这套制服样式，区别在于他们保留了原先的白色皮制用具，并将背带裤更换为白色马裤、长筒袜和半长鞋罩。

骑兵

招募、维持并训练骑兵部队是非常昂贵的。骑兵调度和战术演练需要不间断地训练，战马也必须精心照料，否则就无法适宜作战任务。总体来看英国人的马匹质量不高，尤其是在南部战区。对比亨利·李和威廉·华盛顿指挥的大陆军骑兵部队，英国骑兵往往驾驭

的是劣马。这样的差别在战役中，特别是在1781年初的"丹河行军赛"行动中，体现得相当明显。美军骑兵总是领先塔尔顿的部队一步。他们使英军既无法靠近奥索·威廉的轻装部队，亦难以接近格林将军的主力部队。塔尔顿无法

向康沃利斯报告格林大军具体方位的准确情报。

第16轻龙骑兵团指挥官威廉·哈考特（William Harcourt）组织了一支徒步战队，作为轻步兵使用。于是这个团既有骑兵也有步兵，具备混编军团的特征，使得该团结构更具灵活性，更适

◀ **军官，第16轻龙骑兵团，1776。** 英军战马不是产目美洲本地。在战争期间英军仅仅只有两个轻龙骑兵团，北美绝对是步兵的战场。该团帽徽上有王后花押（C）和嘉德王冠，以及箴言："冲锋或肉搏。"纽扣上印有一个树叶环，中间叠印有"Q"、"LD"和"16"的图案。

▶ **骑兵，第17轻龙骑兵团，隶属"英国军团"，1776。** 这两支军队在北美广阔的丛林中进行游击战，起到了重要作用。这支分队未使用制式红色帽巾，而改用白色羊皮革。作为龙骑兵，他们佩戴直刃剑，而非较轻的骠骑兵军刀，不过这种军刀很快就会普及。枪套上的徽章叠印有"LD"和"XVII"。在执行任务时，该团士兵似乎采用了印第安式鹿皮革长裤和狩猎衫。

应北美战场。蒙茅斯之战结束后，该团打道回府，只有军官和士官留在北美，其人员和马匹均划归第17轻龙骑兵团管辖。

人们普遍认同第17团是一支优秀的部队。该团曾经派出一支分遣队前往南部，与塔尔顿的"英国军团"并肩作战。这支小队断然拒绝将自己的团制服换成该军团的绿色军服。他们保留了自己的制服。毫无疑问，这身服装在战争中将不得不一而再，再而三地打补丁才能继续穿下去。

制服特征

第16和17轻龙骑兵团制服均为红色，配轻骑兵帽。列兵佩戴同团旗色彩一致的布制肩章。两支部队都配有白色金属纽扣和白色紧身衣裤。

第16轻龙骑兵团：

▶ **号手，第17轻龙骑兵团，1778。** 1922年，该团与第21枪骑兵团合并，成为著名的"死亡或光荣男孩"。头盔上的弯曲短鬃毛是英国骑兵部队的明显标志。沃尔夫将军在魁北克战死后，该团徽章采用骷髅头图案。最初交叉腿骨似乎在骷髅头上方。纽扣上印有一颗八芒星，中间在"LD"字样上叠印有"17"。

该团制服贴边为深蓝色。第16团下辖一支规模不大的徒步分队，穿着该团制式上衣、背带裤和塔尔顿式头盔。他们的装备和训练同轻步兵无异。团号手穿红色上衣，配有深蓝贴边和黄色花边。

第17轻龙骑兵团：该团制服贴边为白色。头盔上绘有一个白色

骷髅头和交叉腿骨。该团箴言为"死亡或荣耀"，这句话绘制在骷髅下方以及鞍垫上。第17团号手穿着白色制服，却奇怪地戴三角帽而非头盔。

该团部分人员加入到南部战区的塔尔顿"英国军团"后依然保留了他们原来的军服。他们也会穿着适应南方炎热和潮湿气候的白色外套。由于得不到任何来自本团的补给，他们将帽巾替换为羊皮革。马具为标准装备。每个团都在鞍垫上印制了团徽。第16团的鞍垫图案是王后花押，即一个"C"代表夏洛特王后；第17团的鞍垫图案为一个骷髅头和交叉腿骨。号兵骑灰马，其他人员则优先选择深色战马。

炮兵

皇家炮兵在战争期间并非由英国陆军管辖，而隶属军械局局长。在一般陆军部队中，获得职位的普遍做法是花钱购买，而炮兵晋升则基于其经验和功勋。

美洲服役部队

皇家炮兵以其高超的军事技能而声名远扬，其表现在这场战争中可圈可点。威廉·菲利普斯是最优秀的将官之一。七年战争期间，当时只是一名上尉的菲利普斯利用火炮在欧洲战场，特别是在明登之战中大获成功，从而一举成名。1777年英军在尚普兰湖对提康德罗加实行封锁时，他对主帅约翰·伯戈因说了一句相当著名的话。菲利普斯希望在迪法恩斯山（Mount Defiance）布置一个火炮阵地，那里能够俯瞰提康德罗加，对其实施火炮打击而不用担心美国防御部队的反击。伯戈因却告诉菲利普斯，那是不可能的，因为这座山太陡峭了。菲利普斯回答道："山羊能到达的地方，人也能；人能达到的地方，就能拖去大炮。"不用说，一个火炮阵地安置就位，美军见状匆忙放弃了要塞。

当时双方都装备有标准的英式6磅轻炮。该炮连同坚固的牵引马车，构成了一组相当优秀的武器系统。多匹挽马通过挽具串联起来牵引拖车，能有效地运输火炮。马匹和车夫都雇佣自平民，不过这也带来一个大问题：平民一旦遭遇敌方攻击，往往会在炮组最需要他们的时候扔下大炮，来一次"法国式别离"[1]。直到1794年，火炮运输采取军事化管理后，这种不尽人意的情况才得以纠正。炮组训练时就像在表演一场军事芭蕾。一个接受过良好训练的炮组能够

▶ **军官，皇家炮兵，1774**。深蓝色制服、红色贴边和黄色纽扣表明炮兵归属军械局管辖，而非隶属掌管有线列步兵和骑兵的英国皇家骑兵卫队。这支王室部队由君王亲自管理。图中马具为重骑兵式。

① 译注：即"擅离职守"。

在一分钟内发射两发炮弹。在紧急情况下，短时间内还能提高射速。炮兵通常从智力和体力俱佳的大个头中挑选，被看作是精英部队。

编制

皇家炮兵的编制为4个营，每营10连。1779年年中，炮兵部队又成立了一个10连的伤残军人团。该团中2个连来

北美服役的英军炮兵连数量									
	1775	1776	1777	1778	1779	1780	1781	1782	1783
加拿大	1	4	2	1	3	3	3	4	8
波士顿	5	7	–	–	–	–	–	–	–
佛罗里达	1	1	1	1	1	1	1	–	–
加勒比地区	–	–	–	3	2	2	2	2	12
其他地区	–	–	10		10	12	12	12	9

自已有番号的营，2个连为新组建的部队。来自第3、第4营的连队被派往美洲服役，第2营的部分连队驻守直布罗陀。1783年，这些连队由来自第1营的连队取代，轮换回国。第1营的部分连队被派往西印度群岛，但该营的大多数连队和第2营的半数连队驻扎在英国本土，主要在炮兵部队的大本营伍尔维奇（Woolwich）。

实用的制服

皇家炮兵以及它的兄弟部队皇家爱尔兰炮兵统一穿着红色贴边的深蓝色制服。皇家炮兵戴三角帽，1777年，皇家爱尔兰炮兵在伯戈因远征队中戴轻步兵帽。皇家爱尔兰炮兵于1755年组建，1801年解散。

◀ **炮手，皇家炮兵，1772。** 炮兵可以通过其携带的工具，如火药筒、长钩（清除炮膛内的残余物，以避免火药爆燃）、点火杆分辨出来。在作战时，这些工具放置在火炮旁边的地面上。这幅图中的士兵正处于标准的训练军姿。

▶ **炮手，皇家爱尔兰炮兵，1772。** 虽然该部与皇家炮兵属于独立的两支部队，但它们的服饰几乎没有差别。该部于1755年成立于都柏林，1801年并入皇家炮兵。其制服与皇家炮兵部队的区别在于铜纽扣成对排列，每只袖子上有4颗纽扣，在红色袖口顶部剪掉了一块小小的"V"形。这名炮手持一柄推弹杆。这件工具的作用是将炮膛内的火药和炮弹夯实，并在每次发射后用湿海绵将任何燃烧残留物擦拭干净。

专业部队

18世纪的军队很依赖专业化部队承担特殊作战任务，尤其是各类攻击行动或要塞阵地防御。英军工程部队在战争期间发挥了重要作用，在整个北美战场执行了各种攻城和要塞防御任务。他们精心布置和建造了约克郡防线（该工事保存较好，现在仍然可以看到）。1779年，技能不凡的工程部队在付出巨大努力后完成了萨凡纳防御工事，使这座城市得以克服所有的困难，胜利坚守。

皇家工程部队

皇家工程部队同皇家炮兵一样，不属于陆军编制，而是归军械局管辖。该部成员全部是军官，每个人都受过教育，训练有素，能力出众。个人晋升主要评估其资历和功绩，不存在通过花钱购买委任或升职的现象，而这在步兵和骑兵系统中早已司空见惯。

皇家工程部队制服为红色，贴边为黑色，纽扣为银色。紧身衣裤早期为浅黄色，北美战争期间改为白色。骑马的军官总是穿马靴和马刺，三角帽有金色镶边。

因为英军工程部队没有列兵，所以在执行攻城或防御任务需要人手的情况下，会从其他部队抽调士兵。在约克郡建设防御工事时，英军从当地征召黑奴，并许诺只要为英国服务便能获得自由。不过当英军投降后，这项承诺成为空头支票，那些为自由而工作的黑奴的期望也随之破灭。

军团工兵

军团工兵是另一类精英士兵。现今与之最类似的兵种是野战工兵。军团工兵是挑选出来的士官，承担小型或辅助工程任务，如清理道路和路障。在军队攻击敌方要塞时，他们的职责是清除障碍，打通进攻线路。很多军团工兵头戴小号的掷弹兵熊皮帽。他们的特征是装备有工兵围裙和斧头。此外他们随身携带的物件还有锯子、小刀和其他轻便工具。在营级部队，军团工兵数量一般并不固定，可能会达到5至8人。他们通常穿戴硬顶长

▶ **军官，皇家工程部队，1782。** 这名骑马的皇家工程部队军官穿着新设计的深蓝色上衣，配黑色贴边，取代了老款配黑贴边（某些资料认为是深蓝色贴边）的红色上衣。贴边材质是天鹅绒，可能参照汉诺威或普鲁士军队设计，因为他们的工程兵制服也有黑色天鹅绒贴边。皇家工程部队的背心和马裤起初是浅黄色，后改为白色。他们还穿马靴和三角帽。

鞋罩，以保护膝盖。

调派军官

战争期间，调派军官帮助英军同

易洛魁部落保持了良好关系，但英方并未对他们的优异工作给予足够的评价。这些英国军官与印第安部落同生活，同工作。一些人，如驻守魁北克的

第8步兵团中尉约翰·考德威尔（John Caldwell），被指派为这些印第安勇士的联络军官。其中很多人穿戴全套印第安服饰。

▼ **军团工兵，第59步兵团，1775。** 军团工兵都有一脸威武的络腮胡子，因为他们经常位于所属营的前方，在艰苦的丛林工作，以至于不可能每天花费大量时间刮胡子和清理剃须刀。时至今日，英国军团工兵士官依然保留了连鬓胡须。

▼ **军团工兵装备套件。** 1. 尖刺和链子①。2. 弹药袋。3. 木质步兵弹药盒内部构造。子弹放置在小孔中便于固定。4. 弹药盒底盘，装有清理工具、燧石、枪口塞。5. 斧头。6/7. 锯子及锯套。

① 译注：用于刺穿并清理火器的排气口。

▼ **军官，第8步兵团，印第安装束，1780。** 这幅插图是根据第8步兵团约翰·考德威尔中尉的肖像绘制的。战争最后一年，他的主要工作是处理同印第安人的关系，争取他们的支持以对付"反叛者"。

北美保王党步兵

保王党，亦称为托利党，占北美人口相当大的比例。于是他们必然组建了数支部队，同英国人并肩战斗。这些部队质量参差不齐，忠诚度各异。

授权部队

战争期间，大约有100支记录在案的保王党部队经过了正式授权或组建。绝大多数都是纸面上的军队。不过有两个步兵团，爱尔兰志愿兵团和皇家高地移民团在战争中成为英军正规部队，尤其是前者赢得了相当高的赞誉。其余步兵团，如女王游骑兵团、巴特勒游骑兵团和塔尔顿的"英国军团"也凭借战功而声名远扬。保王党部队初期穿着绿色制服，贴边色各异，战争后期改为红色制服。但塔尔顿的"英国军团"和女王游骑兵团依然保留了绿色军服。

招募问题

保王党部队在战争期间面临的主要困难是征召。尽管为部队补充军官相对容易，但招募士兵以达到满员编制则相当棘手。因此很多实际组建的保王党部队都达不到许可的编制。若部队在战役以及战斗中遭受损失，通常也很难补充兵员。

王属美洲团：这个团由爱德华·范宁（Edward Fanning）组建，并担任首任指挥官。范宁是一名在北卡罗来纳执业的律师，冒了相当大的风险投靠英国人。范宁并没有服役经验。1776年12

◀ 鼓手，王属美洲团，1776。 同他们的英国战友一样，保王党军鼓手穿着"颠倒颜色"的制服，颜色与团制服贴边色一致，贴边色则为红色或猩红色。这名鼓手头戴传统的熊皮帽。鼓手也被看作战斗人员。虽然其中一些人很年轻，但他们依然同拿枪的战友一样，在战场上有着生命危险。

▲ 军官，王属美洲团，1776。 该部的全称是王属步兵团（第4美洲团）。这团最初可能身穿随时就能在当地采购到的衣物。后来他们穿着一套简易的绿色制服，可能配有黑色的革制交叉肩带。这名军官的穿戴是该团的最终制服样式。

色制服，以及白色紧身衣裤或绑腿裤。上衣衬里为白色。三角帽上有白色（士兵）或金色（军官）镶边。

纽芬兰团：该部组建于加拿大，但战争期间并未参与战斗。其制服为深蓝色，配红色贴边和白色衬里。武器装备与其他英国正规部队类似。

鼓手穿着"颠倒颜色"的制服，

月，他经授权组建该团，编制2个营。该团驻扎在纽约和罗得岛，1780年被派往弗吉尼亚，加入英军序列。经战斗和自然减员后，各级官兵只剩下271人。范宁留在了纽约，没有参加任何实战；该团的战地指挥官是乔治·坎贝尔中校（Colonel George）。1783年，该部变更番号为第4美洲团，于次年解散。在南部战区，该团穿着有绿色贴边的红

◀ **列兵，英国军团，1780-1781。** 这套制服只是"假想"图，因为并没有关于该部制服的完整记录。其中一个原因是该部官兵在考彭斯之战中要么阵亡，要么被俘了。目前仅有的制服样式记录为深绿色上衣，配黑色衣领和袖口。这幅插图描绘了该军团制服的全套样式。这套制服有时容易与大陆军亨利·李的混编军团制服相混淆。

▶ **列兵，纽芬兰团，1780-1783。** 该团全称为国王陛下的纽芬兰步兵团（指挥官为普林格尔）。该团于1780年底组建，守卫加拿大纽芬兰地区，以应对可能来自法国军队的攻击，不过从未参与实战。其制服为深蓝色，而非常见的红色。

戴普通士兵样式的白色镶边三角帽，军官三角帽为银色镶边。纽扣为白色金属质地。

皇家高地移民团：该团因作战表现优异可靠，后来并入英国正规部队，番号为第84步兵团。该部在服役期间身着全套高地服饰，与黑卫士兵团刚抵达北美、尚未换装成野战服时的制服极为相似。移民团穿格子花呢裙，戴高地帽，随身携带苏格兰毛皮袋、匕首和阔刃大剑。作为皇家团，这支部队的制服贴边为深蓝色。

爱尔兰志愿兵团：该部于1777年在宾夕法尼亚费城组建，为保王党部队。它主要在南部战区作战，凭借刚猛顽强的战斗风格赢得了声望。该团后改编为第105步兵团，列为英军正规部队。它在1780年8月的卡姆登之战，以及同年4月的胡布柯克山战斗中表现优异。在其后战争余下时间内，该部都驻守在卡罗来纳地区，因此逃脱了英军在1781年10月遭遇的约克郡大劫难。1783年战争末期，该团前往英格兰，次年解散。该团制服式样为红色上衣，襟贴有白色花边。紧身衣裤为白色，棕色长鞋罩覆盖在鞋面上。该部携带标准步兵装备，可能戴轻步兵帽。军帽正面有一枚"爱尔兰竖琴"团徽，左侧插有一支红色短羽毛。袖口为绿色。

德兰西旅：虽然该部号称"旅"，但实质为3营编制的步兵团。其制服为红色，配有蓝色贴边，符合皇家团的规则。他们配置标准步兵装备，穿白色紧身衣裤和半长鞋罩。为了适应海外的炎热潮湿气候，他们可能还戴白色圆边帽，并在左侧装饰一根羽毛。

▲ **军官，皇家高地移民团，1775。** 该团的官方正式称谓是第84（皇家高地移民）步兵团，成立于1775年，制服完全是高地服饰样式。苏格兰短裙的格子呢为经典的"政府式"格纹，著名的第42步兵团，即黑卫士兵团的军服也采用同样的图案。军官携带高地腰刀、阔刃大剑，以及必不可少的苏格兰匕首。他还穿戴有宽大的传统格子花呢披风，这件服饰多年来还一直作为高地勇士们的野外寝具。

▶ **列兵，爱尔兰志愿兵团，1780。** 战争期间，这支志愿兵部队在南部战场上作战优异，属于正规步兵团。其全称是爱尔兰志愿兵（第2美洲团）。该团后来被光荣地列入英军序列，番号"105"，于1784年初解散。

▲ 列兵，德兰西旅，1778。该部在1778年左右的制服为红色，同大多数保王党部队一致，后来也同样获得深蓝色贴边和皇家团称号。在冬季，该部穿红、蓝或棕色毛料背带裤，军帽亦为毛织品。本插图中的白色圆边帽在夏季使用，看上去十分特别。

▲ 军官，保王党宾夕法尼亚团，1779-1781。该部与保王党马里兰团一道，在1779-1781年间负责守卫彭萨科拉，并参加了抵抗西班牙军攻击的彭萨科拉保卫战。战争中，保王党人与他们的英国战友一起在各个战区作战，战功卓著。一些最优秀的英军部队，如女王游骑兵团就是由保王党人组成的。

▲ 列兵，王属皇家纽约团，1776。为英军战斗的保王党人当中，这是一支最优秀，战斗力最高的部队之一。该部在北方前线有时同巴特勒游骑兵并肩作战。

王属皇家纽约团：该部经常与巴特勒游骑兵团一同在上纽约州展开行动。该部早期制服为绿色，配白色贴边，白色紧身衣裤，同绿色制服配套的鞋罩覆盖到膝盖。1778年后，由于被指定为皇家团，因此换装为红色制服，配深蓝色贴边。军帽为白色镶边的圆边帽，与早先的王属美洲团帽式相似。战后，该团于1784年解散。

保王党骑兵

保王党人除拥有步兵外，还建立了一支小规模的骑兵部队以支援英国在北美的平叛行动。无论是精力还是时间耗费，为骑兵和其他乘骑部队购买并饲养马匹都相当昂贵，不过保王党骑兵得到了独特的英军制服以及一些特殊装备的辅助。

乘骑游骑兵

乘骑游骑兵最初是由在法国和印第安人战争期间扬名的罗伯特·罗杰斯组建。出于各种原因，他并不适合这项工作，于是在1776年10月被陆军少校克里斯托弗·弗伦奇（Christopher French）所取代。当时该部刚刚在马马罗内克（Mamaroneck）遭受美军突然袭击，损失惨重。弗伦奇对乘骑游骑兵进行了重组，剔除出很多不适合的成员。1777年5月，詹姆斯·威姆斯（James Wemyss）少校接替弗伦奇为新任指挥官。威姆斯能力出众，乘骑游骑兵在其指挥下扩充了兵力，并成为一支杰出的部队。威姆斯在日耳曼敦战役中受伤后，约翰·格雷夫斯·西姆科少校于1777年10月担任该部最后也是最出色的一任指挥官。正是西姆科将乘骑游骑兵打造为一支在整个战争期间都战斗力强悍的骑兵部队，直到1781年10月在约克郡投降。在该部作战能力最高效的时候，乘

▲ 骠骑兵军官，女王游骑兵（第1美洲团），1778。 在大多数保王党部队换成更为传统的红或猩红色制服后，该部仍然保留了全套绿装。骠骑兵制服颇为简洁，但头戴一顶令人印象深刻的毛皮高帽，这是骠骑兵的标志特征。这种样式的高帽起源于匈牙利轻骑兵，在整个18世纪几乎被所有欧洲军队采用。

◀ 龙骑兵，女王游骑兵，1778。 龙骑兵是游骑兵部队中另一类骑兵兵种。最初他们是一群骑着劣马行动，但徒步战斗的步兵。在北美服役的正规龙骑兵部队实际为轻骑兵，在英军和美军序列中，他们通常被称为"轻龙骑兵"。

骑游骑兵其实是一支集中了步兵、骑兵和炮兵诸兵种的小型特遣部队。尽管大多数保王党部队都换装成红色或猩红色制服，游骑兵依然保持了其初期的绿色军服。

"英国军团"

该部是另一支摒弃红色/猩红色制服，而保留绿色制服的保王党部队。他们在南方作战，尤其在承担反游击任务时表现上佳。"英国军团"擅长突袭和伏击，曾在沃克斯华成功地消灭了亚伯拉罕·布福德（Abraham Buford）的部队，并拒绝接受该部美军投降而实施屠杀。1781年1月，塔尔顿和他的军团在考彭斯惨遭败绩，被丹尼尔·摩根的精锐部队歼灭。此役后，该军团步兵不复存在，骑兵逃离战场。塔尔顿本人勉强逃脱，避免了被威廉·华盛顿俘虏或击毙的下场。

乘骑托利党部队

女王游骑兵：女王游骑兵包括骠骑兵和龙骑兵。他们都身着绿色制服。骠骑兵戴黑色毛皮高帽，帽左侧搭着一条绿色带子，正面有新月形饰章。轻龙骑兵戴塔尔顿式帽盔。军官和普通士兵的制服基本一致。紧身上衣为绿色对襟双排扣，配绿领、绿贴边、绿衬里和绿马裤。革制装备均为黑或棕色，皮靴为黑色。马具和装备是英军通用设备，手枪套上覆盖着一块黑色熊皮。

英国军团：伯纳斯特·塔尔顿是令人畏惧的"英国军团"指挥官。在南方战区，他为自己的部队设计了一种骑兵头盔，其中心线上有一个头冠。时至今日，这种样式的头盔仍旧以塔尔顿的名字命名。英国轻龙骑兵直到1810年还戴塔尔顿式头盔，而英国乘骑炮兵在拿破仑战争后依然装备这种头盔。

王属美洲龙骑兵团：这支部队的制服略微多了一些官方特征。他们穿着红色制服，配蓝色贴边、黄色花边和黄色纽扣，戴轻龙骑兵团帽。号手穿黑色制服。该部指挥官为本杰明·汤普森（Benjamin Thompson），1783年在加拿大解散。

◀ 军官，"英国军团"，1780。这幅插图是根据该军团指挥官伯纳斯特·塔尔顿的肖像所绘制的。与众不同的头盔据称由塔尔顿设计，在战争期间以及战后被广泛使用。

▶ 骑兵，第17轻龙骑兵团，1780-1781。该部有一支50人的分队在南方与伯纳斯特·塔尔顿的部队一同战斗。由于南方气候极为潮湿，因此他们会在制式上衣外再套上一件白色罩衫或直接用罩衫替代上衣。他们固执地拒绝穿军团的绿色制服，而更偏爱保持他们自己部队的特征。这是一支有着光荣历史的优秀部队，拿破仑战争结束后，该部重编为枪骑兵团。1854年克里米亚战争期间，该团隶属于轻骑兵旅，参加了在巴拉克拉瓦战役的骑兵冲锋[1]。

① 译注：即悲剧性的"轻骑兵的冲锋"。

游骑兵

在北美战斗的保王党游骑兵同轻步兵一样，擅长突袭战和接触战，因作战卓有成效而获得良好的声誉。

女王游骑兵中有11个步兵连，包括轻步兵连、来复枪连和掷弹兵连。他们穿着绿色制服。游骑兵有一支小规模的轻型炮兵队。此外该部还拥有一个高地连，此连亦穿着绿色制服上衣，头戴插着一支黑色羽毛的蓝色高地帽。苏格兰短裙样式为麦克纳布花呢格纹。

隐秘和伪装

这支部队既能加入线形阵列作战，也能适应游击战和其他非常规作战方式。他们的最后一任指挥官约翰·格雷夫斯·西姆科曾经跟随第40步兵团在纽约、布兰迪万河和费城战斗，他坚持要根据在北美地形上的作战经验而对部队进行实训。该部长于突袭、埋伏、拼刺刀，尤其注重个人射击能力。西姆科还强调身体耐力、持续行动能力，并精心挑选军官，要求部队做到健康饮食和个人清洁。

巴特勒游骑兵指挥官是陆军少校约翰·巴特勒（John Butler）。该部早先是约翰·约翰逊将军（John Johnson）指挥的王属皇家纽约团编制下的一个游骑兵连。在盖伊·卡尔顿爵士的命令下，该部后来重组并扩编为团级规模，

同约瑟夫·布兰特率领的易洛魁人勇士们在北部前线并肩战斗，共同打击美国人。巴特勒游骑兵擅长非正规作战，参与了几次支援印第安小队的"屠杀"行动。他们的活动范围远至西部的底特律和

◀ **来复枪手，女王游骑兵，1778。** 很多游骑兵可能穿长背带裤，这使他们看上去像"正规军"的来复枪手。他的高帽样式同游骑兵部队中的轻步兵一致。

▶ **军官，轻步兵，女王游骑兵，1778。** 这个轻步兵军官身着绿色制式上衣，装备与英国轻步兵军官一样。他没有穿马裤，而是穿长筒袜和半长鞋罩。此外值得注意的是黑色皮革装备，这在轻装部队中很常见。作为来复枪手，他也配备有绑腿裤。

肯塔基。该部不打算解决同老邻居们的旧怨，也很少在战斗中对投降者施以宽恕。他们不期望任何回报。

制服特征

巴特勒游骑兵：该部主要执行突袭任务，以及协同印第安人作战。在战斗中，该部很快就积累了丰富经验，成为作战效率高、纪律严明的部队，受到友军尊敬，也令敌人畏惧。1778年该部为营级单位，下辖6个连。

其制服为制式剪裁的绿色上衣，配红色贴边、红色衬里或者狩猎衫。他们头戴简易的轻步兵帽，前翻边上有铜质团徽章。皮革装备是浅黄色、棕色或黑色。军官和士兵均配备有滑膛枪和刺刀。该营还普遍配发了剥皮刀和短柄斧。1781年，该部扩编为8个连，1784年解散。

女王游骑兵：女王游骑兵在费城战役期间表现活跃，包括在曲舍之战（Battle of Crooked Billet）中发动了一次成功的突然袭击（由西姆科计划并实施）。1779年，西姆科被美军俘虏，1781年获释，正好目睹了美军对约克郡的围攻战。该部在服役期间一直穿着绿色制服，通常款式是绿色贴边的绿色上衣。官兵一般都穿白色背带裤。军官可能还有一件标准剪裁，贴边、衬里以及襟贴都是白色的外套。军官也会穿戴紧身衣裤、鞋子和半长鞋罩，还会系一根常见的深红色腰带。

▲ 军官，巴特勒游骑兵，制式军服，1778。游骑兵军官的穿着同士兵的类似，尤其是在战场上。不过如这幅插图所展示，有时他们也会穿制式军服。军官与士兵一样，也携带长管武器。标准配置本应该是来复枪，但在部队中并不普遍，因为滑膛枪也有装备。游骑兵们还采用其他各式各样的北美印第安人装备、武器和服饰。图中这位军官就戴上了一条串珠肩带。

◄ 列兵，巴特勒游骑兵，狩猎衫，1778。该部几乎所有士兵的穿戴都大致如图所示。他们的武器装备和制服需要靠自己来提供，因此每个连甚至每个人之间的服饰和装备都可能不一样。该部似乎普遍戴醒目的轻步兵帽，但这也可能会根据实际情况而发生变化。

保王党民兵

英国拥有许多加拿大民兵部队可供调遣。1775至1776年间，蒙哥马利和阿诺德指挥美军入侵加拿大。魁北克民兵顽强地与之战斗，为最后击败美军起到了一定作用。此外在战争初期，有少部分美国部队在指挥官的煽动下仍然对英国保持忠诚。

保王党民兵部队承担海岸警卫队和海岸防卫队的职责，以及保卫他们自己的村庄和城镇。他们还在边远的城镇和地区执行驻防任务，这样正规军便能抽调到正面战场参加战役行动。一些部队的军服很精良，如魁北克民兵；另一些却相当寒酸，仅有军官和士官的服饰勉强算制服，其他应征的士兵在情况允许的情况下，就像他们叛乱的同胞一样，也穿着便服，拿着平民使用的武器。

南部保王党民兵部队经历了一段更艰难的时光。南方人口比北方稀少，除了城市以外，各部队都分散在乡村。1776年，他们首次支援英军的行动就在卡罗来纳的摩尔溪（Moore's Creek）被挫败。当英军分别在1779年和1780年重新夺回萨凡纳和查尔斯顿时，保王党民兵积极支援英国人，却遭遇失败而大受打击，有时甚至是全军覆没。比如在国王山之战，弗格森不仅被击败，俘虏们后来还由于不明原因被胜利者绞死。

亨利·李和他的混编军团曾经遭遇过一只保王党部队，后者将美军误认为"英国军团"，因为这两支部队的制服十分相近。保王党人竟然以为亨利·李是塔尔顿，直到大陆军开火并大批杀伤

◀ 列兵，魁北克民兵，冬装，1775。 这是一套在北方殖民地和加拿大常见的冬装。该列兵穿一件既保暖又舒适的厚呢外套，执行野外任务时很实用。他系一条精纺腰带，头戴羊毛编制的绒线帽。他佩戴的这条腰带是加拿大民兵的典型样式。他还穿有印第安式绑腿和鹿皮鞋。

▲ 军士，第11新罕布什尔地方团，1774。 这支战前就成立的民兵部队有一套略显过时的制服，更接近法国和印第安人战争期间的样式，而非《1768服饰条令》所规定的步兵制服样式。士官的制服和装备很完善，还包括制式腰带和长靴，这两件装备也是军衔的标志。普通士兵的制服样式没有记录。

他们后才醒悟过来。这就是南方战争的本质，美国人彼此自相残杀。

同美国民兵一样，保王党民兵在服装和行为方面也有很多变化。

魁北克民兵：当英国人在1759至1760年征服加拿大时，他们就从法国人那儿接收了魁北克民兵部队。军官和士兵的制服

都是深绿色，贴边也是相同颜色。上衣有白色衬里，紧身衣裤为浅黄色。军官系一条深红色腰带。军官的三角帽有一道银色镶边，而士兵的军帽则有白色镶边。士兵携带常见的白色皮革装备。军官穿马靴，士兵穿覆盖到鞋面的半长鞋罩。冬季，他们穿一件白色厚呢外套，其下半部有一道宽大的天蓝色条纹。冬季帽式多种多样，既有毛皮帽，也有红色绒线帽。皮革装备穿戴在上衣外面。他们还会系上一条红白相间的腰带，脚蹬印第安式绑腿和鹿皮鞋。

第11新罕布什尔地方团：该部组建于1774年，刚开始由皇家总督管辖，后直接对王室效忠。该部不经意间为一些美国人提供了基本的军事训练，他们最终反而在邦克山与英国正规军面对面交锋。

这个团中只有军官穿着合适的制服。上衣为红色，衬里、贴边、袖口为天蓝色。饰领是银色，一条小型饰带佩戴在右肩。三角帽有黑色镶边。军士们通常也有类似的制服，可能也穿长及膝盖的白色鞋罩，并在膝盖下方

用黑色皮带系牢。佩剑系在浅黄色肩带上，斜跨在右肩。他们也装备有老式的长戟。士兵得不到统一的制服，他们须从家中自带适合的物件入伍。

忠诚的女王郡县民兵：这支本土警卫队成立于1776年12月，在纽约长岛执行任务。只有军官身着制服。其样式为红色上衣，白色衬里和天蓝色贴边，紧身衣裤为白色。军官的三角帽上镶有白边。他们腰间系有一根红色腰带。

◀ 军官，魁北克民兵，1774。这位民兵军官的棕色制服是根据1780年2月7日颁布的通用条例缝制的。每名军官都必须自费配置制服以及武器。没有记录描述普通士兵的制服样式，很有可能他们只能穿便服。士官至少会试图穿戴更正式些，但大概比不上军官的穿着那样优雅。

▶ 军官，魁北克民兵，1774-1775。这位衣冠楚楚的军官是加拿大民兵部队的成员，来自魁北克城。该部说英语的成员都集中在"英国连"，法语成员编制在"加拿大民兵连"。这套讲究的制服结合了英式和法式的特点，同时适用于军官和士兵。

北美印第安人

英国有一群忠诚的北美印第安盟友。这些部落能够为英军提供许多勇士来执行侦察、向导或其他辅助性任务。

易洛魁部落

易洛魁人生活在纽约州附近，是一个兴旺和守序的族群。易洛魁并非是单一部落，而是6个部落组成的联盟。易洛魁人并非唯一在战争期间与英国军队结盟的印第安势力，但他们在莫霍克族领袖约瑟夫·布兰特的努力下，成为英军最坚定和最忠诚的战友。印第安人积极地与英国正规军和诸如巴特勒游骑兵这样的保王党部队合作。他们主要在纽约州边境和南方战斗。

约瑟夫·布兰特和易洛魁人忠诚地为英国人战斗。当收到征召令时，一支大约有300名印第安人和100名白人保王党的部队就组建起来了。在1777年的战役中，布兰特带领他的部下支援巴里·圣莱杰对坦威克斯要塞的袭击行动。他们参与了残酷血腥的奥里斯坎尼之战，在那里伏击了一支前来救援的武装精良的美国民兵部队，并阻止他们抵达要塞。然而印第安人也损失惨重。当有谣言说一支强大的大陆军正前来增援坦威克斯时，他们信心全无，很多人离开了战场，任凭布兰特费尽口舌也没能让他们留下来。因为印第安武士的脱离，圣莱杰只好放弃围攻

◀ **易洛魁武士，1775-1783。** 易洛魁战士通常穿着红色和蓝色的"商人服饰"，用精心设计的珠子和羽毛装饰。易洛魁人同其他印第安人一样，会在脸上和身体上涂抹颜料后参加战斗，其装备也混杂着印第安式和欧式武器。他们的头饰值得注意，因为它不仅引人注目，而且很容易从远处辨认出来。它还能令穿戴者看上去更高，从而可能使对方射手偏离目标。

▲ **易洛魁武士，1775-1783。** 这名武士的衣着更为传统，穿有绑腿、鹿皮鞋和土著腰布，有时候还穿一种短裙。他拿的棍棒有时是从树根加工而来，在近战中极为有效。对印第安人而言，钢刀和滑膛枪相当昂贵，都是通过与美国人及英国人进行交易，或抢夺来的。同印第安人的贸易有时是不公平的，而且往往非法，因为印第安人获得的武器可以用来对付殖民地的移民。他们还携带有短柄斧。

行动，返回加拿大。

沙利文远征军

当沙利文将军率领一支4,000人的

▼ **约瑟夫·布兰特，1780。** *约瑟夫·布兰特是最著名的印第安领袖之一。布兰特的莫霍克名字是"Thyandanega"。他的保护人是英国印第安事务主管，威廉·约翰逊（William Johnson）爵士。布兰特的妹妹莫利嫁给了威廉爵士，他在战前就在约翰逊手下工作。他和巴特勒游骑兵一同在战场上作战。*

部队进入易洛魁人的领地时，这大概是最悲惨的时期。远征军中大部分是训练有素、纪律严整的大陆军。易洛魁人是优秀的侦察兵，知道如何在北美崎岖的地形中生存、运动和战斗，但他们既没有力量也没有能力去对付这支即将摧毁他们的敌人。他们曾经试图伏击美军，但对手的战斗力和谋略都更胜一筹。在此之后，美军穿越易洛魁人的领地如入

易洛魁部落联盟成员	
部落名	可能的武士数量
莫霍克族	100
奥奈达族	200
塔斯卡洛拉族	200
奥内达加族	230
卡尤加族	220
塞内卡族	650
总计：	1,600

无人之境，他们只得跟在敌人的侧翼和后方，眼睁睁地看着美军系统性地破坏他们悉心维护的城镇和土地。易洛魁人的生存之地完全被这种惩罚的远征摧毁了。他们只好退至加拿大，依靠英国人提供的补给生存。战争结束后，他们仍然留在那里，像许多保王党人盟友一样，再也没有回到他们祖先的土地。

传统服饰

印第安武士的着装混合了本土样式和欧洲服饰，外貌通常看起来颇为可怕。他们在很大程度上依赖于英国人提供的武器装备，很珍视钢刀和手斧。印第安武士十分熟悉滑膛枪和其他武器的操作，被公认为是优秀的射手。他们每个人都是强悍的战士，但并不按照欧洲标准的战斗方式作战。他们在故乡的森林里熟稔地战斗，并设法生存下来，而没有经验的欧洲人会在那儿饿死。然而他们很容易灰心丧气，如果看不出战斗的意义，或者遭受了巨大损失而没有任何补偿，他们就会收拾行装回家。

◄ **"红外套"，1780。** *"红外套"是塞内卡族印第安人，易洛魁部落联盟中的一员，在整个战争中都效忠于英国。这段时期的印第安人服饰结合了印第安和欧美元素。这幅图中的"红外套"穿着极为普遍的狩猎衫。*

法军、德意志军和西班牙军

　　1777年底，在本杰明·富兰克林的斡旋下，法国同美国结为盟友，这是独立战争中的一起决定性事件。当时法国已经开始秘密向美国提供资金和武器支持，现在则公开派遣重组后的舰队和陆军，向英国宣战。西班牙稍后也加入美国及法国阵营。英国唯一的盟友是忠实的德意志人，他们作为雇佣军于1776年参战。

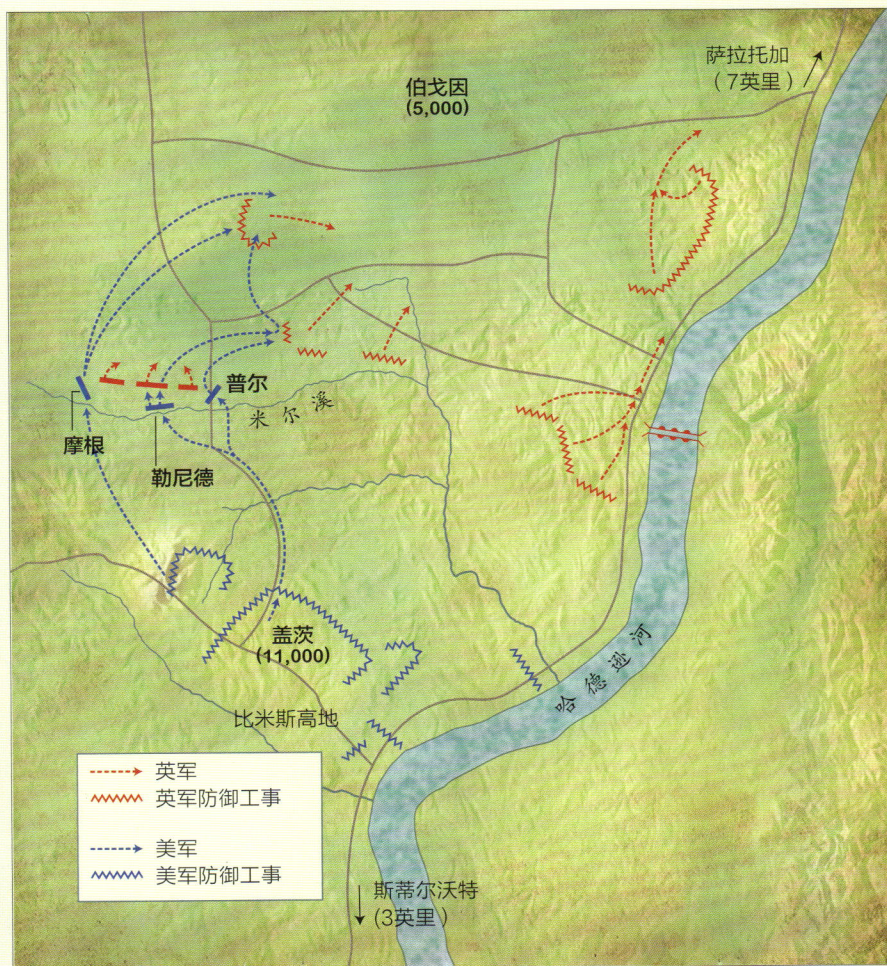

英军
英军防御工事
美军
美军防御工事

▲ 由于英德联军未能突破美军的防线，伯戈因将军的最后希望在比米斯高地破灭了。

◀ 萨拉托加战役后，伯戈因将军向霍雷肖·盖茨将军交出佩剑投降。投降协议中的条款对英军而言是宽宏大量的，维护了他们的荣誉。此役敌众我寡、缺衣少粮、弹药匮乏，被包围的伯戈因陷入绝望的境地。

盟军和雇佣军

　　美国与法国结盟是战争中的一个决定性事件。法国军队在北美有过战斗经验，他们在七年战争期间学到的惨痛教训此时也发挥了作用。参与了这场战争的其他民族还包括德意志人和西班牙人。德意志雇佣军为英国人战斗，一小部分西班牙军队在南部战区捍卫他们国家的利益。

法国军队

　　除了几个著名的特例之外，法国军队在七年战争期间的表现一直令人沮丧。法军战术理论就是从这样灾难性的灰烬中重生，并发展进化。军事理论家和具有实战经验的人为此付出了巨大心血；善于思考的军官们也很睿智，足以意识到必须采取措施以纠正法国军队固有的致命顽疾。法国步兵条例经过了数次修改，并进行了实际操练和演习。炮兵部队经彻底改造，建立了参谋部和炮

▼ 受到致命伤的黑森雇佣军陆军上校冯·拉尔（von Rall）向华盛顿投降，交出特伦顿要塞。

兵学院，优秀的法国炮兵学校还教授步炮协同的作战方式。当法国加入这场对抗英国的战争，与年轻的美国并肩作战的时候，他们已经准备就绪。这是一支自路易十四和杜伦尼①时代以来法国最好的军队。

　　法军1776年条例是迈向正确方向的一步。美军通过学习这项条例和在瓦塞尔营地（Vaisseaux）进行训练，短期看甚至比法军受益更多。法国远征军成立于1780年，训练有素，纪律严明，听从指挥，组织严密，最终在1781年取得了约克郡战役的胜利。总司令官是让·巴普蒂斯·杜纳坦·德·维缪尔，罗尚博伯爵（Jean-Baptiste Donatien de Vimeʊr, comte de Rochambeau）。罗尚博集个人魅力、决断力、勇气和经验于一身，无疑是最适合的人选。他与美国盟友的合作精神，以及为同盟胜利而努力的意愿，使约克郡的胜利成为可能，确保了美利坚合众国得以独立。

▲ 罗尚博是法国军队在七年战争之后进行改革的坚定支持者。

德意志军队

　　在18世纪中叶，德国还不是一个独立国家或政治实体。它由数量繁多的独立王国、公国、选侯国、主教辖区和其他领地构成。在普鲁士和奥地利都期望扩张它们帝国的情况下，每个政权都力图保持自身独立，既要避免被普鲁士所左右，也要摆脱奥地利的控制。在德意志诸国西面，法国也是一个咄咄逼人，同样持扩张主义的国家。从17世纪晚期到19世纪早期，法国一直在进行一系列战争，并逐渐将其东部边界延伸至法德的"天然分界线"——莱茵河。这些较小的德意志国家各自都拥有规模不等的军队。由于普鲁士在七年战争中击败了所有对手，因此普鲁士模式成为军事组织形式的最好典范。大多数小国都将普鲁士作为成功的德意志王国而加以模仿。一小部分国家则学习普鲁士的对手，奥地利军队，不过此时在德

　　① 译注：三十年战争期间法国著名的元帅，帮助路易十四称霸欧洲。

▲ 1759年10月，西班牙舰队在那不勒斯。这张图片显示了当时的西班牙仍然是一个不容小觑的海上强国。

▼ 西班牙国王查理三世肖像，绘于1761年北美战争期间。

国中西部地区影响力更大的国家依然是普鲁士。

　　大多数小国松散地结成德意志帝国，统称为神圣罗马帝国[1]。这个实体的名义皇帝是奥地利皇帝。他的权威在不同国家，不同时期迥异。许多小国家都习惯于出租他们的军队以换取金钱。英国对雇佣这些佣军来支援他们在欧洲的战争早就驾轻就熟。在北美战争初期阶段，他们就采取行动招募了一批德意志雇佣军。这些军队自始至终都参与了整场战争。

西班牙士兵

　　到18世纪中叶，西班牙帝国的鼎盛时期已经过去了，它在欧洲的影响力也大为减弱。自18世纪初的西班牙王位继承战争以来，它的统治者一直是波旁家族成员，与法国王室关系密切。西班牙在中美洲和南美洲仍控制着一个庞大的海外帝国，并拥有一支实力不俗的舰队来保护。它的军队仍然有能力采取有效的行动，但在涉及欧洲事务时仅能维持自保。当西班牙站在法国和美国一边加入战争时，它只是次要的军事力量罢了。

①　译注：即所谓的德意志第一帝国。

法军指挥官和参谋

　　法国军队是现代参谋制度的先行者。法军参谋都是训练有素的专业人士，能非常称职地在战场上指挥运作军队。军队的总参谋部实际上是指挥官的管理团队——履行所有存在等级制度的社会、商业、宗教和军事组织中的行政管理和制定计划的职能，直到现在也依然如此。

将官

　　罗尚博将军的制服是所有法国将官穿戴的典型样式。他身着深蓝色上衣，配深蓝色衬里和袖口，外轮廓有金色穗带；此外袖口有两道，领口有一道金色穗带。他的背心和马裤都是白色。通常他脚穿长及膝盖的黑色马靴，并配有镀金马刺。上衣纽扣为黄色金属质地，三角帽包有一条金色穗带。法国将军们有野战服和礼服两套制服。礼服与野战服相似，但金色穗带更为突出，因而显得更加华丽。

参谋

　　通过欧洲17和18世纪无数次战争的磨砺，参谋制度的发展和实践已经日臻成熟。参谋们的主要任务是帮助指挥官能集中精力处理在战役和战斗中指挥军队这样更加重要的问题。参谋长管理参谋部，并对指挥官负责，协调整支军队的运作和组织。当时杰出的法军参谋长官是皮埃尔·约瑟夫·布尔塞特将军（Pierre Joseph Bourcet）。他不仅发展了现代参谋工作体系，1764年还在格勒诺布尔（Grenoble）开办了法国参谋学院，为法军培养参谋军官。布塞特对参谋运作和军事计划制定的影响延续至今。在法国大革命战争中，他制定的参谋工作规程也得到了进一

◀ 军官，参谋部，1780。这幅插图根据路易-亚历山大·贝尔蒂埃的形象绘制。他当时的军衔是中校，担任罗尚博的助理参谋，后来成为拿破仑的总参谋长。他的官方头衔是"Sous-Aide Marechal des Logis"，大致含义是助理参谋。外套为皇家蓝色，有一个小竖领，双肩上各有一枚披着流苏的金色吊穗肩章。这套制服还包括红色背心和马裤，与法国海军军官制服样式相当接近。请注意黑白相间的联盟式帽结。

▲ 罗尚博，法国远征军总指挥官，1780。罗尚博伯爵身着华丽的中将制服，肩披红绶带，胸前佩戴圣路易大十字勋章。该勋章于1771年授予罗尚博。这件外套镶有一道螺旋形图案的金色花边。

步的发展。1796年至1814年，路易–亚历山大·贝尔蒂埃（Louis–Alexandre Berthier）是拿破仑的参谋总长。1780年至1782年，他在北美担任罗尚博的参谋军官。贝尔蒂埃不论是在参谋工作还是在战斗中均表现突出，获得了宝贵的经验。

地形工程师

法军地形工程师就是制图师，负责绘制和保养地图。他们在北美的杰出工作得到普遍认可，其工作质量在这一时期十分优异。他们是欧洲最好的地图绘制员，成果堪称无价之宝。他们身着深蓝色上衣，配白色衬里，以及奥罗拉色（一种橙黄色）的贴边、衣领和袖口。

法国人喜欢能够引人注目的贴边颜色，其中一些色彩，如法国奥罗拉色就是由多种染料混合而成的。背心、马裤和肩章均为白色。因为野外作业时经常要骑马，所以他们穿高帮马靴。三角帽有一道白色镶边。法式帽结一般为白色，但他们在北美使用联盟式帽结，其中心区域为黑色（与美军帽结颜色相反）。

参谋军官

参谋军官的制服为深蓝色，配深蓝色衣领和袖口，口袋缘有金色花边。外套正面有8个竖直排列的纽孔，均绣着金色花边。袖扣也绣有相同图案。马裤和背心都是猩红色，三角帽有一道细金镶边。他们脚穿马靴。左边这幅插图展现了年轻的贝尔蒂埃中校的制服样式。作为参谋军官，他的正式头衔是"Sous–Aide Marechal des Logis"，这是一个法国军事术语，翻译过来的意思是"参谋长的助理参谋"。

◀ *军官，地形工程师，1780。* 这类参谋人员的制服特征是橙色贴边、银色纽扣、肩饰和花边刺绣。由于其工作是测量未知的地域，这意味着他常常一连好几天都得坐在马鞍上行动，因此他必须穿马靴。这些军官受过专门训练，能够绘制地形图；他们的地图是严格保密的，只供少数军官使用。

▶ *军需官，1780。* 铁灰色外套和红色紧身衣裤标志着这位军官是一个非战斗人员。这件外套上的金绣是一种针叶形图案。军需官的职责是为军队提供后勤补给，如饲料、住宿和食物。这套制服可能不够耀眼，但任何军队若要维持，军需官的存在至关重要。

法国步兵

战争期间派往北美的法国步兵身着一套过渡性的制服，因为此时他们正处于1776年和1779年的两部条例间期。

新衣旧服

在条例过渡期内，法军一直使用同一套制服和装备，直到它们彻底磨损为止；只要还能用，法国指挥官们就不愿意抛弃任何服装和装备。在美国服役的部分法国部队可能还按照1776年条例穿

◀ 雅马邑团，猎兵，1779。 在1779年制服条例颁布之前，该团制服的袖口和襟贴为天蓝色，衣领则为橙色。一些在美国参战的法国军队服饰混杂，新旧制服均有穿戴。

1776 年法国步兵制服

团	番号	贴边	襟贴	衣领	袖口	纽扣
香槟团	3	银灰	银灰	银灰	银灰	黄
奥斯特拉西亚团	4	银灰	银灰	红	银灰	白
雅马邑团	6	天蓝	天蓝	橙黄色	天蓝	白
欧塞瓦团	12	黑	黑	深红	黑	黄
阿基耐斯团	14	粉红	粉红	绿	粉红	白
波旁团	15	深红	深红	深红	深红	黄
奥弗涅团	17	紫罗兰	紫罗兰	紫罗兰	紫罗兰	黄
加蒂奈团	18	紫罗兰	紫罗兰	黄	紫罗兰	黄
康布雷团	20	紫罗兰	紫罗兰	粉红	紫罗兰	白
维耶努瓦团	22	红	红	绿	红	黄
都兰团	34	青灰	青灰	黄	青灰	白
苏松奈斯团	41	红	红	天蓝	红	黄
艾诺团	51	深红	深红	黄	深红	黄
皇家孔图瓦团	76	天蓝	天蓝	深红	天蓝	黄
圣东日团	85	橙黄色	橙黄色	天蓝	橙黄色	白
富瓦团	86	深绿	深绿	黄	深绿	白
迪龙团 *	90	黄	黄	白	黄	黄
沃尔什团 *	95	蓝	蓝	黄	蓝	黄
昂吉安团	96	橙黄色	橙黄色	红	橙黄色	白
皇家团	104	深红	深红	深红	深红	白
双桥团 **						

* 这些团穿着红色上衣。

** 这个团穿着浅蓝色上衣。

戴制服，而另外一些部队的制服则根据1779年条例配置，还有些部队甚至是这两者的混合体。罗尚博指挥的远征军很有可能是以1779年条例为标准穿着制服的，但也不排除其他样式。

法国本土部队身着白色制服，配有彩色贴边和嵌边。法军中的德国、瑞士和爱尔兰步兵团分别穿天蓝色和红色制服。殖民地部队不必遵守统一的制服条例，但通常穿深蓝色军服。

瓜德罗普团：该部是在北美服役的一支殖民地步兵团，1779年参与了失败的萨凡纳攻城战。他们身着深蓝色上衣，无襟贴，配红色袖口、衣领和吊穗肩章。上衣衬里为白色，折边亦为白色。背心、马裤和长鞋罩都是白色，三角帽有白色镶边。

雅马邑团：该部为标准的线列步兵团，身着典型的白色制服，配有天蓝色襟贴和袖口，以及黄色衣领。上衣衬里为白色，背心和马裤也是白色。长鞋罩是黑色，三角帽有白色镶边。肩章为白色。

艾诺团：这个线列步兵团身着白色制服，配有红色襟贴、袖口和黄色衣领。掷弹兵的肩章为白色，末端有红色

饰穗。背心和马裤是白色，长鞋罩是黑色。根据1779年条例，掷弹兵特有的熊皮帽被废弃了。由于他们是按照1776年条例要求成立的部队，因此其制服的"磨损期"可能才刚刚开始。法军指挥官们对于部队该如何穿戴有他们自己的想法，即使新条例生效后，熊皮帽显然依旧使用。军帽的羽饰为白色，有一个红尖，帽绳也是白色。

　　迪龙团：士兵和军官均穿着在法国服役的爱尔兰团的传统红色制服。爱尔兰旅是"野鹅"的一部分[1]，他们为了支持斯图亚

特家族的事业而背井离乡，与英格兰对抗。该团上衣襟贴和袖口为黄色，衣领为白色。三角帽有金色镶边。背心、马裤和长鞋罩为白色。纽扣为白色金属质地。四颗袖扣有白色花边，以人字形排列钉在袖子上。

▲ 军官，迪龙团，1778。该团是法军中的爱尔兰团之一，穿红色上衣。金色肩章表明此人为中尉。他在执勤时会佩戴装饰有法国皇室百合花图案的金色饰领。

◀ 军士，瓜德罗普团，1780。袖口顶部有银色穗带，这也是该军士的军衔标志。他的制服折边处有锚型图案，表明该殖民地团由海军部管辖。银色纽扣上印有该团的名称。

▶ 掷弹兵，艾诺团，1779。1779年新制服条例颁布前，艾诺团制服有深红色翻领，制服折边处有手榴弹图案。掷弹兵帽有2或3种不同样式的帽板。

① 译注：在爱尔兰历史上，"野鹅"特指那些16-18世纪为欧洲大陆国家服役的战士。

军旗

来自不同国家的旅团都有某种形式的军旗。它们根据条例规定、军官品味，甚至是布料是否易得而所有不同。

法国军旗

战争期间法国并没有国旗。波旁家族的旗帜为白色，最后终于在白色旗面中增加了金色鸢尾花纹章后作为国旗使用。法国军团的白色军旗悬挂在一根有矛尖顶饰的旗杆上，一个白色装饰结垂在尖顶饰之下。自16世纪亨利四世争夺王位以来，这种装饰结一直是法国的象征，具有强大的号召力。

步兵团还为每个连配备有团旗。所有这些旗帜都是以一个巨大的白色十字架为中心，将旗面分成四个等分，每一个团在等分部分都有各自不同的设计。在法国军队中，外籍军团的旗帜设计可能会非常不同，如在约克郡围攻战中表现出色的双桥团。

▲ 圣多明哥志愿步兵团旗，古巴民兵，路易斯安那步兵团。金羊毛勋章①项圈环绕着西班牙徽章。

① 译注：由勃艮第公爵菲利普三世于1430年以英格兰嘉德骑士团为典范创立的骑士勋位。勋章式样是金质的绵羊状垂饰。

法军中爱尔兰军团的团旗采用与法国本土步兵团一样的设计模式，主要区别在于箴言：“在此标志下征服。”

德意志军旗

大多数德意志小公国、王国和选侯国的步兵团都有两面军旗。一面为君主旗，一面为团旗。布伦瑞克和黑森-卡塞尔（Hesse-Cassel）的旗帜与普鲁士旗颇为相近，可以通过旗面中心的图案分辨：布伦瑞克旗的标志是在月桂花装饰的红色圆圈内有一匹向左飞驰的骏

▼ 黑森-卡塞尔线列步兵团团旗。旗帜上的箴言意为：无所畏惧。

NESCIT PERICULA

▼ 皇家双桥团团旗与其他呈几何对称图案的法国步兵团团旗形成了鲜明对比。

马；黑森–卡塞尔旗的标志是在月桂花环绕的蓝色圆圈内有一头挥舞利剑的雄狮。两国军队的团旗也采用相同设计原则，只是主色调有所不同。团旗的中心图案上方都有一顶王冠，四个旗角分别有王冠花押印记。

黑森–哈瑙（Hesse-Hanau）旗为粉色，旗面中心有一枚戴王冠的纹章和王冠花押。与布伦瑞克和黑森–卡塞尔

▼ 加蒂奈团旗。

▼ 阿基耐斯团旗。

▼ 波旁团旗。

▼ 皇家炮兵旗。

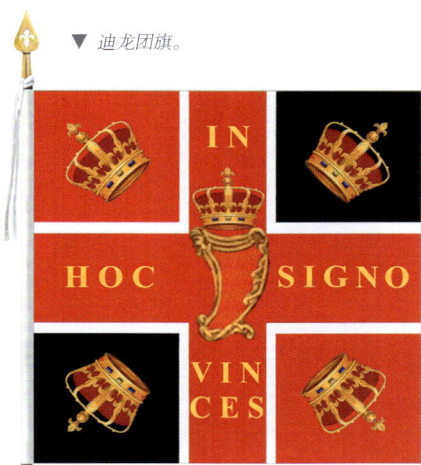
▼ 迪龙团旗。

IN
HOC SIGNO
VIN
CES

▼ 圣东日团旗。

▼ 苏松奈斯团旗。

▼ 都兰团旗。

旗不同的是，它没有覆盖了整个旗面的十字图案。

安斯巴赫–拜罗伊特（Ansbach-Bayreuth）旗的质地为白色锦缎，中间有一个被月桂花环围绕的王冠花押印记，

西班牙军旗

每个西班牙步兵营有两面军旗，分别为国王旗和团旗。西班牙军旗设计简单，通常在白色底纹上安放一个红色勃艮第十字。王旗图案是顶着王冠的西班牙王室纹章。旗角处有戴着王冠的不同

省城的徽章，表示该部的招募地。王冠可以指向内或向外，也可以是垂直的。同王旗一样，团旗上也有团徽，但并没有西班牙王室纹章。

罗尚博远征军和殖民地部队

1780年，法国远征军部署到美国，总司令官罗尚博将军完全胜任他的职务。整个远征行动由专业人员制定计划，行动有序，计划周密，组织良好，精细到为每支部队和运输船只编制名册。总计超过5,000名官兵登船，他们于1780年7月11日抵达罗得岛。

◀ 军官，圣东日步兵团，1779。根据1776年制服条例，该团制服有橘色襟贴和袖口，衣领为天蓝色。这幅插图为稍后的制服样式。这名军官处于非勤务状态，拿一根手杖，这也是彰显其地位的标志。

1779 年法国步兵制服

团	番号	贴边	襟贴	袖口	纽扣
雅马邑团	6	天蓝	天蓝	白	–
香槟团	3	天蓝	白	天蓝	–
奥斯特拉西亚团	4	黑	–	黑	黑
欧塞瓦团	12	黑	黑	白	白
波旁团	13	黑	白	黑	白
阿基耐斯团	16	紫罗兰	白	紫罗兰	黄
奥弗涅团	17	紫罗兰	紫罗兰	紫罗兰	白
嘉丁内奥斯团	18	紫罗兰	紫罗兰	白	白
康布雷团	20	青灰	青灰	青灰	–
维耶努瓦团	22	青灰	白	–	青灰
都兰团	34	玫瑰色	白	玫瑰色	白
苏松奈斯团	41	深红	深红	深红	黄
艾诺团	51	深红	白	深红	白
埃格团	59	银灰	银灰	银灰	–
皇家孔图瓦团	76	皇家蓝	白	–	皇家蓝
圣东日团	85	深绿	白	深绿	黄
富瓦团	86	深绿	深绿	深绿	白
迪龙团 *	90	黄	黄	–	黄
贝里克团 *	91	黑	–	黑	黑
沃尔什团 *	95	蓝	–	蓝	蓝
昂吉安团	96	白	–	白	白
皇家矣斯达姆施塔特团 **	97	卡普辛红	卡普辛红	卡普辛红	–
皇家双桥团 **	104	黄	–	黄	黄

注：若某个步兵团穿白色上衣，且襟贴、袖口、衣领某一项为白色，则嵌边采用贴边色。

* 这些团穿红色上衣。** 这些团穿浅蓝色上衣。

1779年法军制服条例将大多数线列步兵团分为10个"军"（class），每军6个团，但皇家团、王子团和皮卡第团除外。每个军又被进一步细分为两个"师"（division），每师3团。其中第1师制服使用黄色金属纽扣，第2师使用白色金属纽扣。每个师的第1团制服襟贴和袖口颜色同团旗一致。第2团制服襟贴也为团旗色，但袖口为白色，有一圈穗带。第3团制服袖口为团旗色，襟贴为白色；团旗色的穗带（嵌边）勾勒出襟贴轮廓。

第1师的上衣口袋为横开口式，有三颗纽扣，外轮廓压有嵌边。第2师的上衣口袋为竖开口式，每个口袋都有三颗纽扣，外轮廓压有团旗色的嵌边。皇家团制服都是深蓝色，贴边也为深蓝色。王子团的制服为醒目的红色。掷弹兵戴的熊皮帽在1779年条例中被废除，但并未得到贯彻实施。按规定，掷弹兵应戴三角帽，并装饰一个红色绒球。猎兵属于轻步兵，军帽上有绿色绒球。对每个营而言，旗下各普通连军帽上的绒球颜色各异，其中第1连为深蓝色，第2连为橙黄色，第3连为紫色，第4连为深红色。纽扣上压印有团番号。普通连肩章为白色，装饰有团旗色的嵌边。掷弹兵的肩章为红色，边缘有红色嵌边。轻步兵肩章为绿色，有白色嵌边。上衣折边处装饰有不同图案，掷弹兵为燃烧的手榴弹，轻步兵为一个狩猎号角，普通连为鸢尾花。团鼓手穿国王的侍从制服。

▼ **鼓手，苏松奈斯步兵团，1778。** 大部分法国步兵鼓手都身穿此套制服。有趣的是，西班牙鼓手制服上也有这种红白相间的链状花边。襟贴颜色与贴边色一致。

▲ **后勤士官，圣东日步兵团，1779。** 法国军队中的后勤士官负责为其所在连提供后勤支持。他的军衔介于下士和中士之间，不属于正式的军衔系统。后勤士官的工作包括了连事务官和补给中士的职能。制服的衣袖上端有一道红色斜条纹，袖口处也有红色条纹。此图中他穿全白制服，军帽上装饰着法式帽结，而非黑底白花的联盟式帽结。

▶ **猎兵，苏松奈斯步兵团，1780-1783。** 他身穿训练和做杂役时的服装（不包括滑膛枪、刺刀和皮制弹药袋），衣袖上端的V形臂章表明他已服役5年。黑色鞋罩一般在冬季穿戴。

罗尚博的士兵

法国远征军包括波旁步兵团、圣东日团、苏松奈斯团和皇家双桥团，还有洛赞混编军团。洛赞军团拥有步兵、轻骑兵以及相当于一个营的炮兵和附属工程兵。

1781年秋，法军部署到弗吉尼亚，与华盛顿和他的大陆军一起向约克郡前进。这时罗尚博同圣西蒙侯爵（Saint-Simon）率领的3,000法国

殖民地步兵团	
部队	驻地
海隼团	圣多明各（海地）
太子港团	圣多明各（海地）
马提尼克团	马提尼克
瓜德罗普团	美国和瓜德罗普岛
布耶志愿兵团	马提尼克
圣皮埃尔士官生团	马提尼克
格罗斯－莫内士官生团	马提尼克
海军外籍志愿兵团	美国和西印度群岛
轻装志愿兵团	圣多明各（海地）
掷弹志愿兵团	圣多明各（海地）
劳工军团	瓜德罗普岛
皇家轻步兵团	圣多明各（海地）
自由志愿兵团	瓜德罗普岛和马提尼克
卡尼尔－庞巴迪步兵团	圣多明各（海地）、马提尼克和瓜德罗普岛

增援部队会合。这支援军由格拉斯伯爵（Grasse）指挥的法国舰队从西印度群岛运送而来，包括都兰步兵团、阿基耐斯步兵团和嘉丁内奥斯步兵团。他们从圣多米尼克起航，共有3,000人。援军在弗吉尼亚登陆后，格拉斯随即于1781年9月在切萨皮克之战中决定性地击败了英国舰队。这场胜利阻止了皇家海军为被围困在弗吉尼亚约克郡的英军输送补给。它还制止了敌军骚扰从纽约经切萨皮克海湾向乔治·华盛顿的军队提供补给的通道，直到英军指挥官康沃利斯勋爵投降，格拉斯的舰队一直封锁着海岸。

◀ **掷弹兵列兵，皇家双桥步兵团，1779。** 根据旧条例，该部应穿天蓝色上衣，配深红色衣领、襟贴和袖口。这名士兵戴老式熊皮帽，正面有掷弹兵连与众不同的铜制帽板，上面印着一枚燃烧的手榴弹，这是精英部队的象征。

▶ **鼓手，皇家双桥步兵团，1779。** 这是一套法国线列步兵鼓手的常用制服，襟贴为贴边色；红白相间的链状花边十分醒目。

加勒比地区的法国步兵

	驻地	部队
1778	多米尼加岛	欧塞瓦团、维耶努瓦团、马提尼克团
	圣卢西亚岛	马提尼克团、皇家炮兵、雅马邑团
1779	圣文森特岛	香槟团、维耶努瓦团、马提尼克团
	格林纳达岛	迪龙团、欧塞瓦团、马提尼克团、富瓦团、康布雷团、艾诺团、香槟团、皇家炮兵、海军第1外籍志愿兵团
1780	圣文森特岛	欧塞瓦团、维耶努瓦团
1781	圣卢西亚岛、多巴哥岛	维耶努瓦团、布里团、迪龙团、雅马邑团、欧塞瓦团、沃尔什团、皇家孔图瓦团
	圣尤斯泰希厄斯岛	欧塞瓦团、皇家孔图瓦团、迪龙团、沃尔什团
1782	圣基茨岛	雅马邑团、阿基耐斯团、欧塞瓦团、都兰团、维耶努瓦团、布里团、皇家孔图瓦团、迪龙团、皇家炮兵、海军第1外籍志愿兵团
	德梅拉拉岛	雅马邑团、海军第1外籍志愿兵团
	蒙特色拉特岛	欧塞瓦团

各军（class）制服贴边色

军	颜色	军	颜色
1	天蓝	6	黄
2	黑	7	深红
3	紫罗兰	8	银灰
4	铁灰	9	橙黄
5	玫瑰	10	深绿

殖民地步兵团

　　法国的殖民地步兵团主要在海外服役，通常是在西非或加勒比地区，那里的气候极其不益健康，所以步兵团也无法吸引最优秀的人才。这些步兵团曾在加勒比大部地区作战。他们常常与正规线列步兵团派遣出来的分队并肩战斗。

　　殖民地步兵团的士兵身穿深蓝色上衣，无襟贴，配红色袖口、衣领和肩章板。上衣衬里为白色，因此折边也为白色。背心、马裤和长鞋罩同样为白色，三角帽有白色镶边。

◀ *军官，波旁步兵团，1779。* 根据1776年制服条例，这个团的制服应有深红色衣领、袖口和襟贴，纽扣为黄色。这名中尉正在执勤中，因此他佩戴了饰领。当时的法国军队是如此庞大，以至于很多步兵团共用同样的贴边颜色，于是只能通过不同颜色的纽扣，水平开口或垂直开口的口袋，以及襟贴的颜色将它们相互区分开来。

▶ *轻步兵，洛赞混编军团，1778。* 与当时法国军队中所有混编军团一样，该部包括步兵军种。上衣折边处的锚形图案表示这支部队隶属于海军部。该部配备了标准的线列步兵装备。有3个混编军团招募自外籍志愿者。他们都身穿浅蓝色上衣，第1团衣领和肩章为柠檬黄，第2团为白色，第3团为红色。

法国骑兵和混编军团

参与了北美战争的法国骑兵部队相对较少。他们并没有组织大规模骑兵前往美洲，仅派遣了少数精选的轻骑兵。

龙骑兵和混编军团

1777年10月除贝尔桑斯（Belsunce）和孔代（Conde）龙骑兵团各抽调一个连

前往圣多明哥服役外，海军第1、2外籍志愿兵团也部署到了美洲。

这两支部队为步骑混编军团，因为法国殖民地由海军部管理，所以它们隶属法国海军管辖。原计划组建8个这样的志愿兵团，但实际只成立了3个。第1军团于1779年至1782年间在西印度群岛服役，此后解散。第2军团就是著名的洛赞混编军团，跟随罗尚博将军部署在美国；兵团所属骑兵最终成为第5骠骑兵团。第3军团在印度服役，直至1783年。第1军团部分骑兵在圣西蒙的率领下向北进军，并与第2军团会师，共同围攻约克郡。部队官兵显然更乐意在弗吉尼亚作战，因为西印度群岛疾病流行，仅仅一场战役，军队就会被瘟疫摧毁殆尽。第2军团是一支步骑混成小型部队，能够执行各种类型的任务。在战役中，步兵有时同骑兵一起行动；两名步兵共用一马，以加快整支队伍的行进速度。这种形式非常适合美国南部的作战条件。三支军队——英国、法国和美国——在战争期间都采取了混编军团的组织模式。美军中的混编军团后来改编并扩充为师级编制，重新命名为合众国混编军团。该部在西北领地对抗印第安人的战斗中战功卓著。

◀ 骠骑兵军官，洛赞军团，1778。他穿着的这套制服反映出骠骑兵起源于匈牙利。全套制服还包括有轻型弯刀、复杂的辫状肋骨装饰带，悬垂的佩囊和短靴轻骑兵靴。法国骠骑兵并未戴皮帽，而是以一种彩色毛毡高顶帽取而代之。佩囊上装饰着王冠，相互缠绕反像的王室花押"L"。传统的装饰性白色皮上衣很少在北美穿戴。

▲ 掷弹兵列兵，第1外籍志愿兵团，1778。他身着一套掷弹兵礼服，包括淡蓝色上衣——折边处装饰有海军船锚图案，以及熊皮帽和红色马刀挂带。掷弹兵通常也佩戴红色肩章①。法军将掷弹兵连称为"精英连"；他们得以免除各项烦琐的杂务，并领取额外的军饷。

① 译注：图文略有不符

骠骑兵

　　这三支混编军团的骑兵种类为轻骑兵，均身着骠骑兵样式的制服。骠骑兵起源于匈牙利，是从事小规模行动的非正规部队，例如突袭、伏击和在敌军后方作战。这套原本是非正规军服的传统匈牙利服饰最终演变为色彩鲜艳，吸引眼球的制服；不同骠骑兵团制服在不同部位有不同的颜色（夹克、皮上衣、衣领、袖口等），以利于识别。

　　第1混编军团的骠骑兵穿天蓝色骑兵夹克，配淡蓝色衣领和黄色袖口。精致的骠骑兵式饰带为白色。匈牙利式紧身马裤为黄色，有白色饰带。靴子为黑色，醒目的骠骑兵帽亦为黑色。这些部队装备轻骑兵军刀，两支手枪和一支卡宾枪。马具（包括鞍垫）是天蓝色。

　　除了穗带和饰带为黄色，马裤为红色之外，洛赞混编军团（原第2混编军团）骠骑兵的制服样式与第1军团类似。该部特殊之处在于有一半骑兵装备有长矛。

　　第一支法国骠骑兵部队是为"游击战"这种以伏击和突袭为主的非常规作战模式而设立的。虽然他们很难与奥地利精锐的非常规部队相匹敌，但依然取得了不俗战绩。骠骑兵后来经授权成为正规轻骑兵部队，职责包括侦察、搜查和情报收集。他们是派往北美参战的理想的轻骑兵部队。虽然大型骑兵部队在那里作战是不现实的，然而小型骑兵行动则切实可行。他们既能胜任传统的轻骑兵角色，也能在战场上发起冲锋。

军团步兵

　　混编军团的一半编制为步兵。他们也穿黄色贴边的天蓝色制服。第1混编军团步兵制服有黄色衣领，洛赞军团为白色衣领。背心、马裤和长鞋罩为白色。三角帽有白色镶边，并配有黑白相间的联盟式帽结。军团步兵的武器装备与常规步兵一致。

▶ **骠骑兵，洛赞海军第2外籍志愿兵团，1780。** 海军第1外籍志愿兵团骠骑兵穿黄色马裤，洛赞军团穿红色马裤。这名士兵戴高顶帽，一种在很多骠骑团中流行的帽式。其他服饰、武器装备、马具和挽带都与原匈牙利版本一致。该军团有一半骠骑兵装备了长矛，因此该部又被称之为洛赞枪骑兵团。

法国炮兵

当时法军有7个炮兵团，其中2个在北美服役，其任务各有不同。法国炮兵曾经以技术高超、纪律严明而著称，引领着欧洲炮兵的发展趋势。然而由于普鲁士和奥地利新式火炮的发展，在17世纪40至50年代期间，这一领先优势地位已然丧失。1763年的

七年战争结束后，法军开始着手解决这一问题。到17世纪70年代中期，法国军队正式采用了一套当时欧洲最先进的火炮系统。这套新系统由法国知名火炮专家让-巴蒂斯特·瓦奎特·德·格里博瓦尔设计发明。

炮兵制服

全员身着相同的深蓝色上衣和马裤，配以蓝色衣领，红色袖口，襟贴有红色嵌边。上衣衬里为红色。他们在冬季穿黑色长鞋罩，夏季换为白色，背心颜色有白、深蓝色两种。三角帽上有黑色镶边。炮兵的武器装备与步兵类似，但由于他们被看作是精英部队，因此还增加携带了短剑，同刺刀一起挂在扣件上。扣件带则斜穿在右肩。

火炮系统

七年战争期间，法国炮兵使用1732年瓦莱尔系统（Valliere System）。尽管火炮口径是标准化的，但野战炮和攻城炮并无区别。此外也没有标准化的运输工具（如拉炮的拖车、弹药车等）用来移动大炮，提供后勤补给。这使得一度是欧洲最优秀的法国炮兵与奥地利和

◀ **炮手，梅茨炮兵团，1780。** 法军所有炮兵部队都身着同样的制服。1779年，他们将原来标志性的红色背心换为深蓝色。黑火药不易在深色制服上留下污渍；而步兵的白色制服则很容易变脏。炮手们也通常会装备一支相对步兵的而言更短的滑膛枪。

▶ **军官，奥克松炮兵团，1780。** 根据1779年条例，炮兵部队放弃了红色背心，改穿蓝色。但毫无疑问，即使在这一官方改变多年之后，两种颜色的背心依然能在炮兵中看到。这两块披着流苏的肩章表明他是一名校级军官。炮兵使用与步兵相同的等级徽章系统。他携带有一柄短直刃剑作为随身武器。

▲ **预备弹药箱，1779。** 根据火炮口径，预备弹药箱装有各种型号的弹药。当移动火炮时，弹药箱就放置在火炮架尾上，它也能由两个人合力抬走。在战斗中，弹药箱置在拉炮拖车上。

◀ **水桶，1779。** 炮手使用的水桶被设计成圆台状，这样它便不易倾倒。当水桶装在炮车上移动时，桶盖有助于防止水溅失。

▲ **火炮弹药和工具，1779。** 1. 装填器，附带的绳圈可以辅助将其从炮膛里抽出来。2. 火绳杆，尖尖的一端可固定在地面；缓燃引信点燃后缠绕在火绳杆上。因此火源总是处于可用状态，随时能点燃火药，发射炮弹。3. 同发射火药捆绑在一起的实心弹，这项技术在战斗中能简化并加速火炮填装。4. 一种霰弹，将这些炮弹朝着密集的步兵或近距离的骑兵队发射，会造成可怕的伤亡。随着射程的增加，其杀伤效果则迅速下降。

该研发现代火炮系统，并必须超越战斗中可能遭遇的任何对手。这与小瓦莱尔产生了直接冲突。他坚持其父发明的火炮系统应该继续作为法国军队的标准。

支持老式瓦莱尔系统的一派炮兵穿红色马裤，因此被称为"红党"。而那些赞同改革，支持格里博瓦尔的炮手们穿蓝色马裤，因此得到了"蓝党"的昵称。红党和蓝党进行了一系列测试、争吵和辩论。

最终格里博瓦尔及其支持者赢得了胜利。一套全新的火炮系统被军方采纳，并于18世纪70年代中期付诸实施。

普鲁士炮兵相比处于极大的劣势，而后者拥有更现代化的火炮装备。法军炮兵同样也落后于英军。

让-巴蒂斯特·瓦奎特·德·格里博瓦尔是法国火炮技术专家，在七年战争之前就曾悉心研究普鲁士炮兵。战争期间，他又被临时调派至优秀的奥地利炮兵部队工作。战后他回到家乡，凭借所获得的经验，格里博瓦尔断定法国应

▶ **炮手，梅茨炮兵团，1781。** 此人穿白色夏季鞋罩。军帽上有黑白相间的联盟式帽结。该炮手的上衣为线列步兵样式剪裁，武器装备也与步兵别无二致。

格里博瓦尔火炮系统

火炮在18世纪战争中是一种关键的支援性武器。那段时期，炮兵部队在技术和组织方面均取得了巨大进步。17世纪下半叶的战争围绕着攻城战展开，而法国炮兵的发展也反映了这一点。然而在18世纪上半叶，战争正在发生变化，法国人缓慢地调整他们的炮兵体系以适应这一新趋势。如前所述，旧式体系逐渐被一套更具革新性的火炮系统超越，到了1760年则完全被淘汰。接着法国在七年战争中遭遇毁灭性的惨败，改革已是当务之急。深思熟虑，具有改革思想的官员们决心彻底改组炮兵部队。从制服到组织形式，再到对军官和士官的正规教育，新系统将老系统所有要素都更换替代。到1780年罗尚博远征军出发前往美洲时，法国可能拥有了当时欧洲最好的炮兵部队。

格里博瓦尔系统

16世纪上半叶，伟大的瑞典国王和勇士古斯塔夫·阿道弗斯（Gustavus Adolphus）将炮兵组织成营或连级部队。历史上首个这样的炮兵体系到17世纪就被淘汰了。法国、普鲁士和奥地利都曾对火炮发展做出了巨大贡献，但火炮在18世纪取

得的进步是最大的，特别是1764年引进的格里博瓦尔火炮系统对后世的影响最为深远。

让-巴蒂斯特·瓦奎特·德·格里博瓦尔于1732年加入法国炮兵部队，在拉费勒炮兵学校（La Fere）接受培训，1735年转入现役。格里博瓦尔的炮兵技能和专长使之在军械设计和制造领域声名鹊起。奥地利王位继承战争期间（1740-1748），他在

德意志和佛兰德斯地区作战。

当时普鲁士炮兵已全面优于奥地利炮兵，而法国也意识到普鲁士在野战炮兵方面的进展，于是派遣格里博瓦尔到普鲁士担任观察员并研究他们的轻型火炮。他带回了普鲁士火炮的设计图纸，并建造了一门大炮用于测试。当七年战争爆发时，法国应奥地利请求，派遣了一批能力出众的军官赴奥。1757年，格里博瓦尔被借调到奥地利炮兵部队去对抗普鲁士。在文泽尔·利希滕斯坦亲王（Prince Wenzel Lichtenstein）的指导下，奥地利人对普鲁士的野战炮兵改革做出反应，开发了一套崭新易用的火炮系统。这是欧洲第一套完备的火炮系统。

▶ **炮手，1780。**这位法国炮手手持装填器和水桶，处于稍息状态。除了滑膛枪、剑、装填器和水桶之外，这名忙碌的炮手还在右肩套上了人力挽具。战场上，配备了人力挽具的炮组可以在不需要马匹的情况下（在合理的条件下）移动火炮。请注意联盟式帽结和白色的夏季鞋罩。

轻型炮

曾在七年战争期间服役的格里博瓦尔决心为法国设计一套更新更好的系统，既将他所见过的普鲁士和奥地利系统的优点结合在一起，同时也保留法国旧式瓦莱尔系统的精华。格里博瓦尔设计的火炮有轻便灵活的特点，击打能力也不逊于较老较重、口径相同的瓦莱尔火炮。他于1765年在斯特拉斯堡测试了新火炮。事实证明，这些火炮精准可靠，而且很容易由马队运输或炮组操控。

格里博瓦尔还引入了一些新发明创造，重新定义了野战炮的标准，包括改良的更坚固的野战炮管；不必将火炮挂上拖车，就能让其在粗糙地面上运输、装弹并待命发射的拖曳缆绳；野战炮运输车和炮架上的铁车轴；一种人力挽具，由皮带和绳索制成，绳索末端有一个钩子，可以让炮手以人力移动火炮；发射时不必从炮管上卸下来的一种新型可移动后瞄准器；标准升降螺丝；一种

技术先进的探测器，可以确保在浇铸或长时间发射后炮管没有内部缺陷；以及新型改良的野战炮车架。格里博瓦尔要求所有炮管都要实心浇铸，然后再用由瑞士人让·马利兹（Jean Maritz）开发的一种新式钻孔机来钻孔。这项技术可以保证钻孔线位于炮管的正中心。

▼ 5. 清洗4磅炮的海绵杆，附加的手柄和绳子能帮助炮手在清洗炮膛后将海绵杆从中快速抽出来。6. 用于8磅和12磅火炮的海绵杆/装填器二合一工具。7. 将黑火药插入炮膛的长柄药勺。这是一种老式且不安全的填装方法，后被法国将军布罗卡尔（Brocard）在1740年发明的火药包所取代。8. 探测器，用于检测炮膛内部的缺陷。

▼ 9. 18倍口径格里博瓦尔野战炮管。炮管顶上的手柄被称为"海豚"，因为它们最初就被铸造成这种形式。通过一种三脚起重装置，炮兵能利用这个手柄将炮管从马车上吊下来。10. 8磅野炮的拖车没有配套的弹药箱或座椅，是一件轻便简单的装备。11. 8磅格里博瓦尔野战炮，火炮尾架上有一个预备弹药箱。

▼ **格里博瓦尔火炮系统**。1. 一种早期葡萄弹，用于近距离攻击步兵或骑兵。这些炮弹都包装在麻袋中。2. 霰弹，在锡罐中装满小铁球，并用锯屑填满空隙。3. 层列式葡萄弹，一种比图1炮弹更新式的类型。4. 一片固定葡萄弹的木盘。

黑森－卡塞尔步兵

德意志公国黑森-卡塞尔派出了一支纪律严明、制服上佳的德意志分遣队前往北美，与英国并肩作战。黑森人有服兵役的传统，并且经常作为雇佣军离开故土，被派遣至他国作战。他们以前就曾受雇于英国，例如1745年镇压詹

▼ 军官，冯·克尼普豪森（von Knyphausen）燧发枪团，1777。 燧发枪团的普通连队戴三角帽，边缘有镶边，与制服上的纽扣颜色相同。饰领上印有底色为皇家蓝，红白条纹相间的黑森雄狮。军官腰带和佩剑装饰带为银、红色相间。

黑森－卡塞尔步兵团

团名	上衣	贴边	紧身衣裤	纽扣	纽扣花边	军帽
杜考普团	蓝	黄	黄	白	白	F－银
王太子团	蓝	深红	白	白	无	F－银
卡尔亲王团	蓝	红	白	黄	黄	H－白
迪特富特团	蓝	黄	白	白	白	H－白
多诺普团	蓝	麦秆色	麦秆色	黄	无	H－白
洛斯伯格团	蓝	橘黄	白	黄	无	F－铜色
克尼普豪森团	蓝	黑	麦秆色	黄	无	F－铜色
特鲁姆巴赫团	蓝	白	白	黄	无	H－白
米尔巴赫团	蓝	红	白	白	白	H－白
拉尔团	蓝	红	麦秆色	黄	无	F－铜色
武特吉奥团	蓝	红	麦秆色	黄	无	H－白
维森巴赫团	蓝	白	蓝	白	无	H－白
许恩团	蓝	黄	蓝	白	无	H－白
比瑙团	蓝	深红	蓝	白	无	H－白
施泰因团	蓝	橘黄	蓝	白	无	H－白

黑森步兵团类别

士兵类型	名称
滑膛枪手	莱布
滑膛枪手	王太子
滑膛枪手	卡尔亲王
滑膛枪手	多诺普
滑膛枪手	特鲁姆巴赫（冯·博泽 1778）
滑膛枪手	米尔巴赫（冯·容－洛斯伯格 1780）
滑膛枪手	武特吉奥（兰德格拉夫）
掷弹兵	拉尔（冯·沃尔瓦特 1777，冯·特鲁姆巴赫 1778，冯·安杰莱利 1779）
掷弹兵	冯·林辛根（由近卫步兵团第2、3营，莱布团、冯·米尔巴赫团中的掷弹兵连组成。该部为营级编制。）
掷弹兵	冯·布洛克（冯·伦格克1777，由武特吉奥团、冯·多诺普团、冯·特鲁姆巴赫团和卡尔亲王团中的掷弹兵连组成。该部为营级编制。）
掷弹兵	冯·明内基罗德（冯·劳恩斯坦 1780，由王太子团、迪特富特团、洛斯伯格团、克尼普豪森团中的掷弹兵连组成。该部为营级编制。）
掷弹兵	冯·科勒（冯·格拉夫 1778，冯·普拉特 1782，由拉尔团、克罗布劳齐守备团、塞茨守备团和比瑙守备团中的掷弹兵连组成。该部为营级编制。）
燧发枪手	冯·迪特富特
燧发枪手	冯·洛斯伯格
燧发枪手	冯·克尼普豪森
守备团	冯·比瑙
守备团	许恩
守备团	冯·施泰因（冯·塞茨 1778）
守备团	维森巴赫（冯·克罗布劳齐 1780）

姆斯党人的叛乱。舆论公认只要指挥得力，他们就是一支优秀的军队。

1776年，1个黑森-卡塞尔步兵团下辖1个团指挥部和5个连。指挥部由1名上校、1名中校和1名少校组成；其他辅助人员包括1名副官、1名军需官、

1名军法官、1名牧师、1名军医、1名货车长、1名乐队指挥、6名乐手、1名军械士、1名纠察员、1名助理纠察员和2名车夫。每个连有4名军官、12名士官、1名初级军医、3名鼓手、1名事务官、4名为军官服务的仆从和105名

士兵。5个连中有2个连只有3名下级军官，因为它们由校级军官直辖指挥。抵达北美后，军官和士官们迅速抛弃了所携带的短矛和长矛，用短滑膛枪、子弹带和弹药盒取而代之。

▼ 列兵，冯·迪特富特（von Ditfurth）燧发枪团，1778。正如普鲁士军队一样，黑森掷弹兵团和燧发枪团也佩戴铜或锡制帽板，且每个团的图案都各不相同，但他们都将狂暴的黑森雄狮作为设计的一部分。燧发枪兵的帽板比掷弹兵稍短，同制服纽扣的颜色一致。

▼ 工兵，冯·施泰因（von Stein）守备团，1777。黑森守备团制服上没有襟贴，并且除工兵外，均戴三角帽。团制服的贴边色为橘色。这名士兵装备了短滑膛枪，穿着皮围裙，还配备有一把手斧、斧头和锯子。腰带盒上的大写字母"FL"代表弗里德里希·兰德格拉夫（Friedrich Landgraf）。他统治黑森-卡塞尔直至1783年。

▼ 列兵，冯·拉尔掷弹兵团，1776。这套制服有很明显的普鲁士风格。铜质帽板印有一个涡卷花纹环绕的"FL"花押，其上还有一只黑森雄狮。马裤依旧由褙单布缝制。请注意他子弹带上的火绳盒。

黑森－卡塞尔炮兵

应英国请求，黑森－卡塞尔公国还向北美派遣了一支由3个炮兵连组成的炮兵特遣队，全员官兵约600人。这支队伍是该国炮兵的全部力量。其中2个连还必须招募训练新兵才能履行与大英帝国签订的条约义务。黑森炮兵是一支训练有素、技能高超的部队，一直与他们的英国战友并肩作战。

炮兵连

炮兵连可能装备了4磅火炮。这种铸铁大炮全身通黑，涂装成中蓝色。每个连有5名军官、14名士官、3名鼓手和129名士兵。他们在所有主要战役中都忠于职守，尽职尽责。炮兵指挥官是冯·海特尔中校（von Heitel），副指挥官是泡利少校（Pauli）。在战役行动中，炮兵部队会以成建制的连或较小规模分遣队的形式划拨给步兵团指挥。炮兵极少以大规模集群的方式参加北美大陆的战斗。18世纪晚期，人们并不认为北美地区适合炮兵作战。军队雇佣平民车夫和马队在战场上转移火炮。不过被枪炮声吓坏了的平民们会毫不犹豫地把炮手丢在一旁，竭尽所能自己逃命。

若不使用马匹，则有两种方式可以在战场上移动野炮。第一种是利用拖拽绳。这种长长的绳子系在火炮上，由3个人合力牵引。英军曾经使用过这种方法，但在独立战争时期已被淘汰了。另一种方式是利用法国人研发的人力挽具。这套装备由一条皮革肩带组成，上面串了一枚铁环。一根绳索拴在铁环上，其末端有一个铁钩。炮手以交叉肩带的方式将人力挽具套在身上，铁钩再与炮架上的挂钩连接，于是炮组便能以人力在战场上移动、操作野炮。德意志炮兵部队在北美作战期间，与法国军队一样，也配置了这种简单有效的装备。

◀ 主管一支炮兵小队的黑森火炮士官，1776。作为技术士官，他负责指挥两门火炮。军帽和袖口上部有金色穗带。他携带的军刀挂带和手杖表明了其专业身份。

▲ 持火药筒的黑森炮手，1777。他穿戴了黑森炮兵特有的帆布人力挽具。这套装备能够在战场上利用人力在有限距离内移动火炮，而无需马匹。他手中的量筒能够帮助其将适量火药置入炮尾处的火门内。

炮兵制服

炮兵制服为基本的深蓝色，配以红色贴边。上衣有红色衬里，折边为红色。当时大多数军队中的炮兵都穿深蓝色制服。德意志炮兵连会安排一名眼光锐利的观察员在硝烟弥漫的战场上分辨战局；英军和美军也采取相同的战术。炮兵制服还包括浅黄色马裤和背心，以及黑色长鞋罩。炮兵在腰带上挂一把利剑；白色宽皮肩带上套着为滑膛枪准备的弹药盒。德意志版的人力挽具是用帆布制作的，通常为白色，而不是法国军队使用的素面皮革。不过两者的使用方法和目的是一致的。三角帽上有白色镶边，上面还有一只红色绒球。随着战争持续和最初的服装库存量逐渐减少，很多德意志军队也像美国人那样不再穿马裤和鞋罩，而改穿条纹背带裤。纽扣为黄色金属质地。德意志炮兵士官持一根手杖，这既是身份的象征，也能够用来及时惩罚犯错的士兵。这种情形在当时的德意志军队中并不罕见。

军官制服上的纽扣是金色的而不是黄色金属。他们的军帽上有圆齿形金色镶边。腰带和剑结为银红相间色。所有官兵都携带金属水壶。军官若骑马，比如校官和连指挥官，就要穿高筒马靴和马刺，这与骑兵的装束类似。军官的马刺是镀金的。

炮手工具套件

除了人力挽具外，所有炮手还要携带额外装备，包括数件引人注目的物品。炮手使用尖刺器捅火炮后膛处的火门，便能将火药包戳破。他们还穿戴有一种特殊的"腹盒"式弹药袋，里面装有点燃火药包的引信。尖刺器就挂在"腹盒"的外面。

虽然不同国家军队有不同样式的火炮随身工具，但填装器、海绵和蜗杆的功能都是一样的。蜗杆是一个固定在长杆上的螺旋钻。炮弹发射出去后，士兵用它将炮膛内的残余火药和填充物提取出来。

如今弹药筒已设计成与火炮匹配的标准口径。长柄勺也依然携带，其功能是在填装时将散装火药送入炮膛底部。这项工作极为危险，因为炮膛通常很烫，即使在发射后，里面也会有发热甚至还在燃烧的残余粉末。火药提前爆炸的事故时有发生，这将给炮组成员造成严重的伤害。

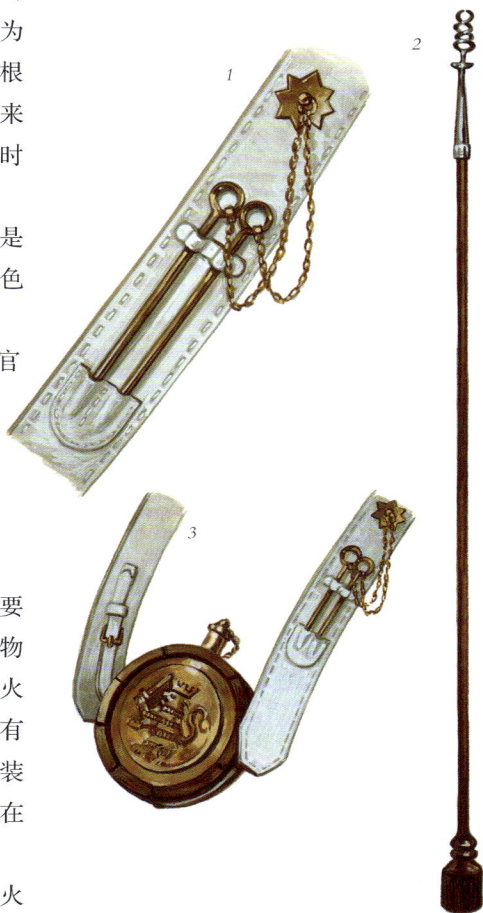

▼ **携带随身工具的炮手，1777**。这名炮手可能来自当时任何一支炮兵部队。他携带的工具能够适用于战场上的通用任务。铜质长尖刺器用锁链套在肩带上，以防止在激烈的战斗中丢失。

▲ **炮手工具套件**。1. 尖刺器，用来清理火门和刺破火药包。2. 装填器/螺旋钻二合一工具。该装备能够用来填装火炮。若大炮完成填装后又决定不发射，此工具也能将炮弹和火药包抽取出来。3. 黑森炮手的火药瓶，上面有凶猛的黑森雄狮的浮雕图案。

布伦瑞克步兵

布伦瑞克公爵——查尔斯一世是英王乔治三世的姻亲。公爵的儿子娶了国王的一个妹妹。当时公爵正陷入财政危机，英国关于雇佣军的提议正好解其燃眉之急。这是英国为应对北美战事而开始招募雇佣军的第一份协议。该协议对公爵十分有利。于是布伦瑞克军队首先行动，开始向数个港口进军。因为汉诺威是乔治三世的领地，所以他们分两个批次毫无阻力地穿越该国。抵达北美时，步兵们都身着华丽的制服。然而由于远离本土，加之战斗环境艰苦，他们潇洒的制服很快就出现磨损的迹象。

布伦瑞克军队在加拿大度过了1776-1777年冬季。其指挥官冯·里德泽尔将军在严酷的冬季条件下尽可能地让部队保持训练。他去过纽约，目睹了美国军队娴熟的射击能力，显然比自己的部队更加出色，因此里德泽尔尤其关注士兵们的枪法。

通过坚持不懈的严格训练，布伦瑞克军队在即将来临的战役中将获得回报。里德泽尔率领3,958名布伦瑞克军人，随同伯戈因将军的入侵部队从加拿大出发，一起南下。这支德意志雇佣军在该战役中表现出色。本宁顿惨败并非里德泽尔的过错，他的队伍是一支训练有素、领导有方的部队，若非由于伯戈因指挥所导致的灾难，他们的结局本来要好得多。

除了安哈尔特-采尔布斯特雇佣军之外，布伦瑞克军队以及其他德意志佣军都按普鲁士模式穿着制服。

冯·雷茨团：该团漂亮的制服包

◀ 校官，冯·雷茨步兵团，1777。军帽有圆齿形金色镶边；佩剑装饰带和腰带为银、黄相间色；饰领上有一匹在红背景上跃起的白马；手杖上也有银、黄色相间的绳索。所有这些服饰都表明此人为一名校级军官。军官执勤时才佩戴饰领。布伦瑞克军队是唯一一支制服襟贴上只有四颗纽扣的部队。

▶ 列兵，冯·雷茨步兵团，1777。这名滑膛枪手正处于野战勤务状态。紧贴其左臀的是一个小牛皮包和白色帆布背包。他的剑结使用了连队的军旗色。这种"长裤+鞋罩"二合一的服饰在当年很多军队中流行。

◀ 军士，冯·巴纳轻步兵团，1776。该团四个连均装备有来复枪。它们有时会以松散队形执行散兵突击任务。黑色贴边表明了该部的轻步兵角色，但其制服的其他方面则很大众。军帽上的绒球与布伦瑞克公国国旗的颜色一致。

▶ 军官，冯·施佩希特步兵团，1777。这名军官佩戴了饰领，表示其正处于执勤状态。虽然他穿着一套执行任务时的马装，但军帽上简洁的金色镶边说明他是一名下级军官。他的腰带、佩剑装饰带和手杖上的绳索都使用了代表布伦瑞克的银色和黄色。

配红色贴边的深蓝色制服。该部源自冯·雷茨团的第2营，其制服细节与雷茨团颇为相似。

布伦瑞克军帽

部分布伦瑞克军队有一些很独特的装备。冯·里德泽尔团所属轻步兵连的头盔就很特别，上面插有醒目的红色和白色羽毛。

滑膛枪手戴三角帽，掷弹兵戴一种包裹着金属的主教帽；燧发枪兵的主教帽稍小，也更浑圆一些，同黑森–卡塞尔军队的帽式一样。正如前文所述，经过数个月的战斗，各方在南方战区的后勤供应开始紧缺，于是许多布伦瑞克军队也同大陆军一样，开始穿用当地褥单布所缝制的条纹背带裤。布伦瑞克支队利用他们的聪明才智，克服了在离开祖国后所面临的最糟糕的后勤供给困难。

在1777年的战役中，冯·雷茨团和冯·斯普雷歇特团与伯戈因的英军一道勇敢作战，但最终还是在萨拉托加被迫投降。伯戈因愚蠢地对待划拨其指挥的德意志军队，把他们看作二流部队，甚至就连冯·里德泽尔也不信任。

括深蓝色上衣，配白色贴边、背心和马裤。襟贴上无花边。他们要么穿白色绑腿裤，要么穿灰色长鞋罩。士兵和下级军官的上衣衬里均为红色。校级军官穿蓝色马裤和配有护膝垫的高筒马靴。

军官腰带为银、黄相间色。军官的三角帽上有金色镶边，其余士兵为白色镶边。校级军官军帽上的镶边为圆齿形图案。

冯·施佩希特团：这个团也身着

布伦瑞克军服

团	上衣	贴边	紧身衣裤	纽扣	花边	军帽
掷弹兵	蓝	黄	白	白	无	G- 银色
腓特烈亲王	蓝	黄	白	白	无	H- 白
冯·里德泽尔	蓝	黄	白	白	无	H- 白
冯·施佩希特	蓝	红	白	黄	无	H- 白
冯·雷茨	蓝	白	白	黄	无	H- 白
轻步兵	蓝	黑	白	黄	无	H- 白

布伦瑞克骑兵

德意志诸侯们只提供了一支骑兵团置于英军的指挥下。这一点也不意外，因为对许多内陆小国而言，骑兵极其昂贵且难以输往海外。有趣的是，英军对此并不在意，因为英国当局有足够的轻骑兵或龙骑兵团来支持其在北美的战争。所以从这个意义上分析，布伦瑞克龙骑兵团确实是独一无二的雇佣骑兵部队。该团有多个正式名称，除了登记为布伦瑞克龙骑兵团外，还有龙骑兵布伦瑞克团或腓特烈亲王龙骑兵团。虽然是骑兵团，但该部并没有带战马进入北美，仅作为徒步部队参战。它与布伦瑞克其他部队，以及黑森–哈瑙军队一道被派遣至魁北克，并于1777年加入了命运多舛的伯戈因远征军。

布伦瑞克龙骑兵

该部的正确名称是"腓特烈亲王龙骑兵团"，下辖四个骑兵中队，指挥官是腓特烈·鲍姆中校（Friedrich Baum）。他于1777年8月在本宁顿之战中因伤不治。该团前往本宁顿是为了搜寻补给。很多可靠的消息来源显示，在这次行动中该团携带了全套骑兵装备，包括沉重的骑兵靴。由于他们是作为非骑兵部队参战的，因此是否穿戴了马靴和马刺尚有疑问，但肯定穿了背带裤

◀ **军官，布伦瑞克龙骑兵，1776。** 布伦瑞克国旗中有黄白两色，因此该部骑兵的羽毛帽饰、腰带和佩剑装饰带也都有这两种颜色。右肩饰带为银色，与纽扣色相同。银制饰领压印了一匹在红底背景上跃起的白马。

▶ **士官，布伦瑞克龙骑兵，持中队旗，1776。** 作为龙骑兵团，这支部队有权在矛式旗杆上悬挂燕尾旗。弹药带反映出布伦瑞克国旗中的银色和黄色。这名士官的身份可以通过银色袖口和剑结判断出来。

和工作服与步兵一致。团制服为天蓝色上衣，贴边和衬里为黄色。马裤为浅黄色皮革质地；当骑马时，该团穿高筒骑兵靴，配护膝垫。所有官兵戴有黑色镶边的三角帽。黑色帽结上装饰着上白下黄和（或）上黄下白的羽毛。

所有官兵都在右肩佩戴白色饰带。虽然骑兵军官通常不穿戴饰领，但该团军官却不然，显然这是因为他们以步兵身份参战。有证据表明，一些鼓手可能是黑人，尽管穿着团制服，但他们可能戴一种白色头巾，并装饰着上黄下白的羽毛。

挥官冯·里德泽尔将军把旗杆烧毁后，将队旗隐藏起来。他向美军司令官盖茨将军报告说，队旗也一并焚毁了。它们后来被偷运到纽约的英军阵营。

▲ 鼓手，布伦瑞克龙骑兵，1777。 因为龙骑兵最初的角色是一种乘骑步兵，因此龙骑兵团配备鼓手而非号手。有不少在美国作战的部队得到了黑人乐手的支持；据说布伦瑞克军队还为黑人配置了白色头巾。鼓手要穿着笨重的靴子，裹上头巾，携带非常沉重的军鼓，走上长长一段距离。这项工作十分辛苦，也很不舒服。

野战勤务

当执行野战勤务时，该团会放弃马裤和马靴，改穿蓝白条纹背带裤。这种简练的裤子由易于获取的褥单布制成。布料很可能与上衣色相匹配。骑兵团按照步兵标准配置武器装备，但他们依然保留了长骑兵阔剑。

加入伯戈因的大军期间，部分骑兵获得了坐骑执行警戒任务并部署在全军后方巡逻。这个团在萨拉托加战役中经受了严峻的考验，最后与伯戈因的军队一起投降了。即便如此，直到1779年，仍有近300人在加拿大服役。萨拉托加战役之后，美军在德意志雇佣军俘虏中招募士兵。尽管有一些布伦瑞克军人加入了美军，主要分配在阿曼德军团，但还是有许多人很快就离开了。

该团没有将团旗带到北美。四面印有布伦瑞克纹章的天蓝色中队旗跟随部队抵达美国。虽然骑兵团在萨拉托加投降，但队旗未被美军俘获。布伦瑞克指

和鞋。马刺能够很好地与这种鞋型相搭配，所以该部极有可能未在本宁顿穿骑兵靴。约翰·史塔克和他的民兵部队在本宁顿向该部发起突然袭击，并大获全胜。远征队未能实现作战目标，大部分人员阵亡或被俘。骑兵团的普通野战服

▶ 穿野战服的布伦瑞克龙骑兵，1777。 该部从来未曾以骑兵的角色投入任何一场战斗，但他们依然坚持携带传统的重龙骑兵剑，即一种长直刃剑。他们在行军时一定会叫苦不迭。此人穿条纹鞋罩裤。在北美战斗的德意志军队对这种二合一服饰颇为喜爱。

安斯巴赫-拜罗伊特、安哈尔特-策尔布斯特和瓦尔德克军

这些规模较小的德意志地区为英国提供了既有战斗力，又有纪律的分遣军。一般而言他们身着普鲁士式制服，不过安哈尔特-策尔布斯特军（Anhalt-Zerbst）制服深受奥地利的影响。

安斯巴赫-拜罗伊特军

安斯巴赫-拜罗伊特为英国提供了两个步兵团前往北美服役。随着战事加剧和供给缩减，他们很可能已经用英军库存的制服替换了他们自己的。

第1（安斯巴赫）团：该团制服为普鲁士式的深蓝色上衣，配红色贴边。军官和列兵都穿白色背心和马裤，士官穿麦秆黄色的紧身衣裤。鞋罩高及膝盖，为白色或黑色。掷弹兵带主教帽，滑膛枪手戴配有白色镶边的三角帽。纽扣为白色金属质地。到战争后期，野战服包括条纹裤、半长鞋罩和鞋子，制服其他部分不变。军官制服上有银色花

◀ **士官，安斯巴赫-拜罗伊特第1步兵团，1776。** 此人是资深士官，身着阅兵礼服，持一柄短矛，一根马六甲手杖挂在外套的纽扣上。其军衔能够通过银色的帽缘镶边、衣领、袖口，以及手杖和佩剑装饰带识别出来。在北美战斗数周后，他们便决定将军官、士官的短矛和刺枪交给军需官去收存。该团成员大部分招募自安斯巴赫。

▶ **滑膛枪列兵，安斯巴赫-拜罗伊特第2步兵团，1777。** 第2团招募自拜罗伊特。制服有黑色贴边。这名士兵着装为普鲁士风格，左臀上挂有一只小牛皮包；反包下面还有一个灰色帆布背包。这两个团很可能都装备了普鲁士滑膛枪和军刀。

小型雇佣军分遣队制服

团	上衣	贴边	紧身衣裤	纽扣	花边	军帽
安斯巴赫-拜罗伊特第1团	蓝	红	白	白	无	H-白
安斯巴赫-拜罗伊特第2团	蓝	黑	白	白	无	H-白
轻步兵	绿	红	白	黄	无	H-黑
安哈尔特-策尔布斯特步兵团	白	红	白	黄	无	H-白
瓦尔德克第3团	蓝	黄	白	黄	无	H-黄

边，三角帽有银色镶边。士官携带"腹盒"式弹药袋。

第2（拜罗伊特）团：该团制服为深蓝色，配黑色贴边。除了贴边色不同外，第2团制服与第1团十分相似。该团在战场上穿条纹绑腿裤，军官和士官可能携带有"腹盒"式弹药袋。全体官兵穿白色紧身衣裤。

安哈尔特－策尔布斯特军

德意志公国安哈尔特－策尔布斯特向北美派遣了一个步兵团的兵力。与其他五个和英国签署了合同的国家不同，安哈尔特－策尔布斯特军队按照奥地利军队的风格设计制服和旗帜。由于该公国的统治者不能从本国征召到满足合同所要求的军队规模，因此大部分新招募的军官和士兵都是以雇佣军的形式加入该团。

这个团的制服为白色上衣，配红色衬里和贴边。纽扣为黄色金属质地。掷弹兵戴熊皮帽，同奥地利掷弹兵帽很相似。他们还配有白色背心、马裤，以及黑色长鞋罩。根据记录，1778年有一款野战服包括一件红色背心，浅黄色的裤子，覆盖着鞋面的白色半长鞋罩，一顶黑色、装饰有白色羽毛的三角帽，以及一件制式外套。刺刀和短剑挂在腰带上。一条白色宽肩带斜穿在左肩，上面挂着弹药盒。

该部一支分遣队于1781年抵达纽约。他们虽然是步兵，但着装看上去却像一支骑兵部队。他们穿着长及膝盖的骑兵式马靴、白色马裤和背心，以及一条红黄相间的腰带，上衣同该团其他人

员是一样的。他们戴着一顶圆柱形的高毡帽，同女王游骑兵的帽式类似。高帽左侧装饰着白色的羽毛。

瓦尔德克军

瓦尔德克（Waldeck）第3步兵团身着普鲁士式的制服。上衣为深蓝色，衬里为红色，贴边是黄色，背心和马裤是白色，长鞋罩为黑色。腰带上插有短剑和刺刀；左肩斜披有一条白色宽肩带，上面挂着弹药盒。

▲ 掷弹兵列兵，安哈尔特-策尔布斯特步兵团，1775。这套制服包括掷弹兵熊皮帽，典型的白色束腰外衣和马裤，显而易见受到了奥地利的影响。掷弹兵帽板上有"FA"字样的花押，代表公国的统治者弗里德里希·奥古斯都（Friedrich August）。熊皮帽的后部为红色，嵌边为黄色。

▶ 滑膛枪列兵，瓦尔德克第3步兵团，1775。此人穿戴全套行军装备；下身穿着颇为普及的条纹棉布绑腿裤。同许多德意志小国军队一样，瓦尔德克军队在这段时期内的制服和装备显然深受普鲁士影响。瓦尔德克也同样为荷兰提供军队。

安斯巴赫–拜罗伊特炮兵

安斯巴赫–拜罗伊特公国向北美派遣了一个炮兵连和两个步兵团。炮兵连总是与步兵团一同作战。

这支部队的制服仿照普鲁士式设计。炮兵身着常规的深蓝色上衣，看上去同黑森–卡塞尔炮兵连十分类似。上衣衬里为红色，背心为白色。他们在战役行动时穿着由褥单布缝制的条纹绑腿裤。同黑森–卡塞尔部队一样，炮兵携带常规火炮装备和随身工具。全体官兵在野战中穿黑色长鞋罩。

水壶为圆形木质，三角帽有白色镶边，黑色帽结上装饰着一只白色绒球。这个连使用的火炮可能来自安斯巴赫–拜罗伊特，也可能是英军提供的，比如优秀的6磅轻炮。

炮兵队车夫

应当指出的是，在这段军事历史时期，炮兵队车夫不是士兵，而是雇佣自平民。这是所有炮兵部队在战场上面临的主要不利因素。平民通常会携带自己的马匹和马具受雇于军队，而这些资产是他们核心利益所在，必须保护。如果形势变得危急，或者炮弹飞得太近了，受雇平民就会在关键时刻离开，任凭炮手们在没有畜力的情况下，竭尽所能地操作、推进或撤回他们的火炮。

炮组训练

由于火炮是一种技术性很强的武器，因此炮兵一般而言都体格健壮，聪明能干。他们不仅要在战斗期间熟练操作火炮，平时也必须加强演练，成为火炮专家。他们在战场上生存的关键取决于技术技能，以及能否敏捷地操控火炮。战斗结束后，炮组的最后工作是清理、保养火炮，并及时维修损坏的部件。炮膛会被火药和火药包残渣弄脏，这些残留物必须被擦洗掉。黄铜浇铸的火炮也务必精心保养，否则金属炮身将随着时间的推移而氧化生锈。最后，炮组还必须检查膛孔的磨损情况以及是否有裂缝，以确保火炮可靠耐用。

炮组需要长时间的训练。操炮过程被称为"军事芭蕾"。由于火炮在射击后须保持在同一位置，而当时又没有发明反冲机制装置，所以发射后炮口不得不重新校准归位。发射时整个火炮会因后坐力而向后移动。之后炮组必须手动将大炮归位，重新调整炮口，并再次瞄准目标。指挥官首先将发出填装命令，一个辅助炮兵会走近炮口，将一发炮弹交给另一名炮手，此人再将炮弹置入膛孔内。炮手之间有一个同炮弹大小相匹配的木制弹托。其功能是火药压填完毕

◀ **安斯巴赫–拜罗伊特炮手，1776。**这名炮手披了一条用于在战场上转移火炮的肩带。

◀ **安斯巴赫–拜罗伊特火炮工具套装，1776。**
1. 海绵/装填器二合一，用于发射后清理炮膛，并为下一次发射填装弹药。
2. 挂着火药瓶的肩带。火药瓶上有雄鹰图案，还有马克格拉夫·克里斯汀·弗里德里希·卡尔·亚历山大的首字母缩写。
3. 用于拖曳炮架的皮带。

后，帮助炮手将炮弹装入膛孔内。炮弹装在肩带上的皮革袋中，一次一枚。此轮递送完毕，辅助炮兵便返回提取另一发炮弹。炮手则利用装填器将炮弹塞入炮膛底部。当炮弹就位后，通常能听到"哐当"声，这时炮手便知道炮弹接触到了膛孔末端。

接着，另一名站在火炮后膛处的辅助炮兵将尖刺器插入位于炮膛上部的火门，并刺破里面的火药袋。接着他将非常细的火药，或者更有可能是导火线插进火门。火炮瞄准手将走到后膛处，通过旋转升降螺丝调节炮口高度来瞄准目标。他同时还指挥位于大炮尾部的一或两名辅助炮兵，利用推杆侧向调整火炮位置。这个过程在军事术语中称为"横偏修正"。现在大炮终于可以发射了。

炮组与大炮保持一定距离，一名炮手持点火器接近后膛，确认自己没有站在火炮车轮的后方，否则一旦发射，火炮就会在后坐力的推动下将他碾倒。当听到"点火"的口令后，他用点火器点燃火门上的引信，随后大炮就发射了。这套流程将持续不断地循环下去，直到"停止射击"的命令下达。一个训练有素的炮组能够分毫不差地做到这些要求，否则就会产生伤亡。整个过程中，指挥官发布的指令只有"填装"和"点火"两个命令。炮组成员会因疲劳而减慢行动速度，所以这套发射程序不可能长时间持续。

◀ 军官，安斯巴赫-拜罗伊特炮兵，1776。因为这是一支徒步炮兵连，所以军官和士兵都套上了鞋罩。他的军官标识是腰带、佩剑、佩剑装饰带，以及帽子上的镶边和长长的上衣下摆。这套制服无论是布料还是做工都比应征入伍的士兵精细得多。

▼ 资深士官，安斯巴赫-拜罗伊特炮兵，1776。此人手持一柄在战争初期配发给资深士官的短矛。衣领和袖口的穗带同纽扣的颜色一致；长手套、佩剑装饰带、军帽饰边、手杖都是其军衔标识。手杖位于上衣左侧并不常见；它们通常挂在右侧襟贴的一颗纽扣上。

黑森－哈瑙军

黑森–哈瑙是德意志西南部的一个小国。它派出了一支步炮混合部队前往北美作战。这支分遣队包含王太子步兵团，一个猎兵营和一个炮兵连。黑森–哈瑙军队同其他德意志军队一样，军事素养也很高。

步兵

三太子步兵团身穿深蓝色制服，配红色贴边，襟贴有白色花边。上衣衬里为红色。他们还穿着浅黄色背心、白色马裤和黑色长鞋罩。执行野外任务时，该团一般穿白色或条纹绑腿裤。士官配发有"腹盒"式弹药袋，剑通常系在腰带上，但有时也会挂在肩带上。军官和士官戴白色长手套。掷弹兵头戴银制主教帽，滑膛枪手戴白色镶边三角帽。军官三角帽有银色镶边，腰带为银色和深红色相间。士官装备有长戟和手杖，这是他们军衔的标志。手杖表明他们有权对犯错的士兵进行体罚。

炮兵连

若从远处看，很难分辨出德意志炮兵连之间的区别。黑森–哈瑙炮手穿着深蓝色上衣，衬里和贴边为红色；纽扣为黄色金属质地，三角帽有白色镶边。他们在白色腰带上系炮兵短剑，弹药袋挂在左肩的浅黄色皮革肩带上。他们还

▶ *滑膛枪兵，王太子团，1776*。根据旧时文件的记载，该团在北美期间的制服贴边有红和粉红两种颜色。这些颜色加之令人困惑的名称变化，使得研究工作变得异常困难。这套制服是火枪手的标准装备。

◀ *掷弹兵，王太子团，1784*。弹药袋上有"WL"的花押，代表"威廉·兰德格拉夫"。威廉九世于1783年继承了腓特烈二世的黑森-卡塞尔爵位。该团的装备花押是"WL"，而黑森-卡塞尔团的花押依然是"FL"。该团与王太子燧发枪团的外貌相似，容易混淆。这名士兵的帽板图案为黑森雄狮和"WL"花押。

配发有圆形木质水壶。在战场上，他们可能会将滑膛枪斜挂在背上。他们穿戴帆布制成的德式人力挽具，并穿条纹绑腿裤，或马裤配长鞋罩。尽管黑森-卡塞尔和黑森-哈瑙两国统治者是父子关系，但两支部队并不属于同一支军队，也未曾一同前往北美。事实上，他们在

北美从未一起作战。黑森-卡塞尔分遣队随威廉·豪将军的军队于1776年夏在纽约登陆，并在余下的战争时期里共同战斗；不过有部分单位，如冯·博泽团在南部战区作战。如前所述，黑森-哈瑙军队被派遣至魁北克服役，1777年10月在萨拉托加全军覆没。

黑森-卡塞尔领主腓特烈二世是黑森-哈瑙伯爵威廉的父亲。这两人相处得并不融洽，两国宫廷的关系也不

好。他们的行为举止都很相像，威廉也一直是腓特烈的继承人。这导致派往北美的两个团之间出现了一些混乱。黑森-卡塞尔的王太子团"属于"黑森-卡塞尔的王储，即威廉。黑森-哈瑙步兵团由威廉提供资金装备，也称为"王太子团"。

黑森-哈瑙王太子团为滑膛枪团，有原始材料描述他们在萨拉托加战役期间的制服样式。黑森-卡塞尔王太子团一开始的主要武器是燧发枪，但后来重命名为滑膛枪团。似乎为了增加识别困难，制造名称混乱，很多德意志团还根据其指挥官的名字而命名，这导致团名变换相当频繁，尤其是在战斗期间。一些德意志团在战争期间甚至有多达三位指挥官，令后世研究者困惑不已。黑森-哈瑙分遣队在北部战区的表现很出色。冯·里德泽尔的夫人，冯·里德泽尔女男爵精力充沛，陪同她的丈夫参加了萨拉托加战役，并在日记中留下了精彩记录。她具有善良贤惠的美名，是理想的军人妻子。她的日记因其独到的观察和见解而颇有可读性。

另一个德意志国家也在战争期间向英国提供军队支援，然而他们并不是雇佣军。英王乔治三世亦是汉诺威的统治者，于是有7个汉诺威步兵团在战争期间加入了英军。2个团在印度服役，3个团担任直布罗陀守备军，2个团则在米诺卡岛①覆灭。

①译注：地中海西部岛屿。

◀ 军官，王太子团，1775。 这套黑森制服明显为全套的普鲁士式。饰领中央图案为彩色珐琅质地，皇家蓝底色，上面有一只红白线条相间，挥舞利剑的凶猛黑森狮。短矛的矛锋处铸有"WL"字样的花押。

▶ 炮手，炮兵连，王太子团，1777。 此人身着炮兵训练服，其装备还包括尖刺器、火药瓶、海绵/填装器。滑膛枪斜挂在肩膀上，这样能腾出双手操作火炮。在必要时刻，他也能迅速开枪保护自己。

德意志猎兵

德意志猎兵招募自有经验的猎人和守林员，装备了著名的德意志短猎枪。他们是最优秀的德意志军人，杰出的轻步兵，精于射击、突袭、侦察和埋伏。德意志猎兵令美国人闻风丧胆。他们的来复枪上没有安装刺刀，因此配发了短剑；在战场上也能得到装备有刺刀的轻步兵和滑膛枪手的支援。这项战术弥补了来复枪射击速度缓慢的缺陷，是美军必须经过一番艰难才能学到的经验。

黑森－卡塞尔分遣队第2猎兵连指挥官是著名的约翰·埃瓦尔德上尉（Johann Ewald），他可能是英军中最好的轻步兵军官。他留下了宝贵的回忆录和一部有价值的关于轻步兵组织及战术方面的专著。埃瓦尔德对他的美国对手赞誉有加，并指出美军的确认真研究军事理论，而他的英国同事们却通常不喜欢阅读书籍。他非常崇拜康沃利斯将军。最终他在拿破仑战争期间担任了丹麦军队将军。

黑森－卡塞尔猎兵

猎兵身着绿色制服，配深红色贴边和黄色金属纽扣。就像所有的猎兵部队一样，他们戴一顶三角帽，通常在帽结的左侧插有一根绿色羽毛。制服上无花边。一些黑森猎兵骑马，穿浅黄色皮革马裤和长马靴。

那些徒步猎兵抵达北美后便将长马靴换成了棕色皮革长鞋罩。肩带为棕色或浅黄色。这支猎兵部

队分成数支小分队作战，活跃在每一个战区，并参加了战争中的每一次行动。由于各猎兵分队的制服几乎一模一样，因此就算勉强做得到，要把他们区分开来也是很困难的。黑森猎兵在规模最大的时候共有5个步兵连和1个乘骑连。他们的首任指挥官是能力出

◀ **猎兵，安斯巴赫－拜罗伊特，1777**。在北美参战的几乎所有德意志猎兵部队的服饰都很相近。狩猎匕首的刀柄样式各有不同，但都具备"剑－刺刀"的功能，如黑森－卡塞尔猎兵连的匕首。在随后几年里，英军第60步兵团第5营从德意志猎兵中招募了大量人员。

▶ **猎兵，黑森－卡塞尔，1777**。这种笨重的马靴在徒步行动时简直就是大累赘，实践中猎兵们会换上黑色石鞋罩和鞋子。这名士兵携带的剑－刺刀又称为"狩猎匕首"。在主剑的剑鞘外还附有一把小刀，用于狩猎时进行剥皮竞赛。这一定是一支从不会挨饿的部队。

众的卡尔·冯·多诺普上校。1777年10月，他遭受致命伤，接任者是阿道弗斯·冯·武尔姆上校（Adolphus von Wurm）。

安斯巴赫–拜罗伊特猎兵

来自安斯巴赫–拜罗伊特的猎兵分队身着深绿色制服，配深红色贴边和黄色金属纽扣，与黑森–卡塞尔猎兵类似。1777年，他们跟随圣莱杰的远征军攻击坦威克斯要塞，后返回加拿大。

布伦瑞克猎兵

布伦瑞克猎兵营，有时被称为轻步兵营，由冯·巴纳中校指挥。1777年，他们跟随伯戈因将军在地形复杂的战场上奋勇杀敌，战绩突出。

该营下辖5个连，身着常规的深绿色制服，配深红色贴边，以及黄色金属纽扣。他们还穿有浅黄色背心、马裤。长鞋罩通常用棕色布料缝制。他们按常规方式戴三角帽。该营未携带军旗，一般以连级单位行动。

黑森–哈瑙猎兵

黑森–哈瑙猎兵连穿着深绿色制服，配深红色贴边和黄色纽扣。三角帽上装饰有绿色帽结。背心为白色，肩带和马裤为浅黄色。

▶ **乘骑猎兵，黑森–卡塞尔，1776。**所有在北美服役的猎兵部队都穿着相同制服，唯一的区别在于他们在骑马或徒步行动时，会穿不同的下身装。在和平时期，他们是统治家族的猎场看守人，因此这也就是他们的工作服。少数猎兵可以骑马执行侦察和通信任务。这名士兵携带了一把轻型骑兵弯刀。马具的颜色与骑手制服色相配套。乘骑猎兵并非骑兵，也不计算为骑兵编制。尽管装备了两支手枪和一把轻骑兵军刀，但他们只是利用马匹进行机动，通常徒步作战。在不骑马时，骑兵高筒靴反而是负担，因此在战斗中，乘骑猎兵可能会把它们换成鞋罩。

西班牙军队

西班牙陆军传统上穿着白色上衣。北美和加勒比战区的部队则对制服进行了多方面调整。这一时期的西班牙各军团特征很容易辨识。在热带地区服役的部队身穿一套全白制服，包括上衣的衬里也是白色。这与规定的制服样式相同。紧身衣裤也同样为白色，但团制服贴边色需从条例列表中选择。

西班牙步兵

西班牙步兵团下辖2营，每营9连，无轻步兵连，但有1个掷弹兵连和8个普通连。制式军服包括1件单排扣的白色上衣，还有白色背心和马裤各1件。随身装备为白色牛皮革质地，长鞋罩为白色或黑色。弹药袋为黑色，外观没有任何可供识别的图案。

掷弹兵戴无帽板的黑色熊皮帽，但有1个"袋子"挂在士兵的后肩上，其颜色同制服贴边色一致。位于线列阵型中央部分的连队戴装饰有西班牙式红帽结的三角帽。军人们常常将它与法式白帽结一起佩戴，形成一种新版本的联盟式帽结。士官和掷弹兵携带有短剑，掷弹兵在肩带上安装了1个黄铜火绳盒。

同德意志军队的士官一样，西班牙士官也持1根手杖。士官军衔标志缝在袖口边缘处，与制服纽扣的颜色一致。军士和军士长均佩戴肩章。军士肩章同制服贴边色相同，戴在右肩，军士长则双肩都佩戴肩章。军士通常会携带短矛。团属工兵穿掷弹兵制服，腰缠浅黄色皮围裙，装备有常规斧头、锯子和短柄手斧。下级军官通过袖口花边或肩章来标识军衔。三角帽有

◀ 列兵，圣多明哥志愿步兵，白人连，1778。鉴于西印度群岛的热带气候特点，束腰外套通常用白色亚麻布缝制；彩色袖口和衣领会被扣紧或钩住，这样衣物在浆洗时就不会太快褪色。西班牙人建立了一套完善的地方民兵体系来保卫他们的殖民地。

▶ 古巴民兵军官，哈瓦那营，1779。防卫部队从当地人中招募，但军官由住在殖民地的西班牙贵族担任。这位古巴民兵军官的服饰色彩鲜艳，展示了一种不同寻常的衣领样式和花边装饰风格。

西班牙步兵团制服贴边色和特征

部队	上衣	袖口	衣领	衬里	背心	马裤	纽扣
雷伊	蓝	红	红	红	红	蓝	黄
索里亚	白	红	红	白	红	红	白
纳瓦拉	白	红	红	白	红	红	黄
海伯尼亚①	红	绿	无	红	红	红	黄
阿拉贡	白	红	白	白	红	红	黄
西班牙人	白	绿	绿	白	白	白	黄
佛兰德斯人	白	蓝	蓝	白	蓝	蓝	黄
普林西比	白	红	红	白	白	白	黄
瓜达拉哈拉	白	红	无	白	红	白	白

①译注：爱尔兰的别称。

步兵乐手

　　乐手（鼓手和横笛手）身着深蓝色上衣，配猩红色贴边和折边。贴边边缘处有红白相间的花边。不过女王团穿着颠倒色彩的制服（红色上衣，蓝色贴边），装饰有蓝白相间的花边。为西班牙服役的瑞士人团穿殖民地式制服。一支部队的军鼓要么涂装成蓝色，要么与制服的贴边色相同。军鼓正面有团徽图案。西班牙军路易斯安那团却是上述规则的例外。该团鼓手穿着的制服和其他士兵制服一样，但在袖口、折边、衣领和外套侧边的口袋上增加了红白色相间的花边。军鼓涂成和制服贴边一样的蓝色，在顶部和底部各有一道红圈。鼓正面有一枚西班牙国徽。

◀ 列兵，圣多明哥志愿步兵，黑人连，1777。从该部称号上就能知道，不论是自由人，还是身强力壮的奴隶，黑人都是民兵部队征召的对象。在给奴隶们装备滑膛枪前，当局必须确保他们绝对忠诚可靠。在热带气候条件下，深色上衣很罕见。

金色或银色镶边。根据制服纽扣的金属色，肩章相应为金色或银色。执勤时他们佩戴金色饰领，其图案为一枚顶着王冠的皇家徽章。在非执勤状态，军官持手杖以表明军衔。

▶ 列兵，古巴民兵，哈瓦那自由黑人团，1778。这位士兵戴有白底红花的联盟式帽结，表明该部是法军的盟友。为了适应气候条件，上衣材质是亚麻布。他配备有基本的武器和装备，其设计满足实用功能。

西班牙骑兵

　　在北美战斗的西班牙骑兵由3支部队组成。第一支是卡宾枪骑兵中队。该部由贝尔纳多·德·加尔维斯（Bernardo de Galvez）于1778年在新奥尔良组建。他是一名优秀的西班牙指挥官，北美战争期间曾在1778年围攻彭萨科拉，并从由英国人、德意志人和保王党人组成的守军中夺取了该地。他们的

上衣为深红色，衬里和贴边为白色，马裤和背心也是白色。他们携带白色或浅黄色皮革装备，穿高筒骑兵靴，三角帽有黄色镶边。

　　另外两支在北美服役的西班牙骑兵部队是美洲龙骑兵团和墨西哥龙骑兵团。美洲团身着黄色上衣，深蓝色背心和马裤。上衣没有襟贴。墨西哥团穿着深蓝色上衣，配红色贴边和白色衬里，马裤为蓝色，背心为红色。

西班牙炮兵

　　西班牙炮兵穿常规的深蓝色上衣和马裤，贴边和折边为红色。上衣衬里为红色。三角帽有黄色镶边。背心为红色，上衣缝有黄色金属纽扣。他们的个人武器装备与步兵一样。最终西班牙炮兵也采用了法国格里博瓦尔火炮系统。

西班牙工程师

　　在战争期间，西班牙军队中的工

▶ **上校，路易斯安那团，军礼服，1779。** 这位神采飞扬的军官身穿了一套比普通西班牙殖民地部队制服更加艳丽的礼服。执行任务时，他佩戴有镀金饰领。图中，金色佩剑装饰带和流苏，以及手杖上的金球缺失了，原因不明。请注意袖口处的军衔条纹。

◀ **鼓手，路易斯安那团，1778。** 此人束腰外衣上装饰着同样鲜明的红白相间的链扣图案。这是当时法国军队的鼓手制服特点。鼓身上绘有一枚团徽，两边各有一面西班牙国旗。

程师都是军官。他们的制服与炮兵类似，区别在于花边为银色，金属纽扣为白色。

西班牙参谋军官

　　从1768年起，西班牙军队的高级军官可通过袖口上的金色花边来识别。将官的衣领、上衣前幅边和红色背心上有附加的金色花边。在这段时期，西班

西班牙殖民地步兵团制服

部队	上衣	袖口	衣领	衬里	背心	马裤	纽扣
哈瓦那团	蓝	黄	黄	蓝	黄	蓝	黄
路易斯安那团	白	蓝	蓝	蓝	蓝	蓝	白
加泰罗尼亚志愿兵团	蓝	黄	黄	蓝	黄	蓝	白

▼ *燧发枪列兵，古巴和巴亚莫白人营，1778*。此人上衣胸前有一种不同寻常的饰边。这种样式的制服似乎只局限于在古巴招募的部队。他的装备很简单。弹药供应量仅限于装满他腰带前面的小口袋。

蓝色上衣和马裤，上衣衬里、贴边为红色，背心为红色。纽扣为金色，花边色根据军衔而定。

西班牙殖民地部队

所有欧洲殖民列强都在当地组建并维持并不属于官方编制的部队。它们为殖民地服役，西班牙也不例外。西班牙所有的美洲殖民地都建立有这样的部队，质量参差不齐，大部分处于现役状态。他们的首要职能是作为可靠的守备军，一般驻防在主要港口和设施；毫无疑问，不同地域、不同部队的质量也良莠不齐。殖民地部队与西班牙的正规军并肩作战。他们的优势在于适应了热带地区环境，并且对那些容易导致欧洲人死亡的疾病有较强抵抗力。古巴民兵由黑人和白人两支部队构成，其制服符合1764年6月的条例规范。夹克通常是单排扣，白色，有深蓝色的领子，袖口有一道白色花边。肩带为浅黄色皮革。他们挂有"腹盒"式弹药袋。民兵们戴黑色毡帽，前翻边向上翻起。长筒马裤搭配着白色长袜和半长鞋罩。蓝色大衣被卷成一团，背在肩头上。武器是制式滑膛枪和弯刀。

◄ *燧发枪列兵，路易斯安那团，1778*。这是路易斯安那团的普通执勤制服。根据规定，紧身衣裤应该是蓝色的，但是这种颜色的布料经常供不应求，所以很多人都穿白色衣服。据政府统计，在西印度群岛服役的部队官兵两年后都会死于黄热病和其他疾病。因此官方会定期向那里派遣新部队。法国和英国战争部也执行同样冷酷的计算，并持有类似的超然态度。

牙军中只有将军可系腰带。将官穿红色马裤；若骑马，则换成浅黄色皮革骑兵裤，以及带马刺的马靴。参谋们身着深

海军力量

　　自远古时代起，海军就决定着国家和帝国的命运；它在美国独立战争中也起到至关重要的作用。法国海军在七年战争中惨遭毁灭，但它如凤凰那样于1778年涅槃，并宣布与新成立的美国结为同盟。大陆军海军成立于1775年10月13日，大陆军海军陆战队于同年11月10日组建。皇家海军在这场战争中虽然与最后胜利无缘，但英国人更有经验，也拥有更强大的实力；其战果是到1781年，他们击沉或捕获了大部分的大陆军海军船只。尽管如此，此后又诞生了一支新兴海军力量。美利坚合众国海军和一支崭新的海军陆战队一起成立于18世纪90年代。这支海军规模虽小，却质量上乘。

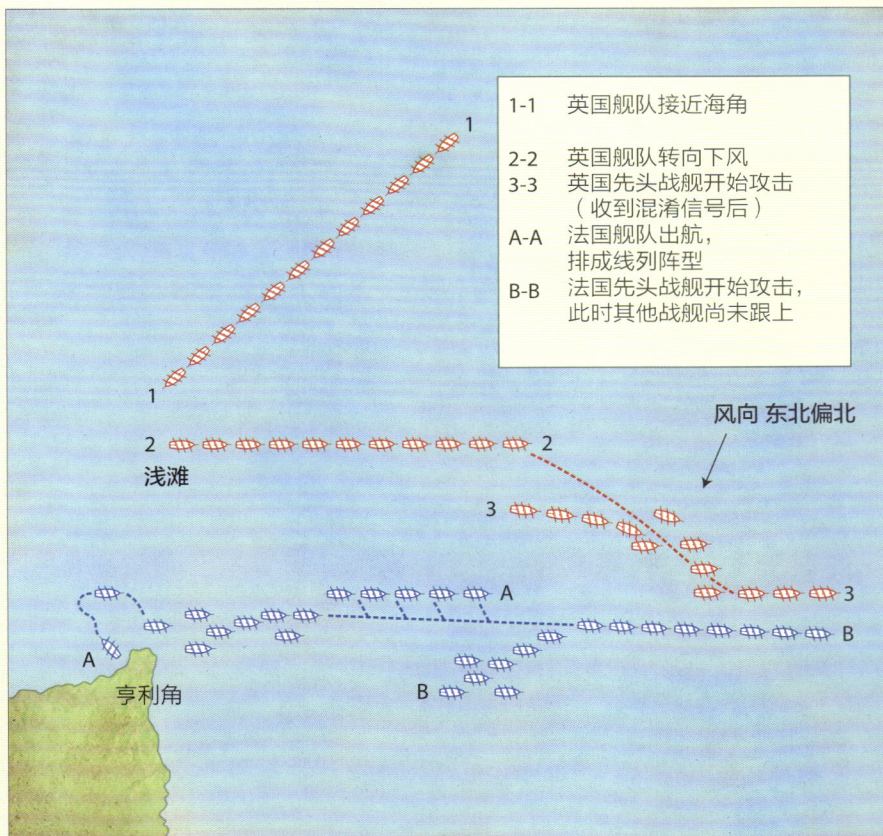

1-1	英国舰队接近海角
2-2	英国舰队转向下风
3-3	英国先头战舰开始攻击 （收到混淆信号后）
A-A	法国舰队出航， 排成线列阵型
B-B	法国先头战舰开始攻击， 此时其他战舰尚未跟上

风向 东北偏北

浅滩

亨利角

▲ 弗吉尼亚角之战，1781年9月5日。这场战斗彻底决定了龟缩在约克郡的康沃利斯的命运，美国也得以赢得战争的最后胜利。

◀ 尽管英军火力占优，但约翰·保罗·琼斯（John Paul Jones）指挥"好人理查德"号（Bon Homme Richard）在弗兰伯勒角海域向皇家海军的"塞拉皮斯"号（HMS Serapis）发起孤注一掷的攻击，并击败对方。

海战

美国能否获得独立，很大程度上取决于何方能控制海洋。英国强大的皇家海军最初只是遭遇到新生的美国海军的挑战，然而随着法国加入战争，它将面临一个更为可怕的敌人。

七年战争结束时，法国海军也重蹈陆军覆辙，在大海上彻底失败。路易十四统治期间苦心经营的法国海军在1759年11月的基伯龙湾之战（Battle of Quiberon Bay）中惨败，导致全军覆没。不过法国也开始对海军进行改革，

▼ 圣文森特角海战发生于1780年1月16日。这一战役开始于白天，一直战斗到深夜，因此又被称为"月光之战"，最后英军取得了胜利。

并重新设计建造新型战舰。

1763年签署的《巴黎条约》结束了七年战争，该条约确保了英国成为世界上最强大的殖民国家，也认可了其海洋统治者的地位。可是英国海军却愚蠢地躺在胜利的荣誉上洋洋自得。

战舰发展 1690-1783

到北美战争爆发时，欧洲殖民列强建造的战舰都形成了标准化分类。

基本类型为战列舰。该舰种在线性阵型中承担主力舰的角色，是战斗的中坚力量。它又可细分为3种基本类型或级别。

护卫舰航速快，武器精良，被看作"舰队的眼睛"，主要执行护航任务。虽然它们的火力越来越猛，但通常还是只能与同级别或较小的敌舰作战。除非迫不得已，护卫舰几乎从不会向一艘战列舰发起进攻。

小型武装舰艇是下一等级的战舰。虽然结构类似，但它们比护卫舰更小。小型武装舰艇可能看上去像一艘小型护卫舰，但只有2根，而非3根桅杆。小型武装舰艇是海上的护航员和突袭者。在北美水域初期爆发的战斗中，它是一种完美的战舰。

各类军舰最初是由法国路易十四

最能干的内阁部长之一，让-巴蒂斯特·科尔伯特（Jean-Baptiste Colbert 1619–1683）确定"分级"体系的。科尔伯特也通常被看作是法国海军之父。然而他打造的舰队却在1759年基伯龙湾被摧毁。接着一支崭新的舰队将浴火重生，对皇家海军构成严峻的挑战，并取得最后胜利。

分级系统

战列舰在战争爆发时实际上共有四个级别。不过只有前三级才足够强大，能够在海战中投入线列作战。第四级通常有两层火炮甲板，看上去像是一种小型战列舰，被用作殖民地海军基地的旗舰和护航力量。1775年战争爆发时，派往北美的皇家海军战舰中，这一级别的军舰数量最多。

战舰构造

木制风帆战舰的设计和建造是一项艺术，也同样是一门产业。例如皇家海军拥有6个大型造船厂（朴次茅斯、普利茅斯、希尔内斯、查塔姆、德特福德和伍尔维奇）负责建造、维护和修理船只。法国也有类似的"军港"系统，如土伦（Toulon）和布雷斯特（Brest）就是分别位于地中海和大西洋的主要造船厂。皇家造船厂的雇员超过10,000人；无论战舰在何处作战，都由这些造船厂负责维护整个皇家海军，保障其作战能力。尽管从北美到造船厂的航程长达3,000英里（5,000公里），但这项极为艰巨的工作依然取得了很大成功。

海军造船厂简直就是由承担不同任务的车间组成的大迷宫，包括有干船坞、弹药库、修理厂、制绳厂、制帆厂、堆木场和仓库。造船厂雇员是一群具备不同技能的专业工人：各种类型的木匠、造船师、建筑工、制帆工、索具工、木雕工和敛缝工。所有这些工种都在造船厂总监的理论指导下生产，但船长更倾向于根据他自己的想法来维修、改造舰船，使之更符合实际需求，更有利于操纵。此外他还可能将战舰等级抛在脑后，按自己的意愿来配备武器。这可能导致舰船头重脚轻，极不稳定，只要海面稍有波动就可能发生侧翻。

▲ 海军造船厂必须组织良好，运行井然有序。若无体系严密的海军造船厂承担建造、安装、修理和翻修等多项任务，任何一支海军都无法生存下来。

▼ 约翰·保罗·琼斯（John Paul Jones）在大陆军海军军舰上升起第一面美国国旗。琼斯后来作为一名勇敢的船长和掠袭者而声名在外。

1700 年皇家海军战舰分级

级别	火炮数量	类别
一级	100	战列舰
二级	90	战列舰
三级	70	战列舰
四级	54–60	战列舰
五级	30–40	护卫舰
六级	18–24	护卫舰

1775 年皇家海军战舰分级

级别	火炮数量	类别
一级	100+	战列舰
二级	90–98	战列舰
三级	64–80	战列舰
四级	50–60	指挥舰 / 护航舰
五级	30–44	护卫舰
六级	20–28	护卫舰

战列舰和护卫舰

强大的海权国家均建造了大量战列舰以及提供支援的护卫舰。一旦火力强大的战舰集中起来后，战列舰便是舰队决战中最有效的武器，毫不夸张地说，它们能将对手撕成碎片。护卫舰的用途更加广泛，在北美战争期间，任何舰队若要有效运作，它们都是必不可少的舰种。

战列舰

战列舰在当时不仅仅是战舰，也是最具科技含量的先进武器系统。在不到一个世纪的时间里，这类军舰从一种拥有大量火炮，高侧舷，有点头重脚轻的

▼ 大陆军海军32门火炮护卫舰。大陆军海军新建造的"罗利"号护卫舰有3项主要设计。这是"罗利"号护卫舰的船帆和桅杆平面图。虽然它看起来像皇家海军的护卫舰，但并非简单的复制品，而是美国原创；其船身是为获得高速而专门设计，明确地按照护卫舰要求铺设龙骨，并最终完成。

舰船演变成一种高效的致命武器。在任何时候面对这样一艘战舰都足以令人瑟瑟发抖，更何况在实战中它们也确实表现优异。

最常见的两种战列舰类型分别装备了74门火炮和80门火炮。不过"74"最后战胜了竞争对手，成为最受追捧的类型。74门火炮战列舰也成为英国和法国作战舰队的主力。它是一台强大的战斗机器，而且还具有出色的航行特性。法国舰船的航海性能往往更优于英国战舰，但英军在军舰的水下船体上包裹了一层铜板，部分弥补了劣势。这项工艺减缓了船体上海洋生物的生长速度，同时也保护浸于海水中的木质船体被腐蚀。这种腐蚀有时会带来灾难性的后果。至少有一艘英国战舰曾经因此而龙骨脱落，接着在抛锚时迅速沉没。海军实力通过现役战列舰的数量来判断的，

▲ 海战场面通常既有炮弹横飞，又有接舷肉搏，战斗残酷而血腥。

在此期间，没有哪个国家能与皇家海军相匹敌。

护卫舰

护卫舰是一种装备精良，具有巡航功能的战舰；航速快，可以承担侦察和巡察任务，同时火力强大足以独立作战。此外，它们必须比更强大的战舰跑得快。护卫舰演化速度很快，到17世纪中叶便已成为一种全新类型的战舰。

舰队决战

有两场重要的舰队决战可能是这场战争中的决定性战役：弗吉尼亚角海战和桑特海峡之战。前者是由德·格拉斯伯爵率领的法国舰队和格雷夫斯海军上将率领的英国舰队之间的对决，发生于康沃利斯将军的英国联军被围困在约克郡期间。

法军的目标是封锁切萨皮克湾，阻止任何解救康沃利斯的企图。英国舰队到达时，法军出来迎战，接着双方开始进行非决定性的战术攻击，船只都遭到了不同程度的损坏，但没有一艘沉没。战

1740-1783 年战列舰级别

级别名	等级	国别	火炮数量	火炮甲板层数
诺森伯兰级	三级	英国	64	2
无敌级	三级	法国	74	2
桑德威奇级	二级	英国	90	3
柏洛娜级	三级	英国	74	2
巴黎级	一级	法国	90+	3
胜利级	一级	英国	100	3
圣特立尼达级	一级	西班牙	120	3
美洲级	三级	美国	74	2

1740-1783 年护卫舰级别

级别名	国别	火炮数量	类型	火炮甲板层数
美狄亚级	法国	26	8 磅	1
独角兽级	英国	28	9 磅	1
赫尔迈厄尼级	法国	26	12 磅	1
南安普敦级	英国	32	12 磅	1
贝勒普尔级	法国	32	12 磅	1
圣玛格丽塔级	西班牙	40	8 磅	1
汉考克级	美国	32	12 磅	1
伦道夫级	美国	32	12 磅	1
弗罗拉级	英国	36	18 磅	1
联盟级	美国	36	18 磅	1
赫柏级	法国	40	18 磅	1

▼ 大陆军74门火炮战列舰，"美国"号。该舰看上去像一艘典型的战列舰，也是当时美国自行建造的唯一一艘战列舰。它的建造工艺并不优良，而且只装备了50至60门火炮。为了补偿法国在北美损失的一艘战列舰，"美国"号被转让给了法国，因此它未曾悬挂过美国国旗。

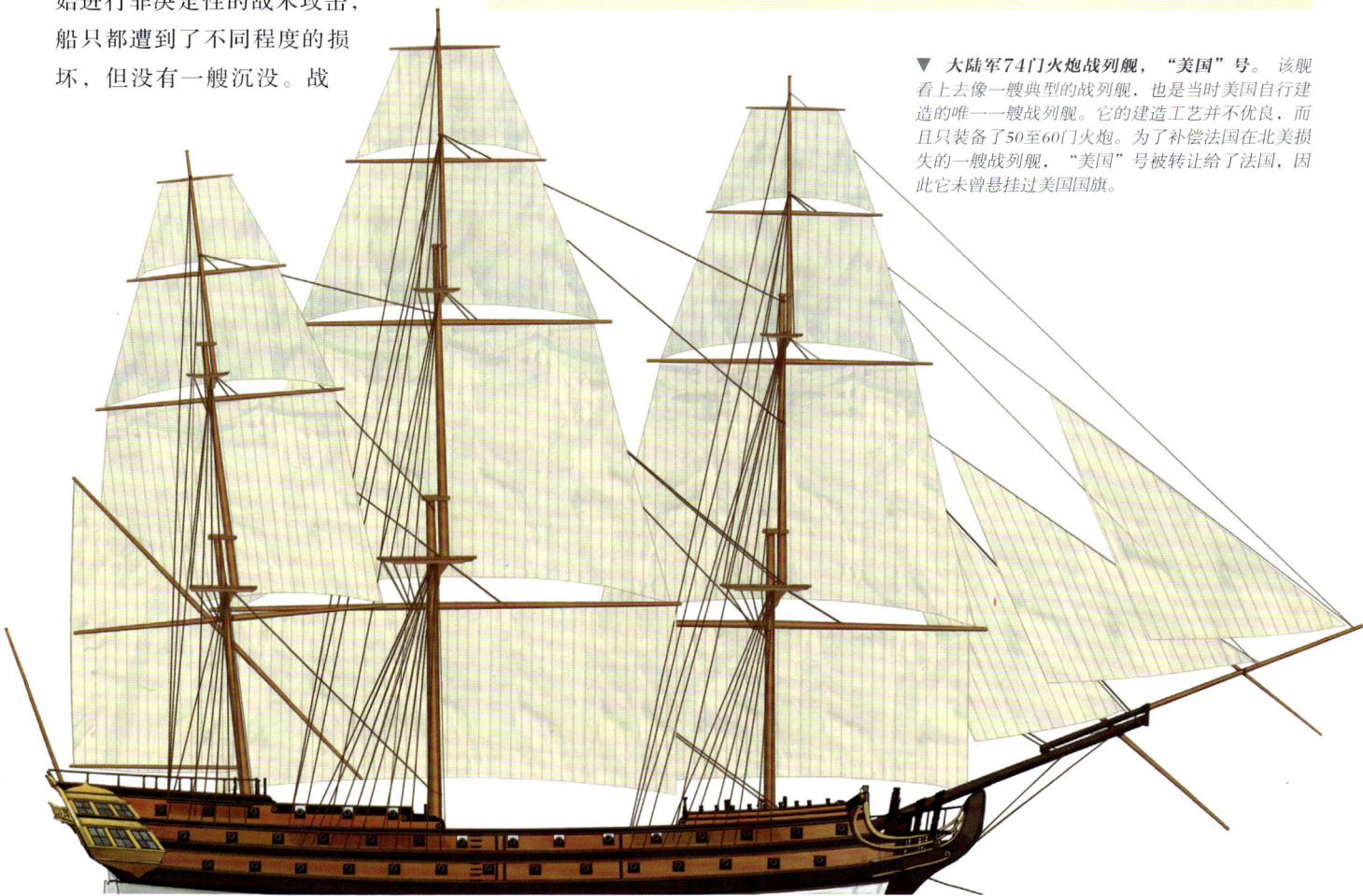

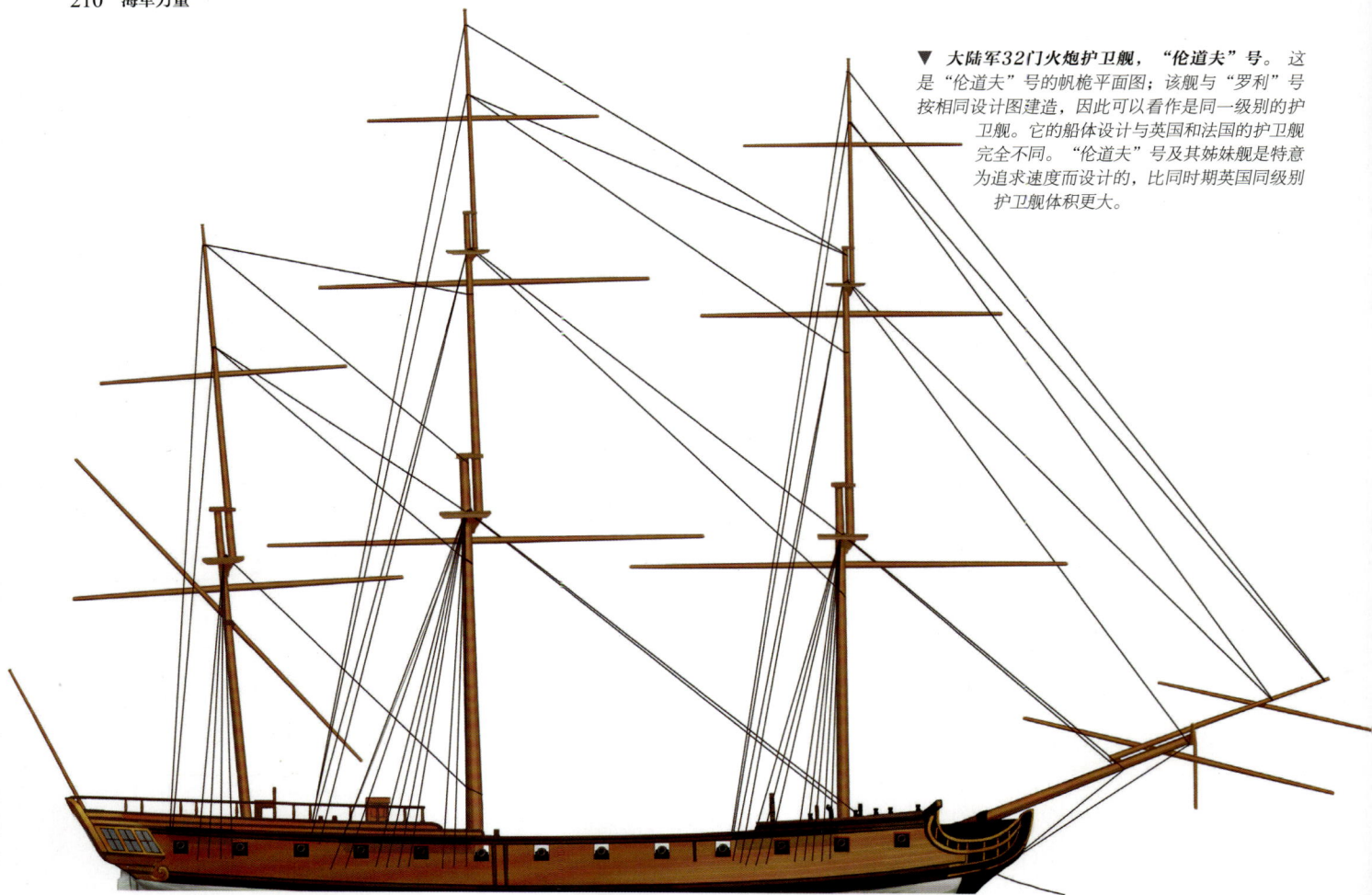

▼ 大陆军32门火炮护卫舰，"伦道夫"号。这是"伦道夫"号的帆樯平面图；该舰与"罗利"号按相同设计图建造，因此可以看作是同一级别的护卫舰。它的船体设计与英国和法国的护卫舰完全不同。"伦道夫"号及其姊妹舰是特意为追求速度而设计的，比同时期英国同级别护卫舰体积更大。

弗吉尼亚角海战

英军战斗序列

舰名	类型	火炮数
阿尔佛雷德号	战列舰	74
巴夫勒尔号	战列舰	90
君主号	战列舰	74
半人马号	战列舰	74
美洲号	战列舰	64
决心号	战列舰	74
贝德福德号	战列舰	74
伦敦号	战列舰	98
皇家方舟号	战列舰	74
蒙塔古号	战列舰	74
欧罗巴号	战列舰	64
敬畏号	战列舰	74
阿贾克斯号	战列舰	74
公主号	战列舰	70
阿尔西德号	战列舰	74
无畏号	战列舰	64
什鲁斯伯里号	战列舰	74

法军战斗序列

舰名	类型	火炮数
冥王号	战列舰	74

舰名	类型	火炮数
布罗尼号	战列舰	74
马赛号	战列舰	74
王冠号	战列舰	74
谨慎号	战列舰	64
奥古斯都号	战列舰	80
圣埃斯普里号	战列舰	80
卡顿号	战列舰	64
恺撒号	战列舰	74
德斯垚号	战列舰	74
巴黎号	战列舰	98
胜利号	战列舰	74
王权号	战列舰	74
诺森伯兰号	战列舰	74
帕尔米耶号	战列舰	74
隐士号	战列舰	64
公民号	战列舰	74
西庇阿号	战列舰	74
慷慨号	战列舰	74
大力神号	战列舰	74
郎格多克号	战列舰	80
热忱号	战列舰	74
赫克托耳号	战列舰	74
君主号	战列舰	74

斗结束后，由于一艘战列舰被法军炮火重创，英军不得不自行将其摧毁。

不管怎样，这依然是一次决定性海战，因为此时英国舰队必须返回纽约修理，而康沃利斯已经无望得到任何救援了。随着联军的包围线离约克郡越来越近，他只好在1781年10月19日率部投降，实质上等于确保了美国独立。

1782年4月，桑特海峡战役爆发于加勒比海地区，对阵双方是德·格拉斯伯爵的法国舰队和乔治·罗德尼海军上将的英国舰队。两位海军将领都是能力出众，具有攻击性的指挥官，但德·格拉斯的一些舰长却拒绝与英国接近交战，导致其失败。

罗德尼尾随法国舰队紧追不舍，切断了他们的阵型，迫使5艘法国战列舰投降，其中包括德·格拉斯的旗舰"巴黎"号，还俘虏了德·格拉斯本人。此战役亦是决定性的：英国在一场失败的

▲ 乔治·布里奇斯·罗德尼海军上将，1782年桑特海峡战役的胜利者。此役中他击败了法国舰队。这只"海狗"可能是战争期间最优秀的英国海军将领。

▲ 约翰·保罗·琼斯指挥的"好人理查德"号正在攻击英舰"塞拉皮斯"号。琼斯麾下的"联盟"号战舰由法国人兰第斯指挥，但他在战斗中不仅未协助"好人理查德"号，反而朝其开火。

战争中获得了一次急需的胜利，从而在和平谈判中能产生更大的影响。

为了保护帝国利益，支援在北美的陆上行动，皇家海军将力量发挥到了极致。但它遭遇到重生的法国海军的挑战，其发挥远超之前战争中的表现。多亏了有罗德尼和胡德这样的海军将领，皇家海军才能够幸存下来，不过它也没能取得最终胜利；至于谁将控制海上航线的疑问只好留给未来解决，届时海上冲突将更持久，更激烈。

这场战争催生出了一支新兴海军。虽然大陆军海军在战后将被解散，但日后它又将重生，承担护卫航线和舰船人员的任务，并成为军事史上最伟大的海上力量，而这一切在18世纪80年代是不可想象的。

▼ 大陆军护卫舰，"联邦"号。这是该舰桅杆及船帆平面图。它是为高速航行而建造的，比许多同时代的护卫舰都要大；它也很华丽，被认为是一艘"帅气"的战舰。然而它的运气却不好，最终在1781年被英军俘获。

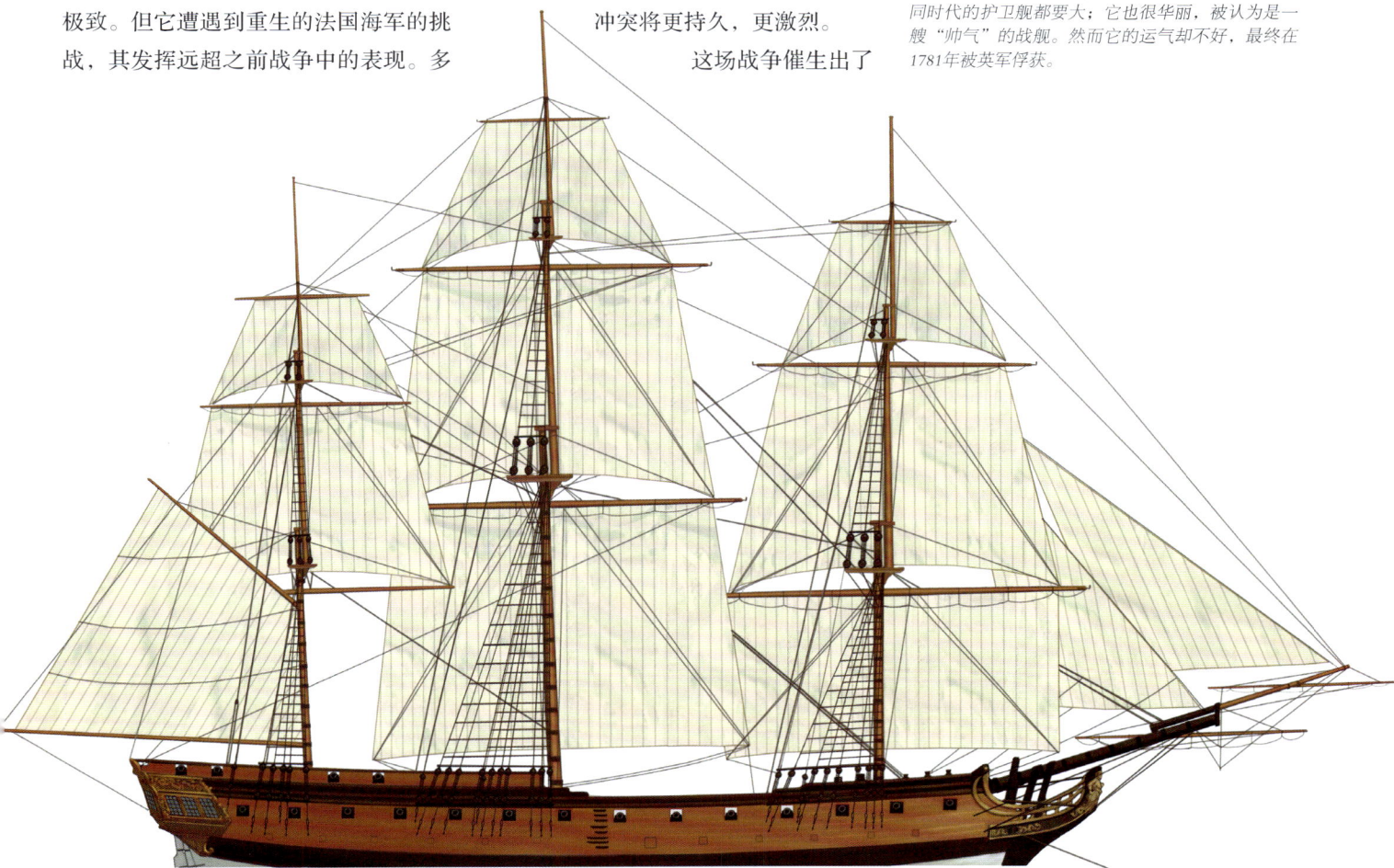

小型武装舰艇、轻护卫舰、双桅船、纵帆船和私掠船

发生在美国水域的海战大多规模很小，均为单只战舰或中型混编舰队之间的搏杀。

劫掠者

北美英军和舰队的补给线超过3,000英里（5,000公里）之遥。绝大多数补给舰都只是商船，通常在皇家海军的护航下组成一支船队。

在1778年初法国尚未参战以前，英军护卫舰或小型双层甲板炮舰（44–50门火炮）便足以防御大陆军海军护

小型武装舰艇 / 双桅横帆船 / 轻护卫舰分类 1728–1783					
级别名	等级	国别	火炮数	火炮类型	火炮甲板层数
宁芙级	轻护卫舰	法国	14	4磅	1
狼级	小型武装舰艇	英国	14	4磅	1
宠信级	小型武装舰艇	英国	16	6磅	1
卡吕普索级	轻护卫舰	法国	16	4磅	1
天鹅级	小型武装舰艇	英国	14	6磅	1
孩童级	双桅船	英国	10	4磅	1
娜雅级	轻护卫舰	法国	20	8磅	1
漫游者级	小型武装舰艇	美国	18	6磅	1

▲ **双桅纵帆船，"马布尔黑德"号，1768。** 这艘优秀的舰船速度很快，很可能是基于百慕大式帆船而设计的。双方在战争期间都装备了这类帆船；它们很适合用作巡逻艇，也可执行侦察和私掠任务。这种流行设计直到1812年美国第二次独立战争时期还在持续改进。

▼ **大陆军海军私掠船，"响尾蛇"号，1781。** 这是一艘根据"极端"需求而设计的典型美式私掠船；其建造目的就是为寻求高速，不要求如战舰那样能够在舰对舰交战中一决胜负。1781年"响尾蛇"号被皇家海军俘获，并改名为"鸬鹚"号。

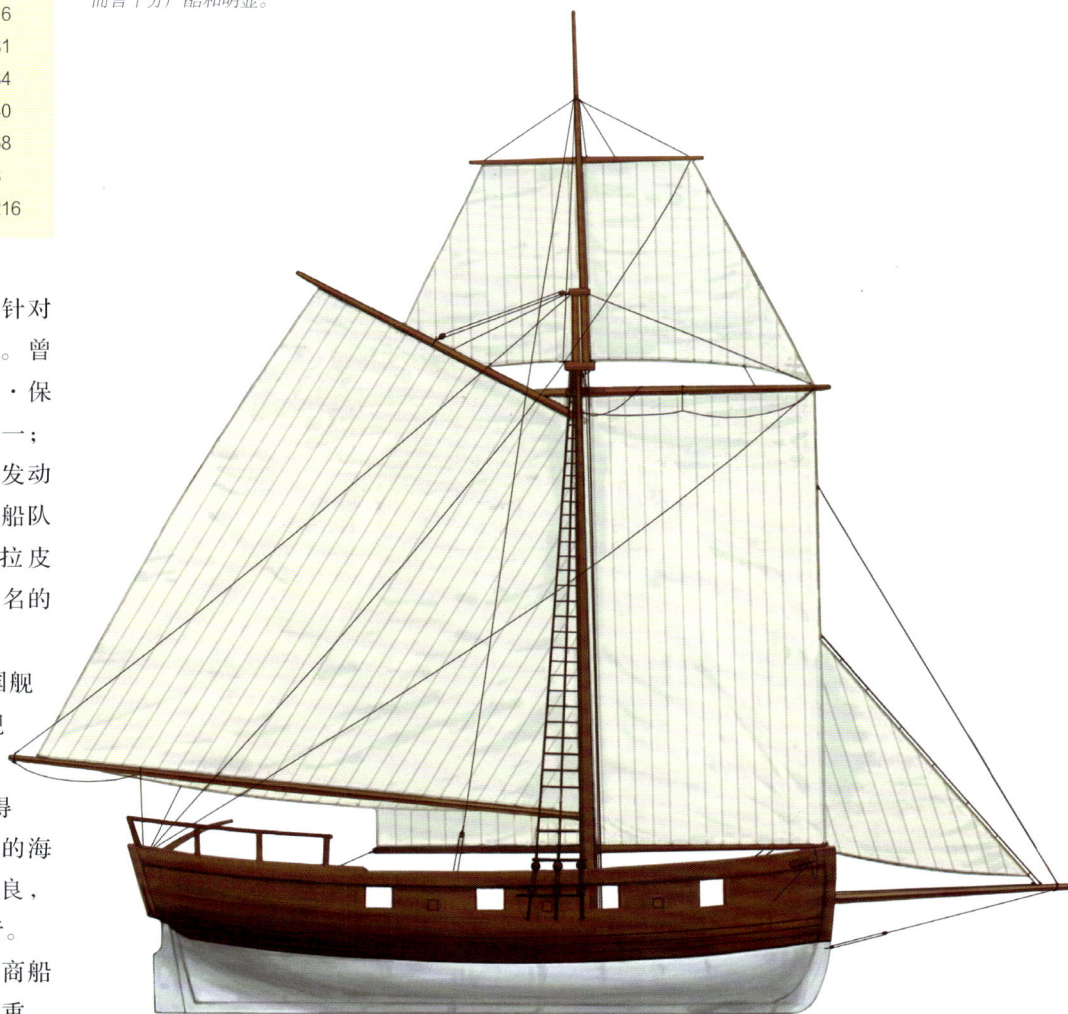

估计舰船损失				
年代	英军		盟军	
	商船	私掠船	商船	私掠船
1775	0	0	0	0
1776	229	5	19	6
1777	331	0	51	18
1778	359	5	232	16
1779	487	29	238	31
1780	581	15	203	34
1781	587	38	277	40
1782	415	1	104	68
1783	98	1	11	3
总计:	3,087	89	1,135	216

▲ 英国双桅横帆船，"卡尔顿"号，1776。这是英军在尚普兰湖上服役的最大一艘战舰之一。该船型有两根桅杆，很适合在北美巨大的湖面上航行。湖面战的特点在于战舰的外观虽然与单桅或双桅海帆船大同小异，但吃水深度要浅。由于这类战舰不会离开港口太长时间，因此不必携带大量如船员口粮之类的物资。控制湖泊是北美战争中生死攸关的任务。在1812年的战争中，这一事实对英国人而言十分严酷和明显。

▼ 卡特式独桅帆船，"李"号，1776。该舰最初为美军舰船，后被英国人捕获并投入现役。"李"号有一根桅杆，配横帆及一面大型斜纵帆；其航行性能和战斗能力均不如"忠信"号战舰。它的体积同平底货船差不多大，却作为大型船只安装设备，其航行能力大打折扣。该舰后甲板和炮门高度均有所提升。

卫舰以及从美国港口起航，专门针对英国商船队下手的私掠船侵袭。曾经当过奴隶贩子的苏格兰人约翰·保罗·琼斯是美军最杰出的舰长之一；他曾经在靠近不列颠群岛的海域发动了成功的突袭。琼斯攻击英国商船队后，引来小型双甲板炮舰"塞拉皮斯"号反击，双方爆发了一次著名的战斗。

法国参战后，全新重建的法国舰队在远洋首次现身，接着西班牙舰队也加入战争，更加严峻的海上威胁令皇家海军的护航任务变得越发困难。英国面临着确凿无疑的海上威胁；法国战舰不仅设计更优良，而且比同时期英国战舰更适应航行。

私掠船在大西洋两岸对英国商船发动了无情的袭击，令其损失惨重，甚至濒于瘫痪。

炮艇、平底船及单甲板帆船

海战不仅仅限于远海,五大湖区也同样发生了水面战斗。双方都在这片广阔的水域上建造舰队,然后又相互摧毁。

尚普兰湖

尚普兰湖上的冲突始发于1776年10月11日,瓦尔库尔岛(Valcour Island)。贝内迪克特·阿诺德指挥的美军舰队包括1艘捕获的双桅船"皇家野人"号①(8门火炮),1艘他自己乘坐的双桅船,1艘小型武装艇,4艘单甲板帆船和8艘平底船。

英军战斗序列为双桅船"不屈"号(18门12磅火炮,为当时湖区火力最强战舰;该舰在圣劳伦斯河被拆卸,并通过陆路运到湖区后再组装),"卡尔顿"号(12门6磅火炮),"玛利亚"号(14门6磅火炮),"雷神"号(一种拉多式船筏,6门24磅火炮,6门12磅火炮,2门榴弹炮),"忠信"号(7门

纵帆式舰船 1740-1783				
级别	**船型**	**国别**	**火炮数**	**类型**
调停者级	小型武装舰艇	英国	10*	未知
奥秘级	小型三桅船	法国	18	未知
巴巴多斯级	双桅纵帆船	英国	14	3磅
飞翔级	卡特式独桅帆船	英国	12	未知
沙勒尔级	双桅纵帆船	英国	6**	3磅
埃克莱尔级	三桅帆船	法国	18	6磅
紫褐级	卡特式独桅帆船	法国	6***	3磅
戏谑级	四角帆帆船	法国	3	4磅
李级	卡特式独桅帆船	美国	6	混合 ****
灰猎犬级	卡特式独桅帆船	法国	18	6磅
侏儒级	卡特式独桅帆船	英国	10	4磅
普罗维登斯级	双桅纵帆船	美国	12	未知
飞翔级	双桅纵帆船	美国	6	9磅

* 另有 18 门回旋炮 ** 另有 7 门回旋炮 *** 另有 10 门回旋炮
**** 可能混合装载有 4、9、12 磅火炮

▼ **尚普兰湖上的英国炮艇,1776。** 对北部战区的各支军队而言,控制湖区,尤其是尚普兰湖尤其重要。那时即使在最好的情况下,大部分道路也比烂泥土路好不了多少,因此相较于陆路,水上运输补给要容易得多。双方都使用炮艇夺取湖面的控制权。如图所示,这种船只通常只携带一门火炮。

①译注:1775年秋,美军围攻魁北克的圣让恩堡,这艘英舰受损沉没;同年被美军打捞出水,并修复。

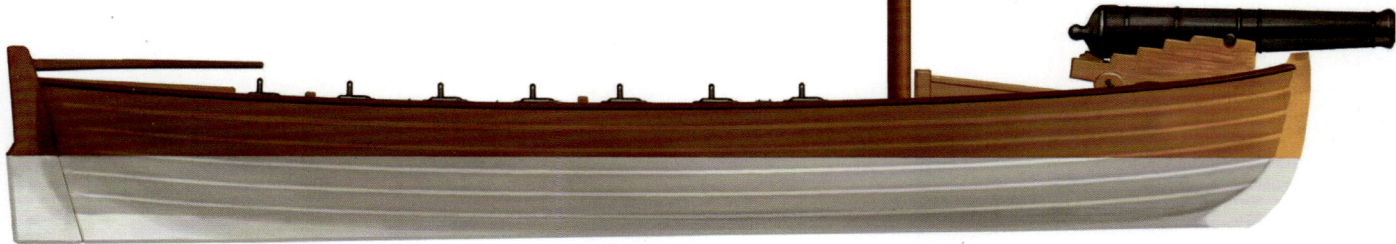

▼ **大陆军单甲板帆船,"华盛顿"号,1776。**该船有两根桅杆,各挂一面大三角帆(这种船帆为三角形状,挂在长桁端上,与桅成一定角度),设计颇为独特。美国人建造的单甲板帆船在设计上与"李"号相似,但增加了一根桅杆,船身也更长。英军捕获"华盛顿"号后,将其改装为一艘双桅横帆船。

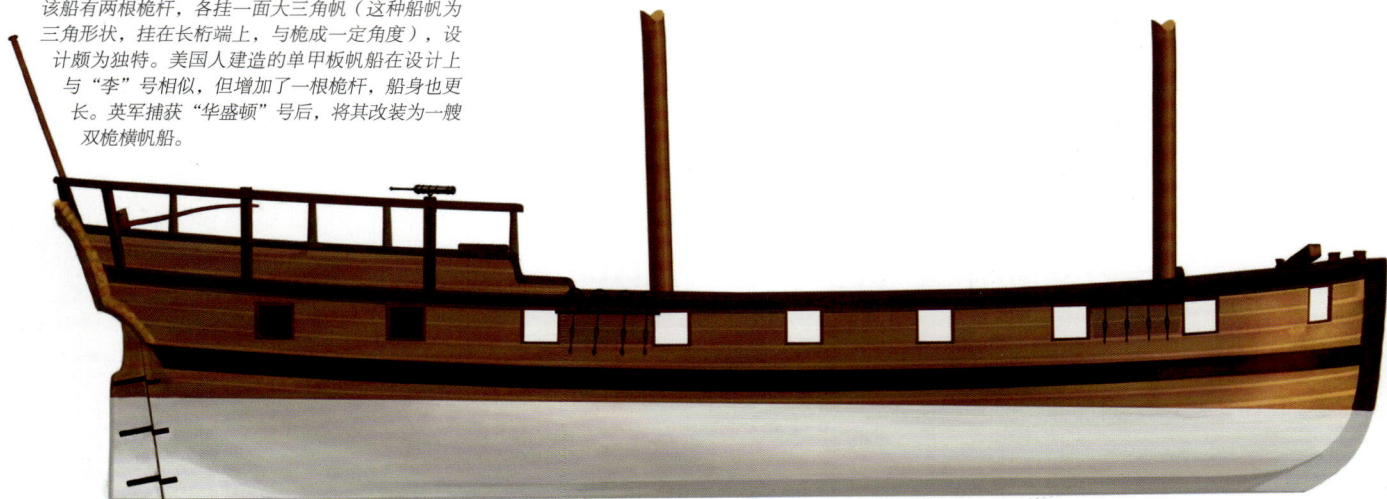

已经失去。英国人向北撤回黎塞留河畔的圣让（St Johns）冬季营地。至此尚普兰湖战役结束。为数不多的殖民者凭借他们的冒险精神和勇气，挫败了英军从加拿大入侵美国的企图。美军失利是战术性的，却取得了重大的战略胜利。

此役中双方均表现出革新精神，诸如如何使用各种不同类型的战舰，如何将船员转变为战士，如何在远离造船厂、补给点，缺乏造船工人的情况下建造不同类型的船只。这里唯一不缺的就只有木材了。这些行动需要有权威领导，创新能力，要将旱鸭子们训练成水手，要有在绝望中奋战的勇气。双方都展示出了这些技能。

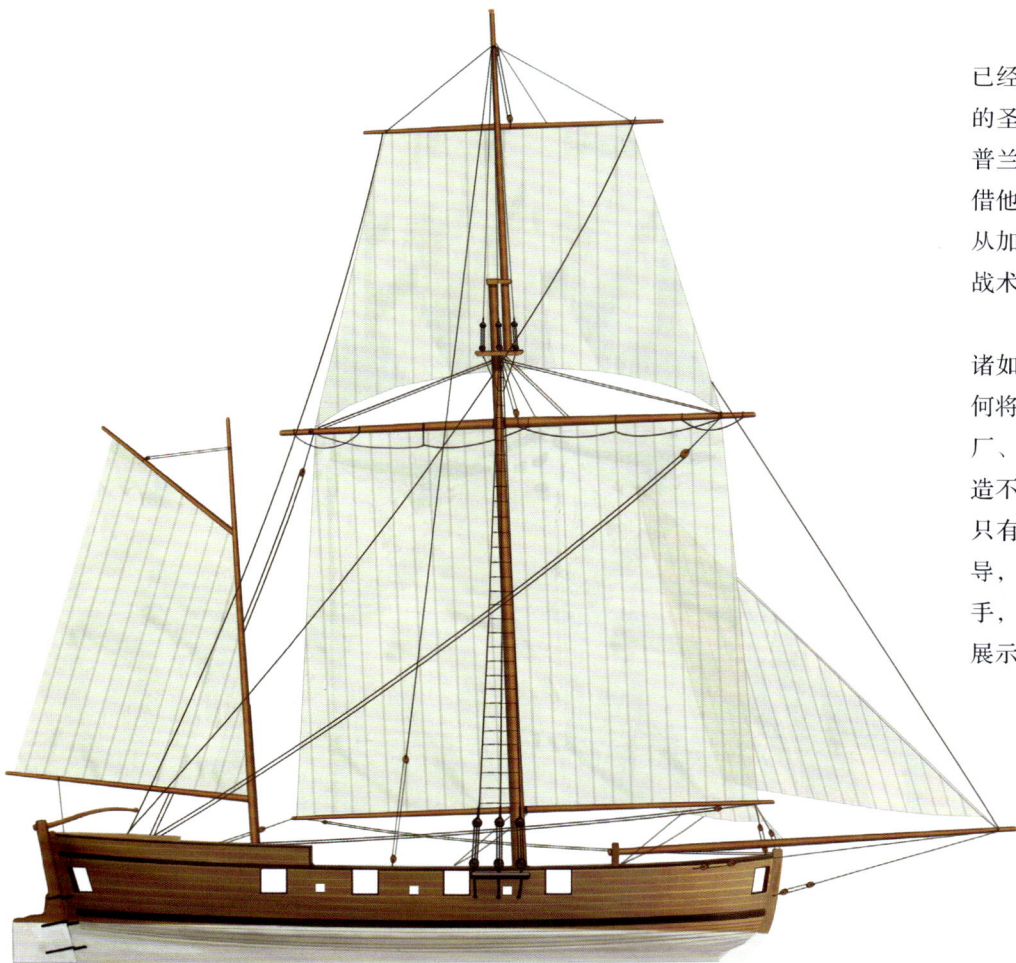

▲ "忠信"号船体及船帆平面图，尚普兰湖，1776。 美国人喜欢使用平底船。"忠信"号原本是美军在大湖区的一艘平底船，后被英军俘获；英国人也很善于利用被俘的船只。每当英军俘获一艘敌舰后，他们就要为海军部绘制详尽的图纸。这些图纸仍然存留，高度精确地记录了参与这场战争的舰船情况。

▶ 大陆军海军平底船，"费城"号，1776。 "费城"号在瓦尔库尔之战中沉没于尚普兰湖底。1935年该船被发现并成功打捞出水；其船体保存完好，现收藏于史密森尼学会博物馆。虽然有证据显示其建造相当匆忙，但"费城"号设计合理，工程质量出色。该船打捞起来后令人印象深刻，是研究专门为湖面作战所建造船型的最佳参考资料之一。

9磅火炮），以及20艘装备了1门24磅火炮的炮艇。

"皇家野人"号在战斗中被英军俘获，但随后起火沉没，美军1艘平底船也被击沉。当天晚上，美国人向南逃往斯凯勒斯岛（Schuylers Island），但另有2艘平底船因严重损坏而不得不被凿沉。英军普林格尔舰长（Pringle）下令追击，迫使贝内迪克特·阿诺德弃船上岸，并放火烧毁了2艘单甲板帆船和4艘平底船。美军超过80人伤亡；英军伤亡则不到40人。

尚普兰湖重回英国控制，但向那些举起叛旗的殖民地发动有效入侵的时机

皇家海军军官

与美国海军不同的是，英国海军有着令全体海军人员受益匪浅的悠久传统和杰出的组织架构。皇家海军军官出海后有时会穿便装，但这种做法在18世纪中叶被正式废除了。

军礼服

这一时期的皇家海军军官一般身着蓝色和白色制服。军服也最终得以实现标准化；军官们随时都能身穿制服出现在甲板上。当时皇家海军军官在海上穿着便服也很稀松平常，但这种做法在18世纪中期被正式废除。

高级军官

海军上将经授权可穿着一件深蓝色上衣，剪裁略宽松，这意味着穿起来更舒适一些。上衣无衣领，但顶部领口处有两道金色花边。翻领和袖口为白色，比陆军将官的更宽。上衣无折边。背心较长，通常有金色花边。上衣纽扣为金色，并有金色花边围绕；襟贴也同样有金色花边。上衣口袋亦有金色花边点缀。袖口与襟贴相配，其纽扣、花边均为金色，边缘甚至有更多金花边。上衣和背心的整体外观令人过目难忘，无疑这是有意设计的效果。

马裤和长袜为白色，使用非常精致的布料缝制；鞋子则是普通搭扣鞋。高级军官在舰上不会穿靴子。三角帽是当时的普通样式，外缘有一道金色宽花边。英式帽结为黑色。佩剑和领结样式则由个人决定。毫无疑问，这一时期的海军将领们穿戴一种

◀ **海军上将，军便服，1775-1783。** 北美战争期间，皇家海军所有军官的制服都相对简单，也十分优雅和瞩目；这是自七年战争以来一直进行简化的结果。颁布于1767年7月13日和1768年1月23日的军令详列出了制服要求，并说明花边多少同级别高低的关系。这位海军上将身穿一套多用途制服，几乎在任何场合都能穿。襟贴和袖口的尺寸都缩小了，金花边也同样如此。

▶ **舰长，礼服，1775-1783。** 这套兼顾美观和实用的制服也是根据1767年条例规定所设计的。背心和马裤为白色，搭扣鞋为普通平民样式。有三样物品可以由个人自行选择穿戴，条例中并未规定。长袜和领结种类众多，样式千变万化；军官也能选择自己的佩剑。很多军官可能拥有一把礼宾剑，而且毫无疑问还有一把更坚固的短剑用于实战。

老式的传统领结。佩剑的形制多种多样，猎刀、十字剑或者军用短剑都有使用。

舰长制服的剪裁方式同将官一样，但装饰更简单，袖口、襟贴和衣领上的花边也更窄。背心为纯白色，或许更短一些，很可能没有金花边。军帽上的镶边宽度较窄；马裤、长袜和鞋子与将官的样式一致。将官和舰长的发式按规定应该扑粉束发。不过一旦出海后，这种做法无疑被务实的军官们抛弃了。

下级军官

海军中校和海军上尉穿着的制服样式同他们的舰长一模一样，只是海军中校制服上的金色花边更细。海军上尉制服上的白色襟贴和袖口无花边。海军中校的三角帽上有一道细金镶边；上尉的三角帽上无镶边。除非舰长有明确的指示，否则他们能够自行决定装备哪些随身武器。大多数军官都有至少两把配剑，一把用于搭配正式场合的礼服，一把在海上执勤和战斗时使用。

很多所谓的见习军官其实还仅仅是为了在海军博取功名的小男孩；他们的制服为简单的蓝白两色，没有金色花边。纽扣为金色，上衣有白色袖口，但无襟贴。三角帽装饰有常规帽结，无金色镶边。他们只有在晋升为上尉后才能获得金镶边装饰。

▲ **海军上尉，1775-1783。** 下级军官的制服采用通用设计和图案，与高级军官一致，但装饰更简单，金花边较少，襟贴较窄，袖口则改成切线袖口样式。此图绘有袖襟，但是否在实物中存在尚不确定。舰长和海军上尉在舰上和战斗中会穿着简便的长外套。军帽上有黑色镶边，不同于舰长和将官帽子上的金色镶边。三角帽上有典型的黑色英式帽结；这种帽结在皇家海军、海军陆战队和陆军中都有佩戴。上尉的紧身衣裤和长袜同高级军官一样，也是白色的。

▶ **海军见习军官，1775-1783。** 大多数海军见习军官在12岁左右入伍。虽然早在1748年这些男孩就配发有统一制服了，但直到1787年还没有任何官方条例规定他们的穿着样式。他们的紧身衣裤与正式军官的一样；上衣为深蓝色，无花边。制服上有切线袖口和金色纽扣（所有军官制服上都有）。他们携带海军见习军官的礼宾短剑，不过他们在战斗中显然会使用水手短剑，假如有足够的力气挥舞得起来的话。他们头戴如图这种有檐帽，或者无镶边、有帽结的三角帽。图中所展示的乐器是一种喇叭，用来在战斗中放大指挥官的音量，或者在海上向其他船只致敬。

皇家海军水手

随着舰只越来越大，操纵帆船航行也愈发困难。这项工作也同样危机四伏，死亡和受伤对所有船员而言早已司空见惯。

人事

在那个年代，某个国家的水手可能来自世界各地。他们可以从一艘船转到另一艘船上，也能在军舰和商船之间转换。不论是否爆发了战争，这都是一项非常危险的职业；因此填满编制，维持兵力也必然是一项压力很大的任务。舰长并不能挑剔他的船员来自何方。

海军士官

如果说舰长拥有一艘军舰上至高无上的权威和权力，那么海军士官对招募的水手而言也同等重要。与这些人日夜相处的正是海军士官，他同样具有绝对权威。海军士官是值得信赖的，经验丰富的水手，在战舰这所非常严厉的学校里用实际行动教习新来的水手们如何在战舰上工作。如果他们为人公正，就会尽可能地照顾普通海员。海上生活相当艰难，只有经过专业训练的人才能生存下来。

皇家海军士官都是训练有素，经验丰富的职业水手，是海军的骨干力量。在尚无规章制度的时代，他们显然按自己的需求来穿着制服。上衣可能是深蓝色，同军官的制服颜色相匹

◀ **水手，1775-1783**。目前没有关于英国皇家海军水手制服的样式记录。舰长不会关心船员们的福利；有些水手只能在海上穿着便装，另一些水手则衣衫褴褛。这样恶劣的待遇导致18世纪90年代在斯皮塞德（Spithead）和诺尔（Nore）发生了两起著名的水兵暴动。这个"快乐的杰克"所穿着的衣物来自杂货舱，那里储存着衣物和其他个人用品。这是一套当时典型的水手服，在衬衫外还增加了一件条纹背心。由于火灾是木质舰船最大的威胁，因此在舰上无疑能随处发现陶管装备。干燥的木头、涂上焦油的索具和弹药库都会在致命的火花引燃下起火，进而可能会毁掉整艘船。

▶ **水手，1775-1783**。这是当时英国水手的时髦款式。他没有穿夹克，而是颇为考究地穿上了一件典型的格子衬衫。舰长是不带王冠的国王，拥有战舰的绝对统治权。他对所有船员都握有生杀大权；船员们能否在漫长的航行中安全回家都取决于他的战斗指挥能力和航海技能，以及如何对待手下的船员。

配。背心的样式也很普通，可能为红色或棕色。宽剪裁的裤子非常宽松，一直延伸到膝盖以下。他们还穿长袜和典型的搭扣鞋。围巾是海军的传统服饰，大部分为黑色，但同样也有方格图案。海军士官一般不随身携带武器，除非战舰即将投入战斗。军帽为三角帽，或者某种当地制造的没有帽檐或帽顶的皮革头盔。海军士官通常

持一根手杖或绳鞭，以对付那些懒懒散散的水手或需要一些"激励"的顽固分子。

水手

　　水手应该穿什么衣服完全取决于舰长。在海上航行的船长享有绝对的权威，这是任何一个欧洲君主所不曾拥有的。一些船上的水手可能还一直穿着登船前的便服，什么制服也没有。另一些船上的水手稍好，杂货舱里有什么服装就给他们配发什么。不管怎样，他们的穿着可谓是杂乱无章。

　　皇家海军水手的典型穿戴可能同海军士官的制服很相近，包括宽松裤、长袜和搭扣鞋，一件红色或棕色，甚至带条纹的背心，一件蓝色或棕色外套，无襟贴或无袖口。纽扣为黄色金属质地。

　　另一种制服套装可能包括一件没有襟贴或袖口的蓝色短外套，配有黄色金属纽扣，一条白色或有条纹图

案且长及脚踝的裤子。征召而来的海员就像海军士官一样，也会系某种领巾，可能为黑色，这是为了掩盖在船上工作时所留下的焦油污渍。水手服的剪裁宽松，穿着舒适，便于自由活动，使水手们能够在不受服装约束的条件下工作。

◀ **水手，1775-1783**。这是另一套典型的皇家海军水手服饰。水手们在船上很少携带武器，除非他们即将参加战斗。为了防止船员们作乱，武器都上锁保存；这也是为什么要派驻海军陆战队上舰的原因之一。皇家海军水手多年来一直穿棕色夹克衫，但这一时期蓝色更为流行。当时及此后一段时间内均无针对水手的制服条例。

▶ **厨师，1775-1783**。海员是一项危险的职业。战舰离开母港后可能要航行多年不归；不论在和平时期还是战争期间，船员们都可能死亡或受伤。这位老兵穿着典型的宽松裤和蓝色外套，显然经历了艰辛的海上生活，并参加过战斗。老兵可能会被某个信守诺言的船长留下来充当厨师或做其他辅助性工作。

英国海军陆战队

军舰上的成员不仅包括水手，还包括一些海军步兵。这些步兵的任务是保护船员、跳上敌舰攻击和登陆作战。皇家海军自17世纪开始便利用海军陆战队实现上述目的。

海军陆战队在美洲

英国海军陆战队成立于1664年，

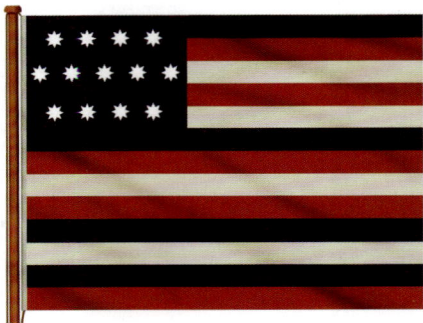

▲ **海军旗**。1779年9月23日弗兰伯勒角之战（Battle of Flamborough Head）后，大获全胜的约翰·保罗·琼斯在所俘获的英舰"塞拉皮斯"号上升起了这面旗帜。

▼ **海军旗**。这面旗又被称为"加兹登旗"，是大陆军海军总司令的帅旗。自从本杰明·富兰克林写下格言"团结或死亡"，号召殖民地人民团结起来反抗英国后，响尾蛇也就成为一种代表美国的流行符号。

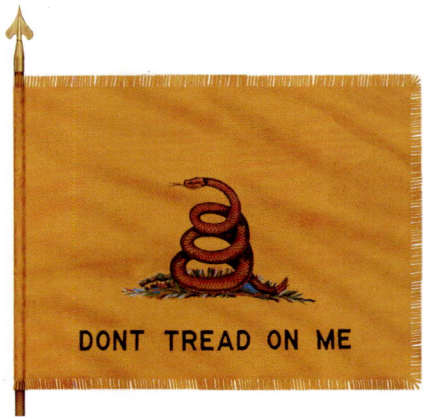

DONT TREAD ON ME

◀ **列兵，英国海军陆战队，1775-1783**。除非特意指明，否则很难区分陆军部队和海军陆战队之间的外观差别。他们的制服和装备都是一样的，但军事功能却大相径庭。海军陆战队不仅在陆地和海洋中作战，还要负责维持战舰秩序；他们是一群高度自律的忠诚战士，即使战斗到最后一人，也不会将战舰拱手让于任何敌人，无论是外国还是国内的。

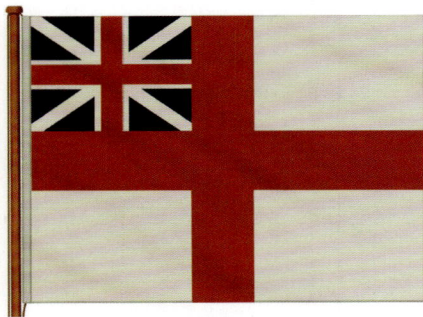

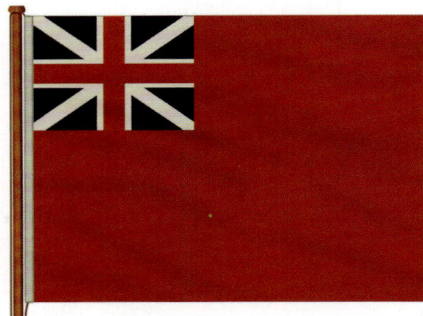

▲ **海军旗**。这是战争期间英国海军使用的两面旗帜。当时还有第三面军旗，底色为蓝色；左上角图案同前两面旗一样，为联合王国国旗。

在19世纪初期被授予皇家部队称号。18世纪90年代的法国大革命期间，斯皮塞德和诺尔爆发了水兵大暴动，海军陆战队表现坚定，镇压有利，因而赢得了这一荣誉称号。

值得信赖的海军陆战队训练有素，纪律严明，既能负责维持军舰纪律，也能在需要的时候登陆执行任务。战舰上的分遣队通常由舰长或资深上尉指挥。1775年战争开始时，有两个海军陆战队营驻扎在波士顿。当年4月，他们参加了那次针对列克星敦和康科德的失败任务；以及在6月对布里德山美军要塞的血腥攻击。受人尊敬和爱戴的海军陆战队指挥官皮特凯恩少校（Pitcairn）在第三次也是最后一次攻击布里德山多面堡时受到了致命伤。在列克星敦的公共绿地前，作为在场的高级军官，皮特凯恩少校还曾向叛乱分子喊话，命令他们解散离开。正是这句话引发了"震惊世界的枪声",导致战争爆发。

1776年初,海军陆战队从波士顿撤离后,便不再与陆军一同在岸上服役,恢复了他们在军舰上的常规任务,并在整个战争期间时常承担登陆任务。

步兵式制服

海军陆战队员按步兵标准配备武器和制服,因此乍一看上去,就算不是完全相同,也似乎与普通英国步兵非常相似。然而海军陆战队有不同于陆军的规章制度、传统和职能。他们以连和营为单位组织起来,作为分遣队派驻到各个级别的战列舰上服役。小型战舰,如小型武装艇、双桅船、臼炮船等则不搭载陆战队分队。

这一时间的海军陆战队制服样式与陆军相似,颜色为红色或猩红色,配有白色贴边和衬里。上衣衣领、袖口、襟贴、折边为白色;背心、马裤和长袜也都为白色。纽扣为白色金属质地;军官制服上的花边和饰领是银色。若登陆执行任务,士兵以及下级军官会穿上黑色半长鞋罩。校级军官若骑马,则可能穿装有马刺的马靴。皮特凯恩少校在列克星敦时就是如此穿戴。若在军舰上,所有官兵都穿长袜和搭扣鞋。

同陆军一样,他们也穿戴一对交叉肩带,一根用于弹药盒,另一根挂刺刀。掷弹兵连可能还会携带一柄短剑,不过在舰上他们显然不会佩戴。

掷弹兵连戴熊皮帽;帽板上的箴言为"无畏艰难",还有一个交缠锚图案(一根长绳缠绕在船锚上)。轻步兵连戴一种他们独有样式的轻步兵帽。这种军帽呈碉堡状,平顶,有前翻边。掷弹兵和轻步兵连的双肩上都有翼章,这表明他们是精英部队。军官带三角帽,装饰有常见的英式黑色帽结及黑色镶边。普通连士兵也戴着像军官一样的三角帽。

▲ **英国海军陆战队,1775-1783。** 同陆军步兵团一样,海军陆战队也有所谓的侧翼连队,海军陆战队掷弹兵连。上岸后,他们就穿着这套装束执行任务。掷弹兵若在军舰上,就不适合戴熊皮帽,尤其是在桅杆上的射击平台上战斗时;但熊皮帽是一种荣耀象征,表明其精英连队的身份。

▶ **军官,海军陆战队,1775-1783。** 当时英国海军陆战队还不是"皇家"部队,因此其制服贴边为白色,而非深蓝色。他们身着类似于陆军部队的简朴美观的制服;只有通过一些细节,如纽扣来分辨其中的不同。

法国皇家海军

法国皇家海军拥有一群经验丰富的水手，并装备了精良的战斗舰艇。他们将是英国人的强大对手。

高级军官

法国海军军官大部分都来自贵族阶层。他们坚信舰船必须不惜任何代价地加以保存，不能有所损失，却不顾及海上战斗的结果。只有少数几个高级军官，如德·格拉斯、拉图什·特雷维尔（Latouche-Treville）和絮弗伦（Suffren）等人认为海军就应该炮对炮，舰对舰进行决战。

法国海军军官的制服基本形式为一件深蓝色上衣，没有襟贴或衣领，袖口和衬里为红色。若穿着礼服，则将官的深蓝色外套上有大量叶型的金色花边装饰。袖口上有三道叶型图案的金圈；上衣边缘有两道，沿着袖子缝合线上有一道金边。肩膀上的金色肩章表明其军衔。

金花边从上衣前幅围着外廓延伸；背心上有同样图案的花边。背心及蓝色上衣的口袋也用这种花边勾勒出轮廓。三角帽上装饰有金色镶边，但没有上衣和背心那样的花边图案。法式帽结的颜色为代表波旁王朝的白色。直到1792年，波旁家族一直是法国的统治者。背心和马裤为红色；马靴顶部配有白色的护膝垫，用来保护马裤不被磨损。头发要束起并扑粉，这种时髦发式在贵族中尤为流行。若穿搭扣鞋和长袜，则袜子应该为白色丝质。

▲ **海军上将，军礼服，1778—1783。** 法国海军将官的制服很漂亮，而且还装饰着金色花边。这套制服花费不菲，即使其主人是贵族，也可能没有足够的资金准备第二套备用。1756年七年战争爆发初期，法国颁布了新的制服条例。彰显海军军官军衔的刺绣标识同陆军军官很相似。

◀ **舰长，军礼服，1778—1783。** 法国海军军官除了拥有一套根据1756年条例制作的昂贵军礼服外，在海上或执勤时则穿戴不太精致，也较便宜的军便装。军便装的剪裁样式同礼服一样，只是装饰更简单，当然也没有那么贵。然而若某天发生了战斗，舰长便很可能穿上军礼服；这样当他华丽地倒下后，也会是一具漂亮的尸体。法国海军舰长对船员同样拥有生杀大权；他们也相当独立，是否服从舰队司令的命令取决于自己的判断。他们很可能比舰队司令拥有更高贵的贵族头衔，这将导致指挥体系混乱。

法军舰长制服上有两道肩章，但袖口上只有两道环形金色花边。深蓝色上衣外廓有一道花边，口袋上也有花边勾勒出轮廓，其图案与将官制服一致。红色背心和背心口袋的轮廓线有同样样式的花边。舰长下身穿着丝质长袜和搭扣

鞋，头戴与将官相同的三角帽。右肩穿戴了一条白色的剑带，挂礼宾佩剑。

下级军官

　　法国下级军官在肩膀上有一道肩章，上衣和衣领上的花边也只有一道。袖口上有一圈环形金色花边；上衣衣袖缝合线上无花边，同舰长一样。背心同样为红色，花边更简洁优雅，表明他们有委任军官的身份。马裤为蓝色，配白色丝绸袜和搭扣鞋。三角帽上无金色镶边，但同其他军官一样装饰有白色帽结。他们和舰长都将头发束起，并扑粉；但若在海外，特别是跟随絮弗伦将军在印度洋服役时，他们的头发则保持天然色。他们的剑是普通军官佩剑，不过在战时服役和处于战斗中时，则使用拥有更多功能的武器，如短剑或弯刀，甚至是轻骑兵马刀。

　　法国海军见习军官的制服同正式军官一样，只是没有金花边。除了长袜和

搭扣鞋之外，他们的制服也与英军和美军相似，很有可能是蓝色的。海军是一所学院，见习军官在大海上学习职业技能，也忍受着和最卑微的水手一样的艰辛。如果他们有足够的能力，就可能会被委任为海军上尉。

◀ *海军上尉，军礼服，1778-1783。* 法国低级海军军官的制服样式同其上级一样，只是为了表示军衔，相应的花边较少。他们的血统同样可能会比顶头上司更加"高贵"，这将导致战舰上关系不和；除非舰长是一个强硬严厉的老水手，才可能约束手下的船员和军官。

▶ *上尉，海军步兵，军礼服，1778-1783。* 这位军官穿着海军制服，但实际上是法国海军的另一个分支——海军步兵的军官。这类军官通常只在带领部队上岸时才穿上他的步兵制服。在海上，他就会穿着与同僚一样的常规海军军官制服。

法军水手

在法国海军服役的水手们来自世界各地；法国海军积极地从盟国中招募人员，甚至连被俘的海员也是招募对象。法国自古以来就有航海传统，特别是在波尔多（加斯科尼，（Bordeaux，Gascony）和布列塔尼（Brittany）地区。正是这些地区，以及诺曼底（Normandy），源源不断地为法国海军提供了充满激情的新兵。

海军士官

经验丰富的海军士官相当于陆军中士。法国海军士官和他们的英国同行一样，无疑也穿着一身能将自己与普通士兵区分开来的制服以体现荣誉感，同时也便于军官和士兵识别。对士兵而言，海军士官的命令在任何时候都不容置疑。不服从命令或对海军士官表现出不敬是严重的罪行，惩罚可能是死刑。他们对舰员拥有绝对的控制权。

这一时期的法国海军士官有大量工作需要完成。他们不仅要训练新船员，还要忍受军官的恶劣态度；当时组成法国海军军官团的多数军官都是大大小小的贵族。舰长们刻意在他们自己和下层甲板，也包括那些海军士官之间保持着巨大的鸿沟，像德·格拉斯和絮弗伦这样的指挥官是少之又少。从很多方面看来，海军士官置身于士兵和军官这两个世界之间，通常也得不到任何一群人的喜欢或信任。

和英国皇家海军一样，他们没有可遵循的制服条例。他们的穿着大约和一名精心打扮的海员差不多，可能还会携带一根手杖或绳鞭，用来"说服"那些下层甲板的水手去乖乖地干活。他们肯

◀ **海军士官，1778-1783。** 这是一名当时法国海员的典型形象。海军制服颜色可能普遍为蓝色。除法国外，其他国家水手很少戴三角帽。腰带也是一件典型的法国海员装备。法国舰船在每次出航前才会招募水手。海员既非永久性职业，也没有专门军事化。这种情况直到1799年拿破仑成为国家元首，开始进行重大海军变革后才有所改变。

▶ **实习生，1778-1783。** 实习生在所有国家的海军舰艇上都司空见惯。他们又被称为"药猴"，负责将弹药从战舰底部的弹药库运送到火炮甲板上。光脚在船上活动也很常见；战斗开始前，甲板上会铺上一层沙子，这样水手们就不会在混乱中踩上鲜血而滑倒。

称职的海军士官会比普通船员更加努力地工作。

水手

水手们的穿着完全由舰长来决定。舰长拥有绝对权威，能决定船员的生死；水手们所得到的一切都来自他的恩惠。如果当年的英美法三国水手们聚集一堂，那么很难从他们的装束上区分其各自归属。这些人的服装可能就是平民和水手服饰的混搭。不过舰长有时会要求自己的舰船上一切事物都必须整洁，看上去像一艘战舰，那么水手们就得穿上大致相同的服装，这实质上就成为制服了。

法国最好的水手来自诺曼底地区和布列塔尼地区，而最好的水手长显然出自加斯科尼。虽然他们喜欢夸夸其谈，但个个具有坚韧不拔的品性。

水手穿戴的日常服饰包括一种涂有焦油的皮革或熟皮制成的帽子，能为他们在舰上工作或战斗时提供防护。帽子上可能有某种关于战舰特点的图案，如这艘船的名字。此外水手服装还有外套，通常为蓝色，上面钉着黄色或白色的金属纽扣，以及搭扣鞋（长袜可选）和各种样式的裤子。最流行的一种裤子样式长及膝盖或略微长过膝盖，为了穿着舒适和移动方便而剪裁得非常宽松；还有一种白色裤子长到脚踝处，上面有红或蓝色（或任何一种颜色）的条纹。背心可能是红、白、棕或蓝色，可以提供保暖和一定的防护功效。背心也有可能有方格或条纹图案。衬衫为净面色，有方格或条纹图案。水手腰间系有皮带，既可以系紧裤子，也能在战斗时挂上工具或武器。只有当战斗即将来临的时候，武器才会被发放给士兵，因为想要除掉不得人心的舰长或打发海上的无聊时光，发动暴乱是最简便的方式。

▲ 水手，1778-1783。这是另一幅典型的法国水手形象，他脚穿法国工人阶层最喜爱的木鞋。木鞋很实用，比看上去更舒适，容易养护也很耐用。18世纪90年代大革命高潮期间，法国士兵也将穿上木鞋参加战斗。

▲ 水手，1778-1783。只有当受命进行海上肉搏战或加入突袭分队和登陆部队时，水手才会这样全副武装。武器在其余时间内则会被牢牢锁起来。水手和战舰上的海军步兵或陆军"守备队"可被用作海军陆战队，从桅杆上的射击平台上开火，或者登上敌舰进行接舷战。当时许多国家的水手们经常穿这款蓝白色格子衬衫；条纹裤子由坚固耐用的棉布制成。黑围巾同样也是一种常用的海军物品，因为黑色布料可以掩盖焦油污渍。

定穿深蓝色上衣，质量比普通水手的要好一些。他们的服装还有裤子、长袜、搭扣鞋和帽子。水手和海军士官都戴围巾。为了彰显他们的军衔和地位，一名

法国海军炮兵和海军步兵

法国水手在很大程度上是一群毫无军事素养的人；他们个性极强，指挥并领导他们非常具有挑战性。好像为了将事态搞得更复杂，路易十四时代的法国皇家海军有两套完全不同的体系：皇家海军步兵和海军投弹兵。

第一个机构是海军步兵（并非英国和美国意义上的海军陆战队），第二个是海军炮兵部队。

除了这样奇怪的组织结构外，法国海军还有一种非常怪异的战斗哲学。法国军官被教导要不惜一切代价保存他们的军舰，即使这意味着输掉战斗。这与英国皇家海军的传统完全不同。英国舰长们无论付出怎样的代价都要全力争胜；如果失利，不管实际情况如何，他们都将面临军事法庭的审判。

一些具有进取精神的法国舰队指挥官，如在西印度群岛的德·格拉斯和印度洋上的絮弗伦，所做的工作远远超出了他们的职责，但很多时候他们都无法驾驭各舰舰长们，关键时刻往往还是英国人取得了决定性胜利。

皇家海军步兵

1772年，海军步兵招募了8个团作为驻舰步兵分遣队服役。这种结构被证明多少有些笨拙，于是在1774年12月，他们被重组为100个海军步兵连，担任战舰守备队。这些连常

◀ *军官，法国海军（皇家海军步兵），1775-1783。* 法国当时没有海军陆战队，因而在海军强国之中显得颇为特殊。这名军官隶属于海军步兵，其实质为水兵，并非海军陆战队。其中的差别可能很微妙，但很重要。海军步兵军官拥有海军和步兵两套制服。他们在战舰上穿着海军制服，执行陆地任务时穿步兵制服。

▲ *投弹手，法国海军（海军炮兵），1774-1782。* 这些人有时被称为"海军掷弹兵"。他们同样也是水手而非海军陆战队，属于法国海军炮兵部队。投弹手负责在海军基地或岸防要塞操控火炮；登舰后的职责是炮术长。他们是真正的精英部队。

驻在法国最大的3个军港：布列斯特、土伦和罗什福尔（Rochefort）。其中50个连在布列斯特，30个连在土伦，剩余20个连在罗什福尔。每个连的编制为3名军官和118名士兵。在战争期间，所有步兵连都被派往海外，有些连还上岸参与了约克郡围攻战。

皇家海军步兵的制服包括深蓝色上衣和马裤，上衣衬里为蓝色。衣领、袖口、襟贴和肩章条都是红色，金属纽扣为黄色。白色鞋罩的长度超过了膝盖。他们穿戴一条白色肩带，上面携带弹药盒和刺刀鞘，腰带上系了一把步兵短剑。三角帽上有黄色镶边和法式白色帽结；军官的帽子上有金色镶边。军官的制服纽扣是金色。背心为蓝或红色。

军官上岸后，身穿同陆军一样的制服；若在战舰上则穿海军制服。军官在白色腰带上挂一柄佩剑，双肩有一对金色肩章；金色饰领中间有银色浮饰图案。

鼓手身穿装饰有波旁式花边的深蓝色国王侍从服，以及红色背心。

炮兵

海军投弹兵实质为炮兵。他们是精英部队，有资格戴掷弹兵式熊皮帽。全体官兵都戴熊皮帽。他们的制服与海军步兵类似，区别在于：所有官兵穿红色背心，深蓝色上衣有红色衬里，因此上衣折边也为红色。熊皮帽的帽板为铜质，中央浮饰为一枚燃烧的手榴弹，这是精英部队的标志。这些炮兵只有3个连，在承担步兵任务时通常作为炮兵或掷弹兵使用。海军炮兵和海军步兵都装备有查尔维尔式火枪。

◀ **鼓手，法国海军步兵，1775-1783。** 海军步兵属于皇家部队，因此这名乐手穿着皇家侍从制服。军鼓正面的浮饰为法国国徽。请注意他在行军或登舰时的背鼓方式，这是任何一支步兵单位的典型特征。为了便于背负，鼓底专门设置了背绳或皮带。

▶ **燧发枪手，法国海军（皇家海军步兵），1775-1783。** 这是一名海军步兵。法语中，"marine"的意思是"海军的"，没有英语中"海军陆战队"的含义。他们既在战舰上服役，也上岸执行任务。约克郡围攻战期间，法国舰队派遣800名海军步兵登陆，支援攻城作战。除了颜色外，他们的制服与步兵的颇为相似，但纽扣和折边上的装饰（如果有的话）则有明显的海军特征。

海军守备部队

这一时期法国海军并无英国或美国模式的海军陆战队。他们的确设置了海军步兵；海军炮兵则是精英部队，既能随法国战舰出海，亦能作为炮兵在陆地上作战。然而由于缺乏类似海军陆战队这样的兵种，因此从陆军步兵团中抽调出来的守备部队便承担了这一职能。

美军战舰"好人理查德"号是根据本杰明·富兰克林撰写的《穷理查年鉴》而得名。当约翰·保罗·琼斯接收此舰后，其驻舰海军陆战队便是由来自法国沃尔什团的140名军官和士兵组成。他们是为法国服役的爱尔兰人，身着爱尔兰团常规的红色制服；在与英舰"塞拉皮斯"号史诗般的战斗中，他们是琼斯值得信赖和依靠的中坚。迪龙团也在各战舰上服役。

沃尔什团：该团在法军中的番号为"95"；其制服为红色（或猩红色），装饰着蓝色襟贴和袖口，黄色衣领，以及黄色金属纽扣。在法军中服役的爱尔兰团具有良好的声誉，尤其是在1745年的丰特努瓦之战（Battle of Fontenoy）中，他们在萨克森伯爵莫里斯元帅的率领下取得了重大胜利。这些人就是著名的"野鹅"，他们宁可逃离家乡爱尔兰，也不愿为英国作战。此时该团成员也不尽是纯粹的爱尔兰人了，还招募了来自其他国家的士兵以维持兵力。不过沃尔什团的骨干无疑还是爱尔兰人，其特性依然保持不变。

迪龙团：该部在法军序列中的番号

◀ *尉官，法国沃尔什步兵团，1775-1781。很多时候法国正规步兵团会为海军提供驻舰守备部队，承担海军陆战队的职责。来自爱尔兰沃尔什步兵团的一支分遣队被分派到约翰·保罗·琼斯的旗舰上战斗；该团就是爱尔兰流亡者组建的"野鹅"部队中的一支。这些爱尔兰人在17世纪晚期拒绝为英国服役。在与皇家海军"塞拉皮斯"号的决死战斗中，他们英勇顽强，也遭受到巨大的损失。海军士官一般从普通水手中提拔。很多人会携带绳鞭，"鼓励"那些不听话的船员履行他们的职责。*

为"90"。他们同样穿着传统的红色上衣，配黄色襟贴和袖口，红色衣领，以及白色金属纽扣。1779年，该部也参与了失败的萨凡纳攻城战；此役中他们表现同样出色。

舰上制服

驻舰守备部队在非值班期间或执行杂役任务时（掷弹兵可免除杂役），通常穿航海制服。这套制服包括一件白色薄长外套，衣领和袖口同贴边色一致，珀卡勒姆式杂役帽，一条通常未染色的裤子（看上去为浅黄色，这是羊毛的自然色），长袜和搭扣鞋。一对肩饰与上衣色一致，士兵很可能像训练中那样穿戴斜挂肩带。

派遣有驻舰分队的法国步兵团	
团名	番号
香槟团	3
奥斯特拉西亚团	4
雅马邑团	6
诺曼底团	9
欧塞瓦团	12
阿基耐斯团	14
弗雷斯团	16
奥弗涅团	17
加蒂奈团	18
维耶努瓦团	22
布里团	25
普瓦图团	26
皇太子团	30
都兰团	34
拉萨尔团	52
孔代团	56
皇家炮兵团	64
博斯团	71
绅士团	78
富瓦团	86
迪龙团	90
沃尔什团	95
昂吉安团	96

左页表格列出了那些派出分遣队前往战舰作为守备军的法国步兵团。此外来自海军投弹部队、皇家海军步兵、海军第1外籍志愿兵团、德·布耶志愿兵团、向风群岛加农投弹兵、海军第3外籍志愿兵团、波旁志愿兵团、法兰西岛团，以及来自印度的士兵都曾作为驻舰守备部队在不同战区加入战争。

▼ 士兵，法国沃尔什步兵团，"好人理查德"号，1775-1781。著名的爱尔兰军团一直为法国服役，直到大革命爆发。此时爱尔兰军团并非全部由爱尔兰人组成，但他们仍然穿着与之前一样的独特制服。

▼ 士兵，法国沃尔什步兵团，装备。1.法式滑膛枪，一般又称为查尔维尔滑膛枪，生产自查尔维尔的一家兵工厂。很多资料认为它比英国的"棕贝斯"火枪更为优越。2. 刺刀。3.燧发点火火枪机。

▲ 燧发枪手，法国海军，巴罗斯团，舰上制服，1775-1781。这是一套典型的法国战舰守备部队的工作制服。它既实用又舒适，可以避免正式制服过度磨损。

◀ 法国驻舰用步兵武器，1775-1781。4. 短柄斧，海军术语称之为"登舰斧"。这件武器在登上敌舰肉搏时可能会很有用。它也能够在战斗期间和之后用来砍断受损的索具。5. 海军短剑，军官和士兵的首选武器。

大陆军海军军官

美国海军在战争中白手起家，从制服设计到军衔设定，一切都是从头开始，但他们在数年间就成长为一支经验丰富、相对有实力的军队。

新海军的军官

美国海军军官由国会选拔，本应该是经验丰富的商船船长或有战斗经验的军官，然而符合标准的人数显然很少。优秀的美国军官，如约翰·巴里、约书亚·巴尼和约翰·保罗·琼斯，其能力与他们的皇家海军对手们不相上下，有时还能战而胜之。至于其他军官，很不幸，达不到这样的水平。他们要么是因政治原因，是公众喜欢的人物而得到任命，要么就是对舰船、海战或领导能力知之甚少，甚至一无所知的流氓无赖。

大陆军海军一开始并无赢得战争的实力，但随着时间推移，他们也能取得一些战果和胜利，建立了自己的优良海军传统，并在未来的冲突中收获回报。

高级军官

大陆军海军没有海军上将一职，最高头衔为海军准将，授予一名资深舰长，赋予其在海上指挥一艘以上舰船（小型舰队）的职权，但并非真正的军衔。这种情况下，该指定军官会穿上他的舰长制服。虽然美国海军有制服条例

▶ **舰长的制式军服，1775-1781**。这是大陆军海军舰长服的一种样式。整套制服俊朗漂亮，装饰华丽，上面有金色的纽扣和穗带。它基本上是模仿皇家海军的舰长制服，除了贴边色是红色或猩红色而不是白色。不过正如约翰·保罗·琼斯所为，美国大陆军海军舰长可以自行设计或修改制服。

◀ **海军见习军官，1775-1781**。海军见习军官的制服很简洁，他们的职能与皇家海军完全一致。他们属于见习军官，接到正式委任前就在战舰上学习职业技能。在汪洋大海上，在战斗中，这些男孩同其他舰员一样需要面对相同的危险和困难。

限定军官们的穿着，但他们肯定不会照单全收。约翰·保罗·琼斯就是这种个人主义的典型，他完全按照自己的喜好选择制服样式。按规定，舰长制服包括一件深蓝色上衣，配红色衬里、衣领、袖口和襟贴；红色背心上有口袋，外轮廓均装饰有同法国舰长类似的金色穗带。制服还包括深蓝色马裤、白色丝质长袜、搭扣鞋；三角帽上有黑色帽结和

黑色镶边；纽扣为黄色金属质地。

约翰·保罗·琼斯的制服相当引人注目：一件深蓝色上衣，衬里和贴边为白色，类似英军舰长的穿着样式。他如此选择可能是因为他的战舰在英国海岸附近行动。他的海军陆战队分队也穿着红、白色制服。这样他的舰船可以在这些水域很容易地伪装成一艘英国战舰。

琼斯的制服十分独特，甚至比英国同行的更为优雅和华丽。深蓝色上衣上没有衣领，有金色花边和两道金色肩章。纽扣为金色。白色背心镶边和背心口袋上有金色花边；襟贴上有金色花边，白色袖口也同样绣有金色花边。领结为白色。马裤和长袜为白色，鞋子为搭扣式。他携带常规的军官佩剑。他的黑色三角帽是唯一符合条例要求的制服配件，上面装饰有黑色镶边和一个黑色帽结。

琼斯是一名强悍、精力旺盛的指挥官，也是不屈不挠的斗士。他克服重重困难，依靠他的老式东印度商船，与更新更快的皇家海军"塞拉皮斯"号作战，不顾一切地试图捕获这艘波罗的海护航舰。舰上的一些法国火炮却临时掉了链子，战斗刚刚开始，主炮位中就有火炮炸膛，杀死了炮组成员。英国人向其发出劝降信号，但他拒不接受，利用后甲板上的小型火炮继续战斗，直至将"塞拉皮斯"号的主桅杆轰倒。美军炮火倾泻到英军战舰上，英国舰员非死即伤，舰长只好乞降。"好人理查德"号亦遭受重创；琼斯和他的幸存舰员们无奈弃舰，目视它在海上缓缓下沉。这艘老旧的军舰虽然破损不堪，但英勇无畏，赢得了最后胜利。

下级军官

根据条例，美国海军下级军官的制服样式与舰长同款。深蓝色上衣搭配红色衬里和襟贴，缝缀黄色纽扣。整套制服还包括红色背心和深蓝色马裤，但没有金色花边和肩饰。三角帽为所有军官通用的样式。

海军见习军官身着深蓝色上衣，配蓝色袖口和天蓝色襟贴。他们有一件红色背心，在舰上时同水手一样，也穿白色裤子。帽子为黑色圆边帽，无镶边或帽结。他们穿搭扣鞋，携带短剑或弯刀。

◀ **下级军官，1775-1781**。下级海军军官的制服并不华丽，但看上去依然相当养眼，也是模仿皇家海军的式样。下级军官在海上不会给头发上扑粉，而是保留其本色。时髦的扑粉发式也就这样在军舰上消失了。

▶ **约翰·保罗·琼斯舰长，大陆军海军，1779**。约翰·保罗·琼斯生于苏格兰。战前他是一名商船水手和奴隶贩子，对海上的一切事物都了如指掌。他聪明好斗，桀骜不驯，强悍硬朗，要求部下严格遵守纪律；他渴望战斗，从未在海上战斗中失利。可惜大陆军海军中类似琼斯这样的舰长太少了。这套公然违反条例要求的制服很有琼斯的风格。

海军士官和水手

美洲殖民地很幸运，可以利用经验丰富的海员和航海传统来组建一支联合海军。然而在强大的中坚力量形成前，这将是一个长期艰苦的过程。

创业之艰

大陆军海军诞生于1775年10月13日。新成立的美国是一个海洋国家，对航海驾轻就熟，并拥有多个繁荣的海港，如波士顿、纽约、查尔斯顿、萨凡纳、威明顿和费城。此外，大陆军海军也不乏合格的海员。

美国人无论是建造商船还是战舰都很拿手。1690年，殖民者为皇家海军建造的第一艘战舰"福克兰"号就在新罕布什尔的朴次茅斯下水。殖民地的造船工匠和设计师完全有能力建造军舰；他们为大陆军海军建造的坚固护卫舰就是一类杰出的战舰。令人遗憾的是，指挥这些舰船的大多数指挥官却难堪大任。万事开头难，美国海军积累的经验将会在日后结出丰硕的果实。

海军士官

大陆军陆军和海军急缺可靠的士官团体。如果分析大陆军海军最大的弱点，那么就是缺乏经验丰富的海军士官来协助军官管理和训练舰员。随着战争进行，优秀的海军士官们逐渐加入进来。即便如琼斯和巴尼这样的优秀舰长，如果没有那些精通业务的海军士官的辅助，也不会取得任何成就。海军士官必须比所掌控的舰员更加坚强。

美国海军士官可能穿着一件双襟深蓝色的"海军式"剪裁外套，里面穿一件白色或格子衬衫。水手领巾为典型的黑色，金属纽扣为黄色。宽松长裤为白色或浅黄色，搭配长袜和搭扣鞋，此外他们还戴一顶皮革帽或草帽。同样，手

◀ **海军士官，1775-1781。** 海军士官为军官们管理船只，他们必须做到既能干高效，又强硬坚韧。他们通常是从普通水手中提拔的职业海员。很多人会随身携带绳鞭，"鼓励"那些刺头舰员在执勤时更加敬业些。

▶ **水手，1775-1783。** 水手们来自多个国家，美海军舰员中还包括解放的黑奴，这成为一项传统。战后从美国港口，特别是在新英格兰地区起航的商船，其船员的重要组成部分就是获得了自由的奴隶。美国海军从未因招募黑人海员而有任何困扰；美国内战期间，约有30,000名黑人在海军服役。

杖和绳鞭不仅代表军衔，也是能够对舰员进行惩罚的权力象征。

水手

再次重复一遍，水手的穿着完全取决于舰长的念头。称职的舰长会保证战舰上有充足的服装储备让新舰员换装。深蓝色或棕色上衣是常用样式，里面一般会穿上衬衣和背心套装。鞋子一般为搭扣式，不过缚带鞋也有出现。

裤子很宽松，穿着舒适，为白底色，有红或蓝色条纹，或用浅棕色布料缝制。在一些大陆军海军舰只上可以看到穿着体面制服的海员，式样同前文描绘的海军士官制服类似。

一些舰长却不关心他们的水手，也不在乎他们的衣着和外表，这些海员的衣服最终会变得破旧不堪。这种情况将导致纪律松弛，甚至更大的麻烦，所以明智的军官会确保他的舰员得到妥善照顾和关心，就像当今条款所规定的那样。

► **水手，1775-1781**。另一个身穿绿色夹克和条纹裤，衣着考究的水手。这种用海单布缝制的裤子在陆军中也很流行。在大海上，在风暴中，在战斗时，水手们一直承担极为艰苦的工作，在这样恶劣的条件下，海单布这种坚韧的布料能够使用更长久一些。

▼ **驻舰部队武器**。1. 水战矛，抵御敌人跳帮登舰时的有力武器。2/3. 两种类型的水手斧。双面开刃，两端均可使用。4. 水战矛尖的细节。5. 另一种式样的海军短剑。6. 抓钩，在登上另一艘船时使用。它系有一根绳子，把它扔到另一艘船上后，便能将两艘船联结在一起。7. 手雷导火索已经点燃，就要扔向敌舰。

▲ **水手，1775-1781**。这个水手能在海上穿着如此得体，确实相当幸运。深蓝色夹克衫、暖和的羊毛袜和宽大的棉帆布裤子是典型的海军装束。

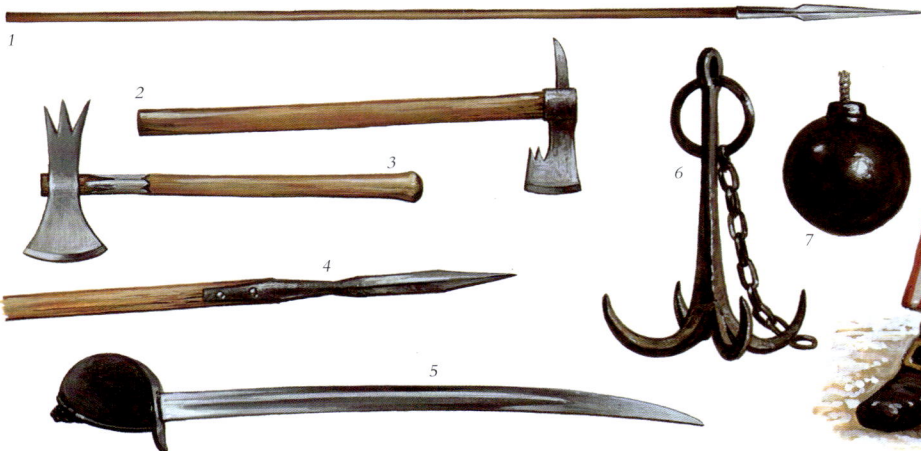

大陆军海军陆战队

大陆军海军成立一个月后，美国的海军陆战队也随之组建。他们将为水手们提供武力后盾，保卫舰只，或作为登陆部队执行陆上任务。

大陆军海军陆战队于1775年11月10日在费城的木桶酒馆①成立，是美国唯一一支在酒馆建立的武装力量。当年海军陆战队是按照英国的传统方式招募的。印着"招募"字样的海报挂在费城的大街上，横笛手和鼓手在一旁吹吹打打，吸引人进入酒馆，然后招募官或中士便使用美酒诱惑他们。只要他们接受了一先令（当然不是英王的先令，而是大陆会议发行的货币），便表示其自愿入伍。我们现在并不知道当这些人第二天清醒过来后，是否还能反悔或重新考虑一下。

组织结构

海军陆战队最初授权为一个营的编制，并在整个战争期间都保持这一兵力。他们效仿英国海军陆战队；其早期传统也模仿了他们的英国前辈，并一直延续至今。他们是一支纪律严明、训练有素的军队，作为驻舰分遣队在海上服役，有时还与大陆军陆军一同在陆地上作战。他们参与了特伦顿/普林斯顿战役，其优异表现赢得了华盛顿的关注。

海上勤务

大陆军海军陆战队同英国海军陆战队承担一样的职责。作为驻舰部队，他们要在桅杆和索具上的射击平台上开火，如果必要的话，有时还充当炮手。他们训练有素，是登陆部队的主力，上

◀ **军官，大陆军海军陆战队，1775。** 1775年11月10日，大陆军海军陆战队成立于费城的木桶酒馆。他们一直是小规模部队，却以干练的制服、严格的纪律和强悍的战斗力而闻名。他们在海洋和陆地上作战，履行与英国前辈们相同的职责。除了军帽外，军官的制服和士兵的一样。

① 译注：美国革命期间有不少著名历史事件都发生在这所小酒馆，是当时很多政治团体和名人的重要聚会场所。

▲ **列兵，大陆军海军陆战队，1775。** 深绿色被选为海军陆战队制服的主色调，贴边和衬里为白色。这是一套简洁优雅的制服，完全符合功能需求。帅气的圆边帽是海上勤务的首选，士兵还俏皮地将一侧帽檐向上翻起。圆边帽比普通三角帽更实用、更舒适，而且在外观上也很军事化。

岸执行突袭或其他任务，还在海上协助舰上军官维持战舰秩序。

　　他们的制服与大陆军陆军制服裁剪样式一致。上衣为绿色，贴边和衬里一开始为白色，后来贴边在1778年或1779年改为红色。金属纽扣为白色；军官制服上的花边和其他标识物为银色。陆战队制服上的等级标识同陆军是一样的。他们的随身装备以及武器也与陆军相同。当时很难获得足够的材料制作供士兵佩戴的交叉肩带，所以他们只能用一

条肩带携带弹药盒，至于刺刀则通过扣件挂在腰带上。

　　士兵戴有白色镶边的圆边帽；左侧帽檐被翻起，还装饰有黑色帽结。军官的三角帽有黑色镶边和黑色帽结。所有官兵都穿着白色背心、浅黄色马裤、灰色长袜（不过军官为全白色），以及黑色搭扣鞋。

　　鼓手没有穿着"颠倒颜色"的制服，而是与其他人一样。鼓身为白色，上面绘有一只盘起的响尾蛇，箴言为"别惹我"。

陆上勤务

　　在干燥的陆地上执行任务时，海军陆战队会穿上黑色半长鞋罩，不过一回到舰上，他们就会换上普通的长袜和鞋子。有趣的是，尽管约翰·保罗·琼斯

的陆战队分队被描绘成穿着符合条例规定的制服，事实上他们因"战术"目的而身穿红色和白色制服，这是为了使他们看上去像英国军队。

　　大陆军海军陆战队在1783年战争末期被裁撤，但又在1798年强势回归，重命名为美国海军陆战队，并一直存续至今。美国海军无疑也需要这群优秀的战士来继续维持军舰秩序。

◀ 鼓手，大陆军海军陆战队，1775。奇怪的是，大陆军海军陆战队的乐手们没有像陆军乐手那样穿"颠倒颜色"的制服，而是穿着同其他官兵相同的服装。在船上有节奏的击鼓一定是一种有趣的运动。请注意鼓身上有一枚大陆军海军的徽章，该徽章亦出现在海军军旗上，箴言写着"别惹我"。

▶ 列兵，大陆军海军陆战队，1779。海军陆战队制服贴边色在1779年改为红色，并一直保持到战争结束。海军陆战队和海军在战后一起被裁撤。1798年，他们重新组建为美国海军陆战队，制服色调整为深蓝色，只是在19世纪20年代曾临时改回深绿色。

炮手

在一个移动平台上操作和发射火炮需要极高的技巧，只有通过反复训练才能掌握。填装和发射火炮的首要任务是确保安全，避免伤害友军或损伤自己的战舰。填装和发射速度取决于训练水平。在战斗中，每个人都好像身处地狱之中，尤其在战舰内部的火炮甲板上，那儿浓烟滚滚，噪音震天，只有经过严格训练的炮手才能完成任务。

发射流程

火炮通过一套滑轮组、索具和结实的绳索安装在战舰侧舷。当时的火炮上还没有反后坐力系统，因此这套系统能阻滞火炮发射时向后剧烈反冲。滑轮组和索具也能帮助炮组快速将火炮归位，以便重新填装和发射。

战舰上的一个普通炮组由6人组成。炮术长负责指挥和瞄准，其余炮手负责搬运填装弹药，压实炮弹，封闭火门，点火发射，以及发射后擦洗炮管。弹药由火药包和炮弹两部分组成。炮手填装时，首先塞入火药包，然后放入药塞，接着推入炮弹和另一个药塞（药塞通常用麻绳扎紧）。炮手用尖刺器通过火门孔口将火药包刺破，这样当点燃导火索或起爆火药后，便能引燃火药包。炮手将导火索插入火门，然后炮术长开始对目标瞄准。炮弹发射后弹道向下偏移，以击中目标。

随着炮术长一声令下，一个缓燃引信装置点燃导火索，火药被引燃。接着火炮发射，并向后反冲。炮手立即用浸

▼ **加农炮**。这是一种典型的海军火炮，需要与火炮炮轮架结合起来使用。这幅插图清晰地展示了轮架是如何系缚在战舰侧舷的炮门处的。绳索和滑轮组能阻滞火炮后冲；通过拉拽绳索，即使是在波涛汹涌的海面上火炮也能快速归位，为下一轮发射做准备。

▶ **炮手**。这名海军炮手可能是在值夜班或正在火炮甲板上巡逻。在大海上，火灾是永远的噩梦，战舰本身就是一个火灾隐患。涂了焦油的索具和干燥的木头迫使人们小心翼翼，即使是灯笼里的小火苗也会引发大问题。在弹药库周围工作时，士兵不能携带任何东西，包括鞋子，否则可能会引起火花，他们只能穿一种特制的拖鞋。

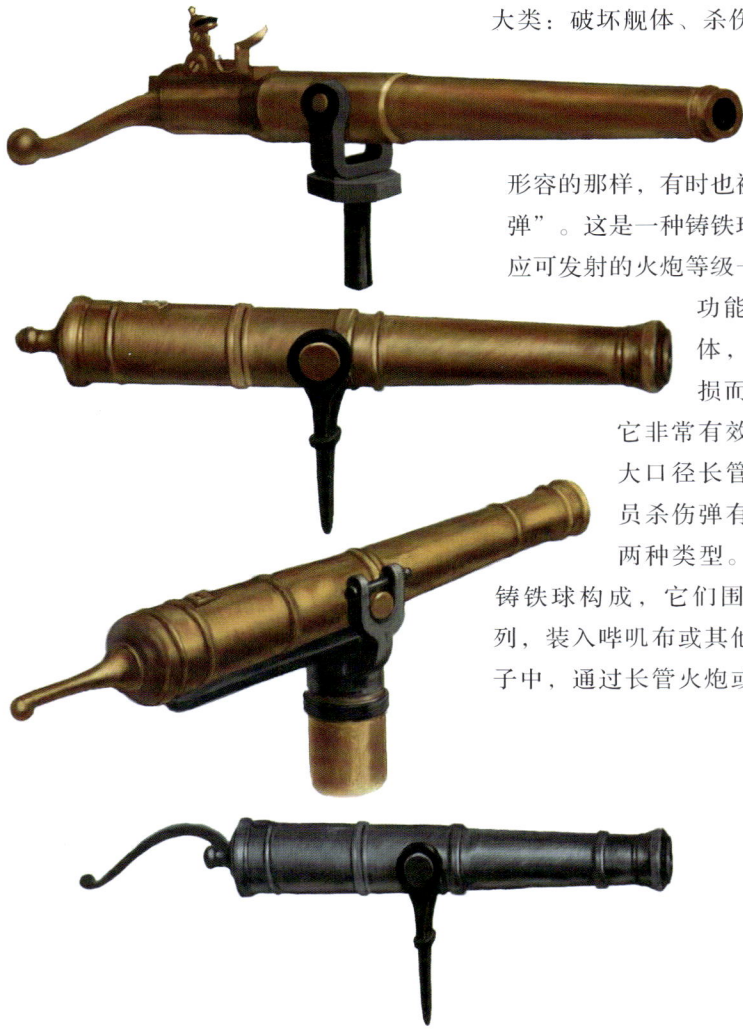

大类：破坏舰体、杀伤人员和破坏桅杆索具。圆铁弹的形状正如名字所形容的那样，有时也被称为"加农炮弹"。这是一种铸铁球，其重量与对应可发射的火炮等级一致。它的主要功能是破坏敌舰船体，致使其严重受损而投降或沉没。它非常有效，尤其是通过大口径长管火炮发射。人员杀伤弹有葡萄弹和霰弹两种类型。葡萄弹由若干铸铁球构成，它们围绕一根木杆排列，装入哔叽布或其他布料制成的袋子中，通过长管火炮或卡隆炮发射，

它如同一杆巨大的散弹枪，横扫射程内的一切人员物品。霰弹也是一种类似的铸铁圆弹，比葡萄弹尺寸稍小，放在一个有铁底铁盖的锡罐内。它的威力一样致命，因为其弹丸数量比葡萄弹更多。这两种炮弹用于近程作战，有效射程约为500码（460米）。火炮越大，每发炮弹装载的弹丸就越多。比如适用于卡隆炮的葡萄弹和霰弹就相当大，杀伤力也更大。

破坏桅杆的炮弹类型多种多样，但都基于相同的原理：摧毁敌方战舰上的索具，破坏桅杆支撑物，使敌舰失能。这种炮弹的子类型有：链弹、杆弹、链锁弹、开裂弹和刃弹。所有这些类型的炮弹都在实战中使用过，能有效破坏战舰和杀伤人员。

▲ **回旋炮**。当时各方还装备有各种回旋炮。它们为黄铜铸或铁铸，是小口径的人员杀伤性武器。它们安置在战舰上方的战斗平台，居高临下向敌舰甲板开火。

▼ **卡隆炮**。这是英国人在战争期间研制的一种短程大口径舰炮。因为威力巨大，它得到了"粉碎者"的绰号。它是一种人员杀伤性武器，但是在其射程内对舰船也同样致命。

泡在水桶中的海绵擦洗炮管，确保炮管内没有发热或尚在燃烧的火药余烬，这些残余物会导致下一轮弹药过早引爆。当再次填装时，一名指定的炮手会用拇指压住火门。他必须戴上一个皮革拇指套以保护手指（因为火炮在发射过程中会非常灼热，能够将他的拇指烧得只剩下骨头）。由于弹药包是在炮膛中被压实的，所以这个步骤能够避免空气进入其内，是避免提前引爆的另一项安全措施。然后发射流程重新开始。

弹药

海军弹药种类通常以功能分为三

美国州立海军

大部分州都成立了州立陆军保卫家园，出于同样的目的，它们也组建了州立海军。正如之前写到的州立陆军那样，州立海军的质量也参差不齐。

海军和海军陆战队

一些州立海军曾针对英军发动过攻击性行动，例如灾难性的佩诺布斯科特远征就是一个极好的例子。虽然州立海军也有一定的作用，但总的来说反而拖累了大陆军海军；他们吸引了不少经验丰富的水手和军官，而这些人本来在大陆军海军中能更好地发挥作用。

那些组建了海军的州一般也成立了州立海军陆战队，随舰服役，或者直接将州立陆军部队调往州立海军的舰船上，作为海军陆战队使用。然而州立陆战队虽然服役记录优良，却再一次侵占了国家的宝贵人力资源，而且州立部队给出的待遇往往比大陆军好，这就吸引更多人加入，引发了很多问题。此外，大陆军服役期为3年或持续整个战争时期，而州立部队的服役期要短一些。

军官

至少有两支州立海军的档案记录是可靠的，即弗吉尼亚海军和南卡罗来纳海军。一般而言，州立海军的舰船均为小型武装艇、双桅横帆船、双桅帆船和小型船舶，如单层甲板帆船。弗吉尼亚海军军官身着一套简洁的深蓝色上衣，配蓝色袖口和黄色金属纽扣，没有贴边。紧身衣裤为白色，下身还穿戴有典型的搭扣鞋和白色长裤。他们根据个人喜好来决定是否给头发扑粉。三角帽有黑色镶边和帽结。

南卡罗来纳海军军官的制服与之类似，但显得更像军装一些。制服包括一

◀ **弗吉尼亚州立海军，木匠，1775-1783。** 木匠属于海军中必不可少的专业人士。他们不仅建造军舰，而且负责维护正在大海中航行的舰船，并在战斗结束后修补所有损伤部位。他们的工作就像是艺术创作；一名优秀的木匠，其价值等同于自身体重的黄金。

▶ **水手长，南卡罗来纳海军，1775-1783。** 这名拿着维鞭的州立海军水手长相当于国家海军中的海军士官。宽松的短裤看上去就像裙子。为了巩固他们的地位和权威，海军士官的制服与其他船员相比总是相对较好。

件深蓝色上衣，配红色衬里和贴边。其他服饰与弗吉尼亚海军雷同。

舰员

弗吉尼亚的水手们似乎更喜欢穿深棕色短外套，配红色背心和格子衬衫，而且他们的穿着也很相似，以至于这种搭配几乎成为

一套正式的制服。长裤为浅黄色，但他们也穿颜色各异的马裤。蓝色短海军夹克也很受欢迎。水手们在海上会戴各种各样的帽子，包括圆边帽、布帽，甚至苏格兰帽，当时南部各州有大量来自苏格兰高地的移民。海军士官也穿着同水手一样的服饰，不过他们可能更喜欢条纹裤。他们通常带三角帽，并携带一把短剑，挂在一条披在右肩的黑色皮制剑带上；这把短剑既是军衔的象征，也有实际功能。

南卡罗来纳水手穿蓝色、棕色或白色夹克。背心的颜色多样，为白色和深浅不一的蓝色。水手和海军士官都戴有各种颜色的领巾。裤子与大陆军一样，是各种样式的混搭。水手长和海军士官都戴三角帽，携带从不离手的绳鞭，这是专门为那些干活懒散的水手准备的。

南卡罗来纳的海军军旗很有趣，至少有3种不同款式。其中一面旗帜为人们熟悉的红色和蓝色条纹，条纹沿着旗幅平行，中间有一条响尾蛇的图案，以及"别惹我"的字样。另一面军旗是仿照南卡罗来纳州旗设计，深蓝色旗面的左上角有一轮新月图案。第三面海军旗的样式为中蓝色旗面，中间是一棵棕榈树（州树），周围环绕着13颗星星（代表13个反叛州）。

值得注意的是，弗吉尼亚和南卡罗来纳的州立海军中都有黑人水手。这是奴隶获得自由的一种方式（尽管战争结束后，承诺未必会履行），有时奴隶会代替主人去服役。不论在商船队还是海军，黑人海员都有着悠久而光荣的历史，美国海军在成立之初就接纳他们登舰服役。陆军却鲜有这种情况发生。

◀ **持水战矛的水手，弗吉尼亚州立海军，1775-1783。** 通过插图可以知道水战矛的真实长度。这种武器在抵御敌人试图跳帮登舰时有明显的优势。帽子上会涂上焦油，以抵挡风雨侵蚀。因为水手们每天都要在充满焦油的环境中工作，所以领巾和帽子一般为黑色。

▲ **水手长，弗吉尼亚州立海军，1775-1783。** 这个海军士官手拿钥匙，配着一把短剑，穿着上衣、背心和条纹裤。棕色显然是当时水手们最喜欢的颜色，几乎和深蓝一样常见。

▲ 列兵，马里兰州立海军陆战队，1775-1783。该部身着蓝色狩猎衫，这也是该州步兵部队的制服。马里兰海军陆战队的主要任务是防卫对这个小州而言过于漫长的海岸线；必要时候也会派遣到州立海军战舰上执行防卫任务。

▲ 列兵，宾夕法尼亚州立海军陆战队，1775-1783。宾夕法尼亚地方部队负责州土防卫，海军陆战队也是为此目的而成立的。1777年，特拉华河沿岸发生了激烈的战斗，该部参加了河岸边多座要塞的保卫战，抵御皇家海军进攻。棕色上衣在宾夕法尼亚部队中十分受青睐。

▲ 列兵，弗吉尼亚州立海军陆战队，波拉德连，1775-1783。这套朴素的制服兼顾了舒适和实用。弗吉尼亚州立部队主要用于州土防御，不过他们有时也会跟随民兵或大陆军跨越州界作战。这支部队可以看作是州立正规军。

州立海军陆战队

至少有三个州拥有海军陆战队：宾夕法尼亚、马里兰和弗吉尼亚。三者的制服样式各不相同，但都为步兵装束，能够在海上及陆地战斗。宾夕法尼亚分遣队身着棕色上衣，配绿色贴边和白色衬里，体现出宾夕法尼亚大陆军的着装风格。衣领、袖口和襟贴均为红色，上衣折边为白色。士兵的三角帽有

白色镶边，军官三角帽为黑色镶边，都装饰有普通帽结。背心为白色，马裤为浅黄色。长裤为白色，半长鞋罩是必备服饰。装备和武器同大陆军陆军一致。军官系一条红色腰带作为军衔标识，右肩佩戴有一根白色剑带。

马里兰州立海军陆战队队员们身穿一件深蓝色狩猎衫，下穿浅黄色马裤，白色长袜和半长鞋罩。士兵配发步兵常

规装备，武器为英国产棕贝斯或法国的查尔维尔火枪。三角帽上装饰有普通的黑色帽结，士兵帽有白色镶边，军官帽为黑色镶边。

弗吉尼亚州立海军陆战队的制服非常朴素：一件浅棕色衬衫，可能就是狩猎衫的简化版，一件棕色马裤，以及灰色长裤和搭扣鞋。三角帽上有黑色镶边，配有黑色帽结；可能只有一条挂有

各州海军 1775-1783

州	舰艇	小型武装舰艇	双桅横帆船 *	纵帆船	炮艇 **
康涅狄格	1	2	2	2	3
佐治亚	–	–	–	–	4
马里兰	1	–	11	2	8
马萨诸塞	3	7	4	1	1
新罕布什尔	1	–	–	–	–
纽约	–	2	–	1	–
北卡罗来纳	–	–	3	–	2
宾夕法尼亚	2	2	2	2	52
罗得岛	–	4	–	–	3
南卡罗来纳	4	4	4	14	8
弗吉尼亚	9	1	8	1	19

* 这一类别还包括双桅混合式帆船。

** 这一类别包括单层甲板帆船、炮艇、纵火艇、军需船、武装小艇、浮动炮台、居住船和巡逻艇。

弹药盒的肩带。刺刀和剑鞘通过扣件挂在腰带上。

其余州则仿照法国，从正规陆军中抽调部队充当海军陆战队。南卡罗来纳州的大陆军第5南卡罗来纳团就是这样一个例子。他们穿深蓝色上衣，贴边和衬里为红色。整套装束同南卡罗来纳海军军官制服类似，区别在于他们配发了步兵装备。他们还穿着了白色紧身衣裤，黑色半长鞋罩和搭扣鞋。三角帽上有黑色镶边。

州立海军的战果

除了特拉华和新泽西两州外，所有州均成立了海军，一些州还设置了海军陆战队。某些州立海军就很出色，如宾夕法尼亚战舰"海德阿里"号[①]在勇敢的侠盗舰长约书亚·巴尼的指挥下，成功捕获了皇家海军护卫舰"蒙克将军"号。其他州立海军的行动则没那么出众，比如在佩诺布斯科特湾，马萨诸塞州海军对驻扎在缅因州的英国军队发动了袭击（当时缅因州还属于马萨诸塞州的一部分）。一部分大陆军海军在极其无能的杜德利·萨尔顿斯托的指挥下也加入远征中。这次行动是一场彻底的灾难，大部分美国舰只要么被烧毁，要么被英国捕获。

总的来说，州立海军是对当地资产的极大消耗；那些物料和人力资源本可以更好地服务于大陆军。大陆军海军在所有方面都比舰艇和人员素质参差不齐的州立海军更专业更出色。

▶ *桨手，南卡罗来纳海军，1775-1781。这个衣冠整洁的水手是一艘桨划船上的桨手，可能是为州立舰队中一艘大船的舰长服务。他穿着白色外衣裤。这种颜色的衣物实际上是最容易保持干净的，因为没有染色，所以反而容易浆洗。如果沾染了洗不掉的污渍，可以将白陶土或白垩粉涂在衣物上，便能很好地将其覆盖。这种方法至今仍被用来掩盖白色军装上的小污点。*

① 译注：Hyder Ali，印度迈索尔王国的统治者，当时是英国的敌人。

舰炮

不同海军、不同战舰的舰炮种类也各不相同。根据不同目的，海军装备了不同口径和类型的火炮；没有哪个国家在制造或设计海军武器方面有任何特别的优势。

卡隆炮

卡隆炮是一种短膛，大口径火炮，发射大号铁弹，弹种一般为葡萄弹或霰弹。该炮种于1781年引进，其名称来自于苏格兰福尔柯克的卡隆铸铁厂。卡隆炮用于近程射击，这种毁灭性武器因威力巨大而获得"粉碎者"的绰号。

卡隆炮比长管火炮更轻，易于操控，必要的时候也能快速转移。而且这种武器只要少数水手就能开火发射。随着射程增长，它的威力和杀伤力也相应缩减；由于其设计原理，除了对短距离目标外，它的射击精度很差。一艘仅装备了卡隆炮的战舰在面对装备有长管火炮的敌舰时，存在巨大的劣势。

卡隆炮的优势在于其装药量比长管火炮少，因此后坐力也小。在近距离范围内，它能消灭一大片企图登舰的敌人，可以毫不夸张地令敌舰大部分功能失效。简而言之，在近距离发射和精确

卡隆炮规格					
规格	长度（英尺）	重量（磅）	口径（英寸）	装药量（磅）	5°仰角射程（码）
68磅火炮	4.1	3600	7.9	5.5	1,280
42磅火炮	4.3	2200	6.7	3.5	1,170
32磅火炮	4.0	1710	6.1	2.6	1,087
24磅火炮	3.0	1150	5.6	2.0	1,050
18磅火炮	2.3	850	5.1	1.5	1,000
12磅火炮	2.2	590	4.4	1.0	870

瞄准的情况下，卡隆炮在舰对舰的战斗中能起到决定性的作用。

长管火炮

长管火炮是标准的海军舰炮。一般来说，战舰等级越高，排水量越大，它所装备的长管火炮的口径就越大。

舰炮一般为铁质，而不是陆军野战炮使用的黄铜或青铜。火炮口径依据两个因素来计算：炮膛直径（法国除外，他们是根据炮弹直径计算的）和炮弹重量。长管火炮，或者更常见的称呼"加农炮"是根据其"扔出去"的炮弹重量来分级的，因此发射12磅实心弹的火炮被称为12磅火炮。

随着战舰发展，人们倾向于装备更重型的火炮，这不仅在舰对舰战斗中更有威力，而且每一轮发射都能令敌舰遭受更严重的损害。比如七年战争末期的1763年，护卫舰上装备的是6磅或8磅火炮，到北美战争期间，则装备上了12磅或18磅火炮。

军舰，尤其是战列舰是漂浮的移动火炮平台，其目的就是在相对较近的距离内进行战斗。战列舰是当时军事技术和舰船技术的最高峰。在北美战争时期，战列舰作为一种战斗舰船，其设计和规格还在不断改进。

护卫舰也在进步，人们倾向于研发能装备更多数量、更重型火炮的护卫舰。于是在1812年的战争中终于出现了大型美式护卫舰，成为英国皇家海军的劲敌。其实在独立战争期间，这种大型化趋势就已经很明显了，当时美国人就在设计并建造精良的加大号护卫舰。

这场战争中还产生了一些海军工程建造方面的改进。其中一些包含常识性的创新，如在战舰底部包铜，这样它们

◀ *12磅长管火炮，1775-1783*。这是一门当时典型的舰炮，其材质为铸铁。炮架上的轮子造得较小，这是为了减轻后坐力对舰船的冲击。"无法无天"（*loose cannon*）这句俗语就是来源于在海上从炮位处松动的炮架——它们在甲板上滑来滑去是对船员安全的重大威胁。在造成重大破坏之前，炮手们必须将其紧紧系牢。

舰炮规格

规格	长度 （英尺）	重量 （磅）	口径 （英寸）	装药量 （磅）	5°仰角射程 （码）
42 磅火炮	9.5	6700	6.7	14.0	1,940
32 磅火炮	9.5	5550	6.1	10.5	2,080
24 磅火炮（长）	9.5	5000	5.6	8.0	1,800
24 磅火炮（短）	6.5	3300	5.6	6.0	1,550
18 磅火炮	9	4200	5.1	6.0	1,800
12 磅火炮	8.5	3400	4.4	4.0	1,580
9 磅火炮	8.5	3100	4.0	3.0	1,620

就更加坚固耐用，还发明了短程致命的卡隆炮。这两项革新都来自皇家海军，不过很快就在各国海军中普及。英国在1759年的基伯龙湾战役中艰难获胜，确立了其海上霸权，然后在美国独立战争期间败于法国，但在法国大革命战争期间再次称霸[1]，并一直保持到第二次世界大战。

[1] 译注：英国皇家海军在1805年的特拉法尔加海战中歼灭了法国－西班牙联合舰队。

▼ **不同规格的英国海军铸铁舰炮。** 从上至下：3/4磅回旋炮，4磅炮，6磅炮，9磅炮，12磅炮，18磅炮。请注意比较每件武器与其所发射炮弹之间的大小关系。炮管中间往下部位有一个凸起物，被称为"炮耳"，火炮就是通过这个部件与轮架相连接。

▲ **军官，海军炮兵，1775-1782。** 法国海军中最专业的兵种是炮兵部队。这些专业化炮兵在需要的情况下也能登陆作为步兵使用。熊皮帽代表了这些炮手为精英部队。在军舰上，每个炮组至少有一名军官担任炮术长。在陆地上，海军炮兵驻防在要塞中，保护法国海军基地。

登陆部队

海军能够发动大规模或惩罚性的袭击，北美战争中这样的行动屡有发生。事实上，通过海运对部队实施机动，是许多战役取得成功的关键因素。

两栖作战

大军利用舰船调动，从海上登陆，便能在战争中取得极大的优势。18世纪后期，在北美运输大宗货物和大量人员的最可靠方法就是利用内河或海洋。当一支舰队从地平线上消失后，敌军指挥官便会产生巨大的困扰，因为他们无法得知这支军队将前往何方。

两栖作战行动的规模可大可小。就算是一艘船也能搭载一支小型突击部队实施登陆，例如约翰·保罗·琼斯对英国海岸怀特黑文（Whitehaven）的著名袭击。而大规模行动可以运送一整支军队横渡大西洋，在充满敌意的海岸登陆，例如1776年英军攻占纽约城的联合行动。这是英国有史以来向海外派遣的数量最庞大的一支作战军队。

英军精通两栖作战模式，他们于1779年针对罗得岛纽波特发动的一次两栖攻击就是最好例证。登陆部队快速高效地进入舰队运输艇中，在舰炮的火力掩护下，迅速向海岸前进，击溃了来自海滩上的所有抵抗。英国人也懂得如何对抗来自军舰和两栖部队的攻击。他们在直布罗陀海军基地顽强防御，成功抵御了西班牙军队的三次围攻（有时西班牙的法国盟友也提供了帮助）。该基地对任何觊觎者而言都难以攻克。西法联军的指挥官们面对英军的顽强防守深感沮丧。英国优秀的海军将领也让敌人头痛不已，比如舰队司令理查德·豪[1]就在1782年率领一支救援舰队强行突破封锁，进入要塞。

战争期间，法军在西印度群岛也逐渐精于两栖作战模式。虽然并非总能成功防御，他们依然勇敢地保卫自己拥有的那些盛产蔗糖的海岛，而且还能巧妙攻击并占领英国人控制的岛屿。值得注意的是，这些加勒比岛屿是18世纪殖民列强的巨额财富来源，尽管它们后来失去了其价值和重要性。

登陆部队

登陆部队一般由水手和海军陆战队组成，装备着式样不一的小型武器。海军陆战队持有步兵制式武器。士兵装备有滑膛枪和刺刀，军官则配发了剑和手枪。水手的武器包括冷兵器的短剑、水战矛和斧头，热兵器的手枪和滑膛枪，当然他们也会拿起任何随手可得的物件肉搏，如系索栓（存放于船舷两侧或桅杆基座处，用于结扎正在使用中的索具）。海军陆战队会统一配发武器，水手的武器装备则更随意一些。海

加勒比地区的两栖行动 1778–1783		
年代	地点	战果
1778	多米尼加岛	法国占领
	圣卢西亚岛	英国占领
	圣文森特岛	法国占领
	格林纳达岛	法国占领
1780	圣文森特岛	法国防御，英国进攻
1781	圣卢西亚岛	法国佯攻以掩护对多巴哥岛的袭击
	多巴哥岛	法国获胜
	圣尤斯泰希厄斯岛	法国获胜；亦占领萨巴岛和圣马丁岛
1782	圣基茨岛	法国占领
	德梅拉拉岛	法国占领
	尼维斯岛	法国占领
	蒙特色拉特岛	法国占领

▲ 列兵，英国海军陆战队，登陆部队，1775。这幅插图描绘了一名为登陆作战而全副武装的英国海军陆战队士兵。他携带的武器和装备是为陆上行动所准备的。1775年在邦克山作战的海军陆战队士兵看起来就是这个样子，可能在如图所示的背袋上还额外增加了一个背包。美国大陆军海军陆战队也以同样的方式配置武器和装备。

①译注：此人是北美英军总司令威廉·豪的兄长。

军军官（包括海军陆战队和归类为海军人员的军官）配备了利刃武器，如短剑或弯刀，可能还有手枪。

▼ 水手，登陆部队，1775。 这名装备齐全，全副武装的水手可能会携带水战矛上岸，不过他肯定会带上短剑和水手斧，另加一把手枪或滑膛枪。一支海军登陆部队的外观通常看起来杂乱无章。虽然海军陆战队有统一着装，但水手们则更像是一群海盗，而非海军。

▲ 组成登陆部队的水手和士兵挤在长艇里。这种运输艇平时由母舰携带，承担登陆运输任务。它们是容易攻击的目标，因此登陆行动十分危险。英军尤其擅长这类型的两栖攻击。

► 英军下级军官，驻舰部队，1775。 这名军官全副武装，即将带领登陆部队为国王和国家奋战。他配备的武器有剑和手枪。一些军官可能同他指挥的水手一样，喜欢携带坚固的短剑，而不是此图中展示的佩剑。

术语表

副官： 参谋，一般供职于团或旅。

侍从副官： 为将官担任侍从的下级军官，经常作为将官之间的信使。

饰带： 通常为金色或银色的绳子，穿戴在左肩或右肩，表示佩戴者的特殊身份。

工匠： 执行小规模工程任务的施工人员，一般是修理车辆。在这个时代，他们属于军人编制。

火炮： 需要拖曳前进的重型武器，通常发射爆炸性炮弹，火力猛烈。

驳船水手： 在平底驳船或小艇上工作的人，他们的任务是在湖泊和河道上输送部队、装备或军事补给。

营： 军事编制单位，下辖2个或多个连，通常约为600人。在英军中，该术语也能同"团"交换使用。

炮位： 在这个时期，该词表示一个炮群所处的位置，不论其大小如何。当时一个基本的炮兵战斗单位为"连"。不过在19世纪前半叶，该词就替代"连"，表示基本单位了。

刺刀： 一种矛状武器，通过底座接口连接到滑膛枪上。

▼ 考彭斯之战，1781年，描绘了伯纳斯特·塔尔顿上校和威廉·华盛顿上校一对一决斗。

熊皮帽： 一种高大的皮帽。

穗带： 一种细彩布条，用来勾勒上衣贴边轮廓。

马裤： 一种贴身，长及膝盖的裤装。

人力挽具： 一种皮制肩带，可系上绳索。士兵穿戴后用来拖拽火炮。

旅： 军事编制单位，下辖2个或多个团。

佩剑： 法式短剑，用作掷弹兵的防身武器。

衣领： "领子"的另一种说法。

卡宾枪： 一种轻型火器，比滑膛枪短，适于骑兵携带。

子弹袋： 装手枪子弹的小袋子，一般装备给军官。

弹药套装： 对步兵而言，是一套包装在纸中的子弹和火药，供轻武器使用；对炮兵而言，是一种装在纸质或布制容器中的火药包，或者是实心弹或霰弹的整装弹。

西班牙猎兵： 一类西班牙轻步兵。

法国猎兵： 法语"猎人"的意思，代表轻装部队，也就是装束和武器便于突袭的军种；一类法国轻步兵。

帽结： 一种装饰在帽子上的蝴蝶结或玫瑰花结，一般用该国的代表色编织。

上校： 高阶（校级）军衔，仅次于将军。

军旗： 步兵团旗帜，用作战场上的参照点和集合点，是敌方眼中价值极高的战利品。英军和法军会携带两面团旗。

连： 步兵、骑兵、炮兵基本作战单位。2个或多个连可组成1个营。

头冠： 头盔顶部竖起的物件，一般用饰章装饰。

饰章： 一种徽章或盾形纹章；头盔顶部装饰的马鬃或皮草。

骑兵夹克： 轻骑兵穿着的一种及腰长短夹克，装饰华丽。

龙骑兵： 原本是步兵，为提高机动性而配马，适合下马徒步作战。

工程师： 负责建造防御工事、桥梁工程和攻城装备的专家。

步兵少尉： 英军中最初级的军官；也有"军旗"的含义。

肩章（肩饰）： 肩膀上的条状物，外侧用条纹图案装饰。

贴边： 制服的折边、衣领和袖口部分，通常与制服颜色不同。

铁匠（Farrier）： 军事用语，意为"铁匠"。

自由军： 轻装的非正规军，一般参与游击行动。

扣件： 腰带上的附件，用来携带刀剑、刺刀或短柄斧。有些组合式样能携带不止一件武器。

花式纽扣： 骠骑兵夹克和皮上衣胸前的辫状肋骨装饰纽扣。

燧发枪： 一种轻型滑膛枪。

燧发枪兵： 法国术语，特指一个团中的非精英连队。

鞋罩： 穿戴在小腿上的织物，用于保持长袜清洁。长鞋罩要覆盖到膝盖，半长鞋罩的高度位于脚踝上，膝盖下。

绑腿裤： 将裤子和绑腿结合在一起的连体裤。

饰领： 军官在执行任务时佩戴的金属项圈，用于表明军官身份。

掷弹兵： 精英战士，原本的任务是携带并投掷手雷。

队旗： 连队或小分队使用的小型旗帜。

长戟： 一种中世纪武器，欧洲军队授予军士持有，作为其身份象征。

短剑： 一种用于格斗的轻型剑。

背袋： 一种轻型背包，士兵们利用肩带背负，用来携带食物或个人物品。

马具： 包括马鞍、皮箱、鞍垫和挂在马鞍两侧的驮包。

榴弹炮： 一种炮筒粗短的火炮，以高弹道发射爆炸弹，用来攻击隐藏在视界外的目标。

▲ 此画作描绘了华盛顿和大陆军横渡特拉华河的英姿。

狩猎衫：一种有大衣领的宽松衬衣，用耐磨衣料制成。

骠骑兵：该单词的匈牙利语原意为"盗贼"或"海盗"，用来表示非正规轻骑兵。后来演变为轻骑兵的一种形式。

德国猎兵：原意为德语中的"猎人"，配来复枪，主要承担突袭任务。

拖车：一种车辆，同野战炮尾部相连接后，便能利用牵引马匹转移火炮。

轻步兵：精英部队，既能排成线形阵列战斗，也能以散兵形式作战，还能完成突袭任务。

线列步兵：步兵团中的主要兵种，战斗中排成线列阵型。

保王党：仍然忠于英国的美国人，也称为"托利党"。

少校：校级军官中的最低级，一般指挥一个营。

护膝垫：一种骑兵或骑马军官穿戴在膝盖上的布制护具。

海军陆战队：一类为在海上战斗而特训的士兵，在海军舰只上服役。

实习炮手：处于学徒阶段的炮兵。

民兵：为了应对紧急情况，由美国公民或临时士兵组成的短期服役部队。

一分钟人：美国民兵，意为只要1分钟准备，就能待命出发。

高顶帽：一种有高顶、顶端带有羽饰的轻骑兵帽，帽子上还缠绕着一束布条，或布条被直接系在帽子上任其自由飘舞。

主教帽：一种高顶金属帽，主要是德意志掷弹兵和燧发枪兵穿戴。

滑膛枪：当年各国军队主要装备的长枪，前膛装弹，能够装配刺刀。

连体裤：参见"绑腿裤"条目。

游击队：非正规军，几乎不会在战场上排列成线形阵型作战。

皮上衣：骠骑兵穿戴的一种将皮毛修剪后制成的短夹克，一般披在左肩，在战斗时很少出现。

嵌边：衣服上的一种窄幅边饰，一般使用对比色。

皮箱：一种小型马鞍袋或行李箱，系在马鞍上。

纠察员：维持纪律的人员。

团：军事编制单位，下辖2个及以上营或中队。

来复枪：一种长杆枪，填装缓慢但精度高，不能安装刺刀。

圆边帽：一种只能将一个侧边向上翻起的帽子；或者整个帽檐都不能翻起。

佩囊：一种装饰华丽的小袋子，系在骑兵的腰带上。

工兵：承担修筑野战工事和攻城设备的部队。在法军编制中，这样的精英士兵相当于现代的工程兵。

鞍垫：一种放在马鞍上的鞍褥，该单词来源于土耳其语的"tschprak"。

随身工具：炮兵使用的各种火炮工具。

紧身衣裤：包括马甲、背心、马裤和长筒袜。

短矛：一种矛状武器，用来表明军衔等级，并用作武器。

军旗：骑兵团使用的一种方形小旗。

燕巢：参见"翼章"条目。

塔尔顿式头盔：帽冠低，正面为尖帽檐，帽顶上有熊皮装饰。

三角帽：一种将帽檐从三边翻起的帽子。

折边：上衣的下摆部分，折起来后可露出衬里。

翼章：肩上的一种装饰性弧形织物；德语中称之为"燕巢"。

致谢

军服研究可谓是一门不精确的科学。军事历史上，军人在特定时期的穿着样式一直是一个持续争论的话题，其结论受到三方面影响：相关条例如何规定他们的穿戴；当时的目击者怎样记录他们的穿戴；以及军人们在阅兵场和战场上的真实穿戴。在编纂这本书时，我们试图描述士兵们应该如何穿戴和他们实际的穿戴。本书查阅了大量原始资料和可靠的二手文献。即便如此，本书所涉及的军队服饰也必然存在各种变化，对此我们心知肚明。每一套制服都是某支特定部队在某一时刻的快照，未必能完整反映那个时段的所有军服样式。

这是我第一次与别人合作写书。没有比著名学者和历史学家Digby Smith更好的合作者了。在过去八年中，他给予我很大的帮助。一个好项目经理对于任何一个写作项目的成功都是必不可少的，Joanne Rippin就是这样一位最出色的文字编辑。她耐心、坚韧、睿智并乐于助人，容忍了我的许多缺点；通过文字和图片交流，她熟练地指导本项目进程，并为我厘清完全杂乱的头绪。我也要同样感谢Jonathan North，一位杰出的作家、历史学家和出版商。他是我亲密的朋友和同事。他对我的恩惠我永远也无法偿还。绘制本书插图的艺术家们，Simon Smith，Nick Spender，Jim Mitchell，Rob McCaig，Carlo Molinari，Giuseppe Rava的才华从书页中便能一目了然。

我还要感谢已故的John Elting上校。他是研究拿破仑大军团和美国军事历史的权威、职业军人和教师。正是他激励我成为一名军事历史学家。他是我的好友和导师，三十年来就像我的父亲一样。最后，这本书要献给我亲爱的妻子Daisy和我心爱的儿子Michael，我的挚爱。他们耐心地给我提供了很多帮助和有益的批评，而且还忍受我的情绪。Michael的手指划过了本书的每一张页面。他们是我的忠实支持者，如果没有他们，我将一事无成。

我们在研究和写作时尽可能追求准确，但错误也在所难免，对此我负全责。

Kevin F. Kiley

▼ 号手，大陆军第4轻龙骑兵团。

图片致谢

Anness Publishing Ltd.拥有本书插图和版权。其他图片由以下代理机构提供。

Bridgeman Art Library: 210021 p2; 214830 p6b; 183565 p6t; 37673 p8; 153760 pl2t; 245652 pl6t; 88459 pl6b; 248866 pl7bl; 181388 pl9t; 245684 p20t; 70126 p21b; 30346 p25; 192106 p26t; 257139 p30; 223552 p31t; 154555 p32b; 183944 p33t; 205172 p33b; 184366 p37tl; 254746 p37b; 11651 p38b; 184822 p39; 223514 p40t; 254756 p40b; 120433 p41t; 254751 p41b; 183569 p43t; 86115 p43b; 38974 p44t; 19374 p45t; 269799 p48b; 108901 p48t; 75662 pl09; 86910 pl24; 153197 pl26; 214830-1 pl68; 185145 pl70; 113090 pl71; 162135 pl71; 49860 p208; 2378 p210; 55369 p211; 2376 p215.

North Wind Picture Archive: USVA2A-00006 plOt; EVNT2A-00239 pllb; EXPL2A-00209 pl2b; SOC13A-00054 pl3tl; EVNT2A-00027 pl3tr; USMA2A-00005 pi3b; C PPREZ-00085 pl4t; EVNT2A-00011 pi4b; HSET2A-00002 p20b; PREV2A-00028, p23t; EVRV2A-00182 p25b; NATI2A-00119 p29t; EVRV2A-00188 p35t; EVRV2A-00164 p49; PREV2A-00013 p90; EVRV2A-00022 p91; EVRV2A-00043 p91 reuse p251; EVRV2A-00185 p170; EVRV2A-00244 p211; EVRV2A-00216 p212; EVRV2A-00138 p215; EVRV2A-00153 p250.

Peter Newark Library: pp7, 10b, llt, 15 both, 17br, 18, 19b, 211, 22, 23b, 24t, 25t, 26b, 27 both, 28 both, 29b, 31b, 34t, 35b, 36b, 37tr, 42, 44b, 45b, 46, 127.